国家对外汉语教学领导小组办公室规划教材
中国中山大学与泰国华侨崇圣大学合作项目
北大版新一代对外汉语教材·国别汉语教程系列

泰国人学汉语
คนไทยเรียนภาษาจีน

II

课本

徐霄鹰　周小兵　编著
อาจารย์ประพฤทธิ์ ศุกลรัตนเมธี　泰文审订

练习编写
陈淑梅　邓小宁　李英　朱其智
泰文翻译
陈慕贤　（อาจารย์ไพศาล ทองสัมฤทธิ์）
黄友华　（อาจารย์รัตนา จันทรสารโสภณ）
林长茂　（อาจารย์ประพฤทธิ์ ศุกลรัตนเมธี）
刘美春　（อาจารย์เพ็ญฤดี เหล่าปทุมโรจน์）
尹士伟　（อาจารย์ธเนศ อิ่มสำราญ）
张曼倩　（อาจารย์สายฝน วรรณสินธพ）
庄贻麟　（อาจารย์มันทนา จงมั่นสถาพร）

图书在版编目(CIP)数据

泰国人学汉语(Ⅱ)/徐霄鹰,周小兵编著.—北京:北京大学出版社,2006.3
(北大版新一代对外汉语教材·国别汉语教程系列)
ISBN 978-7-301-07843-3

Ⅰ.泰… Ⅱ.①徐…②周… Ⅲ.汉语-高等学校-教材 Ⅳ.H195.4

中国版本图书馆 CIP 数据核字 (2005)133750 号

书　　　　名:	泰国人学汉语(Ⅱ)
著作责任者:	徐霄鹰　周小兵　编著
责 任 编 辑:	吕幼筠　刘　正
泰 语 编 辑:	金　勇
插 图 绘 画:	刘德辉
封 面 设 计:	毛　淳
标 准 书 号:	ISBN 978-7-301-07843-3/H·1160
出 版 发 行:	北京大学出版社
地　　　　址:	北京市海淀区成府路 205 号　100871
网　　　　址:	http://www.pup.cn
电　　　　话:	邮购部 62752015　发行部 62750672　编辑部 62752028　出版部 62754962
电 子 邮 箱:	lvyoujun99@yahoo.com.cn
印 刷 者:	北京大学印刷厂
经 销 者:	新华书店
	880 毫米×1230 毫米　大 16 开本　21.75 印张　557 千字
	2006 年 3 月第 1 版　2016 年 4 月第 4 次印刷
定　　　　价:	63.00 元(本册共 2 分册,附 MP3 一张,配套发售)

未经许可,不得以任何方式复制或抄袭本书之部分或全部内容。
版权所有,侵权必究　举报电话:010-62752024
　　　　　　　　　　电子邮箱:fd@pup.pku.edu.cn

目 录

略语表 ··	2
编写原则和使用说明 ···	1
人物表 ··	5
第 一 课　我送你几本书 ··	1
第 二 课　我们坐汽车去普吉 ··	8
第 三 课　你下午买礼物了吗 ··	15
第 四 课　我爸爸妈妈身体很好 ··	22
第 五 课　阳朔真是个好地方 ··	29
第 六 课　洗干净手了吗 ··	36
第 七 课　我正在等你呢 ··	43
第 八 课　对这儿的气候习惯了吗 ···	50
第 九 课　唱唱歌,跳跳舞 ···	58
第 十 课　她可以放心地休息了 ··	65
第十一课　我们唱什么歌 ··	71
第十二课　她不让我抽烟 ··	78
第十三课　先往南走,然后往东走 ···	85
第十四课　他们踢得不错 ··	93
第十五课　大为的发言 ··	100
听力文本 ··	107

略语表(คำย่อประเภทของคำ)
Abbreviation

名—名词	คำนาม	N.—noun
形—形容词	คำคุณศัพท์	A./Adj.—adjective
动—动词	คำกริยา	V.—verb
能愿—能愿动词	คำกริยาแสดงความปรารถนา	aux.v.—auxiliary verb
数—数词	คำบอกจำนวน	num.—numeral
量—量词	คำลักษณนาม	m.—measure word
代—代词	คำสรรพนาม	pron.—pronoun
副—副词	คำกริยาวิเศษณ์	adv.—adverb
介—介词	คำบุพบท	prep.—preposition
连—连词	คำเชื่อม	conj.—conjunction
助—助词	คำเสริมแสดงอารมณ์และเจตนา	part.—particle
叹—叹词	คำอุทาน	interj.—interjection

编写原则和使用说明

本教材是为以泰语为母语的汉语学习者编写的，旨在培养学习者汉语听说读写基本技能和一定的汉语交际能力。

一、编写原则

（一）参照规范，借鉴经验，突出科学性

本教材以国家汉办《高等学校外国留学生汉语言专业教学大纲》为基础，以国家汉办规划教材《当代中文》（吴中伟，2003）和《新实用汉语课本》（刘珣，2003）为参考，在教学项目的出现顺序和处理上突出科学性。

1. 词汇

本教材一方面加大输入量，另一方面采取灵活弹性的方式处理词汇教学。主课课文生词要求掌握。阅读理解部分和听力课本的生词尽量依照语素教学原则和语义场、词义联想原则出现，不要求掌握。

2. 语音

入门阶段的教学目标是让学生在较短时间内掌握汉语语音系统的全貌，并避免这一阶段密集的语音学习造成的疲劳感。本教材在语音入门阶段采取几种方法完成上述任务：首先让学习者先接触几种基本句式，以满足初学者特别强烈的表达和交际欲望，激发他们的学习兴趣；其次，在语音练习中出现一部分语音形式表达的意义，减少语音练习的机械性；再次，以音节为单位进行教学，让学生通过音节学习声、韵母。

3. 语法

适当简化和调整了教学语法项目。主要表现在以下几个方面：第一，将一些语法点分别融入词汇教学或注释点中；第二，表达同一语义的不同句式，只教最常用的；第三，将汉语本体和习得研究成果应用于教材编写；

第四,一些语法难点分散处理;第五,尽量使用格式和功能表述来取代语法术语;第六,针对一些有相互联系或难度大的语法点,在复习课中对语法进行归纳总结。

(二)贯穿汉泰对比,突出针对性

本教材将汉泰对比分析的成果应用到课程安排和内容的各个层面。

1. 语音

在语音入门阶段,尽量利用泰语中与汉语发音近似的音、调来指导学生,使学生在短时间内对汉语语音系统有整体的把握;而在后语音阶段,针对泰国学习者在声、韵、调方面的发音难点进行强化训练,通过大量的辨音、发音练习使其克服母语负迁移的影响。

2. 词汇

本教材增设"重点词汇和固定表达法(重点句型和词汇)"讲解部分,将一些具有语法意义的虚词和一些常用的难词或词组归入这一部分。本教材对具有语法意义的重要虚词的处理,具体采取以下几个方法:完全对应或泰语多对汉语一的,不讲少练;汉语有而泰语没有的,集中讲练;汉语多对应泰语一或义项内涵有区别的,先分散各个重点讲练,再归纳总结、集中复习。

同时,针对汉语中一些常用的容易混淆的难词或词组,本教材也安排了详细的语义和语用讲解,并强化操练。

3. 语法

我们提出"以句式为单位,适当调整教学语法序列和训练重点,以语序对比为纲,先归纳后演绎"的教学语法体系。

教材的第Ⅰ、Ⅱ册,采取逐词对译和语法格式一起出现的形式;其后,基本使用语法格式,但在一些语法难点中仍然保持逐词对译。在语法讲解方面,完全对应的不再做进一步讲解,语序完全或部分相反的重点讲解其相反的规律。

随着教学的深入,泰语中没有的语法项目、泰语中有但与汉语有很大区别或区别不大却难以掌握的语法规则将不断增加。因此,本教材采取先归纳后演绎的方式来引进和讲解语法概念和规则。

4. 文化教学

本教材依照文化互动综合模式来进行文化教学。具体的做法是,在词汇上选择能体现泰国特色并将文化对比贯穿到情景和交际功能的安排、课文内容以及练习和课堂活动中。

二、使用说明

本教材共分四册。第Ⅰ、Ⅱ册以结构为纲,结合功能与文化;第Ⅲ、Ⅳ册在兼顾语言结构和功能学习的前提下,由日常交际活动逐渐向话题讨论过渡。

本教材由《课本》和与其平行的《练习》两部分组成:

《课本》是主教材,具体内容包括:"主课"、"会话练习"和"听力文本",第Ⅰ册的一至十课还包括"语音"。主课又包括"课文"、"生词语"和"专名"、"注释"、"重点词汇和固定表达法"(重点句型和词汇)、句式。逢五和十课为复习课,主课内容还包括"语法总结"。Ⅰ、Ⅱ册课文全部以对话形式出现(复习课除外);第Ⅲ册以对话为主,穿插部分短文;第Ⅳ册以对话和短文相结合。在后两册中适当加入少量书面语成分。"会话练习"包括"读对话"(第Ⅰ册的一至十课为"主要句型"和"完成会话")和"表达训练"。

《练习》与《课本》平行配套,使用者可根据具体情况选择在课堂上或课后使用。内容包括"词汇及语法练习"、"听力练习"和"读写练习"(第Ⅰ册包括"写汉字"、"阅读理解"和"写作",其余三册为"阅读理解"和"写作")。

本教材的生词语采用繁体字和简体字对照排列,其他部分只用简体字。

(一)《课本》使用说明

"主课"承担了主要的语音、词汇及语法教学,一般需三个课时完成一课。前三册教学应侧重于对对话和短文的复述,第Ⅳ册则侧重于引导学生就话题进行讨论和成段表达。主课必须与《练习》的"词汇及语法练习"一起配合使用,方能达到理想的教学效果。

"会话练习"承担了本教材的口语教学。根据具体情况可安排一至二个学时在课堂上完成。

"听力文本"是《练习》中"听力练习"的文本,供教师和学生参考用。

(二)《练习》使用说明

"词汇及语法练习"与《课本》配合使用,教师可根据具体情况安排课堂和课后练习的比重。本教材的练习量较大,基本完成所有练习需要两三个课时。

"听力练习"是本教材的听力教学部分,两个课时完成一课(第Ⅰ册一至十课语音部分一个课时完成一课)。听力练习分为精听和泛听两部分。前者与主课的语音、词汇、语法以及会话部分的功能教学配套,不出现生词语;后者相对独立,有生词语。

"读写练习"一般可作为课后作业布置给学生。这部分的练习与重点教授的语法点、词汇以及功能相关,着重培养学生的阅读能力和成段表达能力。"阅读理解"部分也可作为单独设置的阅读课教材,一个课时完成。

(三)第Ⅰ册一至十课的《课本》使用说明

本部分为语音入门阶段,学习要求主要集中在语音方面,语音练习中出现的词义解释,目的只是减少枯燥性,不要求学生掌握。会话中出现的基本句式要求学生基本会认会说,不要求会写。这一阶段出现的句式基本与泰语一致,因此不做特别训练。带"*"的词汇要求掌握,重点词汇和注释也不做特别训练。汉字除列出的部分外,其他不要求掌握。

人物表

王美:在泰国教汉语的中国老师。陈老师是她的男朋友。

何娜:在北京学中国历史的泰国学生。

林小平:何娜的男朋友,在北京学过汉语,现在在曼谷当导游。

林小云:林小平的妹妹,在泰国的大学中文系一年级学习汉语。王美是她的老师。

明月:马来西亚人,何娜的同屋,在北京学汉语。

林先生:林小平和林小云的父亲,是华侨,会说汉语。他的公司常常跟中国做生意。

林太太：林小平和林小云的母亲，泰国人，只会说一点儿汉语。

甘雅：林小平的朋友，后来也成为王美的朋友。专业是汉语，现在当记者。

叔叔：何娜的叔叔，在中国工作。

李力：在北京学泰语的中国学生，何娜的朋友。

丹：林小云的朋友，大学生，会汉语，有时也当导游。

大为：王美的学生，小云的同学。

第一课 我送你几本书

（เนื้อหาหลัก）

一 课文（บทเรียน）

王美希望住到泰国人家里,正好林小平家有一个空房间,他们请王美到他们家住。这一天,林小平来帮王美搬家(หวังเหม่ยปรารถนาว่าจะได้พักอยู่ที่บ้านของคนไทย พอดีบ้านของคุณหลินมีห้องว่างอยู่หนึ่งห้อง เขาเลยเชิญหวังเหม่ยไปพักที่บ้านเขา วันนี้หลินเสี่ยวผิงมาช่วยหวังเหม่ยย้ายบ้าน)

林小平：王美,你的书真多啊。

王　美：这里只有一百多本。在北京,我还有一两千本。

林小平：是吗？我爸爸也有很多书,大概五千本左右。你在我家可以看。

王　美：太好了。我想送你几本书。

林小平：哦……《中国电影》、《"文化"的意思》、《十万个为什么》,这几本书对我都很有用。谢谢。

王　美：不客气！这是我的一点儿心意。

林小平：我也送你一本书,《泰国历史》,你喜欢吧？

王　美：太感谢了！我对泰国文化很感兴趣。

林小平：明天我给你书。陈老师知道不知道你要住我家？

王　美：我明天给他发电子邮件,告诉他这件事。

1

泰国人学汉语 II

Lín Xiǎopíng: Wáng Měi, nǐ de shū zhēn duō a.

Wáng Měi: Zhèli zhǐ yǒu yìbǎi duō běn. Zài Běijīng, wǒ hái yǒu yì-liǎng qiān běn.

Lín Xiǎopíng: Shì ma? Wǒ bàba yě yǒu hěn duō shū, dàgài wǔqiān běn zuǒyòu. Nǐ zài wǒ jiā kěyǐ kàn.

Wáng Měi: Tài hǎo le. Wǒ xiǎng sòng nǐ jǐ běn shū.

Lín Xiǎopíng: Ò…*Zhōngguó Diànyǐng*, "*Wénhuà*" *de Yìsi*, *Shíwàn ge Wèishénme*, zhè jǐ běn shū duì wǒ dōu hěn yǒuyòng. Xièxie.

Wáng Měi: Bú kèqi! Zhè shì wǒ de yìdiǎnr xīnyì.

Lín Xiǎopíng: Wǒ yě sòng nǐ yì běn shū, *Tàiguó Lìshǐ*, nǐ xǐhuan ba?

Wáng Měi: Tài gǎnxiè le! Wǒ duì Tàiguó wénhuà hěn gǎn xìngqù.

Lín Xiǎopíng: Míngtiān wǒ gěi nǐ shū. Chén lǎoshī zhīdao bu zhīdao nǐ yào zhù wǒ jiā?

Wáng Měi: Wǒ míngtiān gěi tā fā diànzǐ yóujiàn, gàosu tā zhè jiàn shì.

生词语 (คำศัพท์ใหม่)

1. 只(祇) (副) zhǐ เพียงแต่
2. 多(多) (形) duō มาก
3. 大概(大概) (副) dàgài ประมาณ
4. 千(千) (数) qiān พัน
5. 左右(左右) (名) zuǒyòu ประมาณ
6. 送(送) (动) sòng ส่ง, มอบ
7. 几(幾) (数) jǐ หมายถึงจำนวนเลขที่ไม่ถึง 10
8. 文化(文化) (名) wénhuà วัฒนธรรม
9. 意思(意思) (名) yìsi หมายความ
10. 万(萬) (数) wàn หมื่น
11. 有用(有用) (形) yǒuyòng มีประโยชน์
12. 心意(心意) (名) xīnyì น้ำใจ
13. 吧(吧) (语气) ba คำช่วยลงท้าย
14. 感谢(感謝) (动) gǎnxiè ขอบคุณ
15. 给(給) (介) gěi ให้, กับ
16. 告诉(告訴) (动) gàosu บอก
17. 事(情)(事(情)) (名) shì(qing) เรื่อง, ธุระ

王美拿出两件礼物 (หวังเหม่ยหยิบของขวัญสองชิ้นออกมา)

王　美：小平，听说你爸爸很喜欢喝酒。我送他一瓶酒。

林小平：以前他一次喝一斤多，现在只喝一点儿。

王　美：我还想送你妈妈一套杯子。你看，很好看吧？

林小平：很好看！你太客气了。可是我家的杯子太多了，大概有十多套。
王 美：那怎么办？
林小平：你不用送我妈妈礼物。你教她汉语，好吗？
王 美：好，我教她汉语。
林小平：啊，我要给她打电话，告诉她我们马上回家。

Wáng Měi: Xiǎopíng, tīngshuō nǐ bàba hěn xǐhuan hē jiǔ. Wǒ sòng tā yì píng jiǔ.
Lín Xiǎopíng: Yǐqián tā yí cì hē yì jīn duō, xiànzài zhǐ hē yìdiǎnr.
Wáng Měi: Wǒ hái xiǎng sòng nǐ māma yí tào bēizi. Nǐ kàn, hěn hǎokàn ba?
Lín Xiǎopíng: Hěn hǎokàn! Nǐ tài kèqi le. Kěshì wǒ jiā de bēizi tài duō le, dàgài yǒu shí duō tào.
Wáng Měi: Nà zěnme bàn?
Lín Xiǎopíng: Nǐ búyòng sòng wǒ māma lǐwù. Nǐ jiāo tā Hànyǔ, hǎo ma?
Wáng Měi: Hǎo, wǒ jiāo tā Hànyǔ.
Lín Xiǎopíng: À, wǒ yào gěi tā dǎ diànhuà, gàosu tā wǒmen mǎshàng huí jiā.

生词语 (คำศัพท์ใหม่)

1.	听说(聽說)	(动)	tīngshuō	ทราบมาว่า เห็นเขาว่า
2.	瓶(瓶)	(量)	píng	ขวด
3.	酒(酒)	(名)	jiǔ	เหล้า
4.	以前(以前)	(名)	yǐqián	เมื่อก่อน
5.	套(套)	(量)	tào	ชุด
6.	杯子(杯子)	(名)	bēizi	แก้ว
7.	好看(好看)	(形)	hǎokàn	สวย
8.	那(那)	(代)	nà	นั้น, ถ้าอย่างนั้น
9.	怎么办(怎么辦)		zěnme bàn	ทำอย่างไร
10.	教(教)	(动)	jiāo	สอน
11.	马上(馬上)	(副)	mǎshàng	ทันที

二 注释（หมายเหตุ）

1. 一两千本

相邻的两个数字可以用来表示大概。例如：七八个国家，二三米，十五六个学生。（จำนวนเลขที่อยู่ติดกันนำมาใช้ในความหมายว่าประมาณ）

2. 万

"万"是汉语中一个很重要的数字位数。"万"以上的数字单位为：("万" เป็นหลักจำนวนเลขที่สำคัญคำหนึ่งของภาษาจีน หลักจำนวนที่สูงกว่าหมื่นจะเป็นสิบหมื่น)

10,0000 = 十万（แสน）　100,0000 = 百万（ล้าน）　1000,0000 = 千万（สิบล้าน）

3. 这是我的一点心意。（นี่คือน้ำใจเล็กน้อยของฉัน）

送礼物时候的常用语。（มักจะใช้พูดตอนที่มอบของขวัญ）

4. 太感谢了！（ขอบคุณมาก）

5. 你太客气了！（คุณเกรงใจเกินไปแล้ว）

收到别人礼物时的常用语。（มักจะใช้พูดตอนที่ได้รับของขวัญจากผู้อื่น）

三 重点词汇和固定用法
（คำศัพท์ที่สำคัญและวิธีการใช้）

1. 多

(1) "N + 多 + M"表示整数（หมายถึงจำนวนเต็ม）

　十套＜十多套＜二十套。

　更多例子：

　一百＜一百多本＜二百　　一千＜一千多个＜两千

　五十＜五十多块＜六十　　十＜十多斤＜二十

(2) "N + M + 多"表示小数（หมายถึงเศษของจำนวน）

　一斤＜一斤多＜两斤

2. 几

"几"除了做疑问代词，还可以表示概数。例如：（นอกจากจะเป็นสรรพนามที่ใช้ถามแล้วยังจะหมายถึงจำนวนโดยประมาณ）

这几本书很有用。

我们班有四十几个学生。

几百块不多。

3. 给

"给"可以是动词，也可以是介词。（เป็นได้ทั้งคำกริยาและคำบุพบท）

(1) 动词

明天我给你书。
妈妈给我一件礼物。
(2) 介词
明天我给他打电话。
我要给妈妈写信。

4. 吧

使用"吧"的问句，表示问话人已经有某种判断，询问以确认。比较以下两句：(ประโยคที่ใช้ 吧 เป็นคำถามจะหมายถึงผู้ถามได้มีการพิจารณาแล้วและถามเพื่อเป็นการยืนยันผู้ถามไม่ทราบหรือไม่เปรียบเทียบ ๒ ประโยคต่อไปนี้)

她是中国人吗？——问话人不知道她是不是中国人。(ผู้ถามไม่ทราบเขาเป็นคนจีนหรือไม่)
她是中国人吧？——问话人认为她很可能是中国人。(ผู้ถามคิดว่าเขาน่าจะเป็นคนจีน)
更多例句：
她(是演员／เป็นนักแสดง)很漂亮吧？
他爸爸妈妈都很高，他也很高吧？

四 句式 (รูปประโยค)

带两个宾语的句子 (ประโยคที่มีกรรมอยู่สองกรรม)

S ＋ V ＋ O(人)＋ O(东西／事情)
我　送　你　几本书
我　给　你　书
我　教　她　汉语
我　告诉　他　这件事情

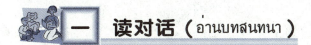

1. 馈赠和感谢 (การมอบของขวัญและการขอบคุณ)

(1) A：这瓶酒送给你。
　　B：你太客气了。
　　A：哪里，这是我的一点儿心意。

(2) A：送你一块泰丝。
　　B：太漂亮了！很贵吧？
　　A：不贵,只是一点儿心意。
　　B：你太客气了。

(3) A：张教授,我给您带了一些水果。
　　B：你来我家不用带东西,太客气了。
　　A：不,这是我的一点儿心意。
　　B：谢谢,谢谢。

生词语（คำศัพท์ใหม่）

1.	泰丝(泰絲)	(名)	tàisī	ผ้าไหมไทย
2.	带(帶)	(动)	dài	นำ

2. **评价礼物**（การวิจารณ์ของขวัญ）

(1) A：我想送我女朋友这条裙子,怎么样？
　　B：真漂亮,很贵吧？
　　A：三百多块。

(2) A：爸爸送我一本词典。
　　B：怎么样？
　　A：很有用。而且这本词典比较小,很方便。

(3) A：你买了一双新鞋。
　　B：对,我要送给我姐姐,明天是她生日。
　　A：颜色很好看,样式也很新。
　　B：她最喜欢红色。
　　A：这条围巾你喜欢吗？
　　B：太喜欢了！这是我最漂亮的围巾。
　　A：那太好了。

生词语（คำศัพท์ใหม่）

1.	而且(而且)	(连)	érqiě	อีกทั้งยัง
2.	颜色(顔色)	(名)	yánsè	สี
3.	样式(樣式)	(名)	yàngshì	แบบ
4.	红色(紅色)	(名)	hóngsè	สีแดง
5.	最(最)	(副)	zuì	ที่สุด
6.	围巾(圍巾)	(名)	wéijīn	ผ้าพันคอ

二 表达训练（แบบฝึกฝนการแสดงออก）

■ 四个同学一组，每个人从以下礼物中各选一个，然后做练习。(นักศึกษาสี่คนต่อกลุ่ม แต่ละคนเลือกของขวัญมาหนึ่งอย่างหลังจากนั้น)

(1) 模仿"读对话"2 评价其他同学的礼物。(เลียนแบบบทสนทนา2 วิจารณ์ของขวัญเพื่อนๆ)

(2) 把你的礼物送给同组的另一个同学，模仿"读对话"1 进行对话。(นำของขวัญมอบให้กับเพื่อน1 คนในกลุ่มแล้วเริ่มฝึกสนทนาโดยเลียนแบบบทสนทนา1)

礼物：ADIDAS 运动鞋　　　　DKNY 书包
　　　最新泰汉词典　　　　　一套电影的 DVD

第二课　我们坐汽车去普吉

（เนื้อหาหลัก）

 课文（บทเรียน）

林小平和客人商量行程(หลินเสี่ยวผิงกับแขกปรึกษากันเรื่องกำหนดการเดินทาง)

林小平：	今天晚上我们坐汽车去普吉。
客人(แขก) A：	从曼谷到普吉远不远？
林小平：	普吉离曼谷六百多公里。
客人 B：	我们坐飞机去,怎么样？
林小平：	没问题,一张飞机票三千多铢。
客人 A：	我看还是坐汽车吧！我们可以在车上睡觉。
林小平：	对,坐汽车也很舒服。
客人 B：	就这样吧。
林小平：	那我们现在出发吧。
客人 B：	去哪里？
林小平：	去大皇宫参观。
客人 A：	请等一下,我要先买一点儿东西吃。

Lín Xiǎopíng: Jīntiān wǎnshang wǒmen zuò qìchē qù Pǔjí.
Kèrén A: Cóng Màngǔ dào Pǔjí yuǎn bu yuǎn?
Lín Xiǎoping: Pǔjí lí Màngǔ liùbǎi duō gōnglǐ.
Kèrén B: Wǒmen zuò fēijī qù, zěnmeyàng?

8

第二课

Lín Xiǎopíng: Méi wèntí, yì zhāng fēijīpiào sānqiān duō zhū.
Kèrén A: Wǒ kàn háishi zuò qìchē ba! Wǒmen kěyǐ zài chēshang shuì jiào.
Lín Xiǎopíng: Duì, zuò qìchē yě hěn shūfu.
Kèrén B: Jiù zhèyàng ba.
Lín Xiǎopíng: Nà wǒmen xiànzài chūfā ba.
Kèrén B: Qù nǎli?
Lín Xiǎopíng: Qù dàhuánggōng cānguān.
Kèrén A: Qǐng děng yíxià, wǒ yào xiān mǎi yìdiǎnr dōngxi chī.

生词语 (คำศัพท์ใหม่)

1.	坐(坐)	(动)	zuò	นั่ง
2.	汽车(汽車)	(名)	qìchē	รถยนต์
3.	到(到)	(动)	dào	ถึง
4.	远(遠)	(形)	yuǎn	ไกล
5.	离(離)	(介)	lí	ห่างจาก
6.	公里(公里)	(量)	gōnglǐ	กิโลเมตร
7.	飞机(飛機)	(名)	fēijī	เครื่องบิน
8.	问题(問題)	(名)	wèntí	ปัญหา
9.	还是(還是)	(副)	háishi	ก็แล้วกัน
10.	睡觉(睡覺)	(动)	shuì jiào	หลับ
11.	出发(出發)	(动)	chūfā	ออกเดินทาง
12.	参观(參觀)	(动)	cānguān	เยี่ยมชม

专名 (คำศัพท์เฉพาะ)

普吉　　　　　　　　　Pǔjí　　　　　ภูเก็ต

李力和何娜谈她的行程 (หลี่ลี่กับเหอน่าคุยกันเรื่องกำหนดการเดินทาง)

李　力：为什么你要到广东去呢？
何　娜：我爸爸的爷爷从广东到泰国去。在广东我还有一些亲戚,我想去看他们。
李　力：你要去广东什么地方？
何　娜：我去潮州。不过,我要先坐飞机到广州。
李　力：广州离潮州不远吧？
何　娜：我也不知道,我的亲戚去广州机场接我。然后,我们坐火车回潮州。
李　力：你常常跟潮州的亲戚联系吗？

9

何　娜： 当然，我们用汉语写信。
李　力： 你觉得用汉语写信难不难？
何　娜： 不难，不过也不容易。

Lǐ Lì:　Wèi shénme nǐ yào dào Guǎngdōng qù ne?

Hé Nà:　Wǒ bàba de yéye cóng Guǎngdōng dào Tàiguó qù. Zài Guǎngdōng wǒ hái yǒu yìxiē qīnqi, wǒ xiǎng qù kàn tāmen.

Lǐ Lì:　Nǐ yào qù Guǎngdōng shénme dìfang?

Hé Nà:　Wǒ qù Cháozhōu. Búguò, wǒ yào xiān zuò fēijī dào Guǎngzhōu.

Lǐ Lì:　Guǎngzhōu lí Cháozhōu bù yuǎn ba?

Hé Nà:　Wǒ yě bù zhīdao, wǒ de qīnqi qù Guǎngzhōu jīchǎng jiē wǒ. Ránhòu, wǒmen zuò huǒchē huí Cháozhōu.

Lǐ Lì:　Nǐ chángcháng gēn Cháozhōu de qīnqi liánxì ma?

Hé Nà:　Dāngrán, wǒmen yòng Hànyǔ xiě xìn.

Lǐ Lì:　Nǐ juéde yòng Hànyǔ xiě xìn nán bu nán?

Hé Nà:　Bù nán, búguò yě bù róngyi.

生词语（คำศัพท์ใหม่）

1.	亲戚（親戚）	（名）	qīnqi	เครือญาติ
2.	看（看）	（动）	kàn	เยี่ยม
3.	地方（地方）	（名）	dìfang	สถานที่
4.	不过（不過）	（连）	búguò	แต่ทว่า
5.	机场（機場）	（名）	jīchǎng	สนามบิน
6.	接（接）	（动）	jiē	รับ
7.	然后（然后）	（连）	ránhòu	หลังจากนั้น
8.	火车（火車）	（名）	huǒchē	รถไฟ
9.	回（回）	（动）	huí	กลับ
10.	联系（聯係）	（动）	liánxì	ติดต่อ
11.	用（用）	（动）	yòng	ใช้
12.	觉得（覺得）	（动）	juéde	รู้สึก
13.	难（難）	（形）	nán	ยาก
14.	容易（容易）	（形）	róngyì	ง่าย

专名 (คำศัพท์เฉพาะ)

1. 广东(廣東)   Guǎngdōng   กวางตุ้ง
2. 潮州(潮州)   Cháozhōu   แต้จิ๋ว
3. 广州(廣州)   Guǎngzhōu   กวางโจว

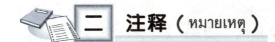

二 注释 (หมายเหตุ)

1. 我看……

用来提出自己的观点或看法。例如：(ใช้ในการแสดงความคิดเห็นของตนเอง)

我看他不喜欢这里。

我看这里很舒服。

2. 还是 X 吧

说话人认为 X 是比较好的选择，同意 X。例如：(ผู้พูดคิดว่า x เป็นตัวเลือกที่ดีกว่าและเห็นด้วยกับ x)

还是坐车吧。

还是买那条裙子吧。

3. 没问题 (ไม่มีปัญหา)

4. 就这样吧！(ก็เป็นอย่างนี้แล้วกัน)

表示同意、决定。(หมายถึงเห็นด้วยกับการตัดสินใจ)

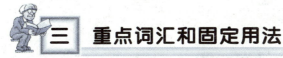

三 重点词汇和固定用法

(คำศัพท์ที่สำคัญและวิธีการใช้)

1. 从(A 地点/จากสถานที่ A)到(B 地点/ถึงสถานที่ B)

这个结构常常做主语，例如：(โครงสร้างนี้มักจะทำหน้าที่เป็นประธาน)

从曼谷到普吉远不远？

从学校到我家 30 公里。

2. 离(A 地点)

这个结构要放在表示地点的主语后边，例如：(โครงสร้างนี้จะวางอยู่หลังประธานที่เป็นสถานที่ เช่น)

这里离车站不远。

普吉离曼谷六百多公里。

3. 吧

语气助词,表示提议。例如：(คำช่วยบอกน้ำเสียงหมายถึงการเสนอ)

我们现在出发吧。

你跟我一起去中国吧。

我们吃饭吧。
4. 到(地点)去/来

意思是"去/来(地点)"。

到曼谷去＝去曼谷

到北京来＝来北京

 四　句式（รูปประโยค）

1. 表目的的连动句（ประโยคที่มีกริยาต่อเนื่องกัน）

(1)　S　　＋　去/来　＋　PW　　＋　V(O)

　　我们　　　去　　　　大皇宫　　参观

　　她　　　　来　　　　学校　　　上课

(2)　S　　＋　V₁　　＋　O₁　　＋　V₂

　　我　　　　买　　　　东西　　　吃

　　妈妈　　　做　　　　裙子　　　穿

2. 表方法和工具的连动句（ประโยคที่มีกริยาต่อเนื่องกันที่แสดงถึงวิธีการหรือเครื่องมือ,อุปกรณ์）

　　S　＋　V₁　＋　O₁　＋　V₂　＋　O₂

　　我们　　坐　　　汽车　　去　　　普吉

　　我　　　用　　　汉语　　写　　　信

一　读对话（อ่านบทสนทนา）

1. 表示同意和不同意（หมายถึงเห็นด้วยและไม่เห็นด้วย）

(1) A：我们去看电影吧。　　　　(2) A：你去接那几个中国游客,怎么样？
　　B：好主意。　　　　　　　　　　 B：没问题。那你去接那几个日本人,怎么样？
　　A：看中国电影还是看美国电影？　 A：行,就这样吧。
　　B：还是看美国电影吧。

(3) A：那真是一本好书。　　　　(4) A：他为什么不来找我？
　　B：是啊,我也这么看。　　　　　 B：我看他不喜欢你。
　　C：我不这么看,我觉得这本书一般。 C：我也这么看。

(5) 孩子：妈妈，今天晚上我想在小云家睡觉。
　　妈妈：我不同意。
　　孩子：爸爸……
　　爸爸：我先给小云的爸爸妈妈打电话，如果他们同意，我也同意。
　　妈妈：我看你太宠她了。

(6) A：我们明天先去买东西，然后去吃日本菜，下午去公园玩儿，怎么样？
　　B：日本菜太贵了，还是吃泰国菜吧。
　　A：好，吃泰国菜。晚上呢？
　　B：晚上回家，我们做饭吃。
　　A：那就这样吧。

生词语 (คำศัพท์ที่ใหม่)

1. 主意(主意)	（名）	zhǔyi	ความเห็น
2. 这么(這麼)	（代）	zhème	อย่างนี้
3. 同意(同意)	（动）	tóngyì	เห็นด้วย
4. 如果(如果)	（连）	rúguǒ	ถ้าหากว่า
5. 宠(寵)	（动）	chǒng	ตามใจ

2. 问距离 (ถามระยะทาง(ห่างจาก))

(1) A：车站离这里远不远？
　　B：不远，走路要十五分钟。

(2) A：从火车站到飞机场有多少公里？
　　B：三十多公里。

(3) A：你的宿舍离学校远吗？
　　B：比较远，坐车要半小时。

生词语 (คำศัพท์ที่ใหม่)

　　小时(小時)　　　　　　　　　　xiǎoshí　　　　　ชั่วโมง

 二 表达训练 (แบบฝึกการแสดงออก)

1. 三个同学一组，模仿"读对话"练习讨论周末的活动，具体过程包括(นักศึกษา 3 คนต่อกลุ่มเลียนแบบบทสนทนาปรึกษาเรื่องกิจกรรมสุดสัปดาห์เนื้อหาจะรวมถึง)

(1) 第一个同学提议。(นักศึกษาคนแรกเป็นผู้เสนอ)
(2) 第二个同学表示反对。(นักศึกษาคนที่สองเป็นผู้คัดค้าน)
(3) 第三个同学提出新提议。(นักศึกษาคนที่สามเป็นผู้เสนอข้อเสนอใหม่)
(4) 另外两个同学表示同意。(นักศึกษาอีกสองคนเห็นด้วย)

每个小组决定三个活动。把你们的决定用三个句子告诉老师。(พวกแต่ละกลุ่มย่อมเลือก กิจกรรม3อย่างโดยจะต้องใช้3ประโยคในการตัดสินบอกกับอาจารย์)

2. 5—8个同学一组,每个同学说一本(部/首)自己喜欢的书、电影或音乐(歌曲),其他同学模仿"读对话"练习表示同意或不同意。(นักเรียน 5-8 คนต่อกลุ่ม ทุกคนบอกชื่อหนังสือ หนังภาพยนตร์หรือเพลงเล่มหรือเรื่องหนึ่ง คนอื่นเลียนแบบบทสนทนา แสดงความคิดเห็นด้วยหรือไม่เห็นด้วย)

第三课　你下午买礼物了吗

（เนื้อหาหลัก）

　课文（บทเรียน）

何娜要走了,晚上她刚收拾好东西,明月回来了(เหอน่าจะไปแล้ว ตอนค่ำเธอได้จัดเก็บข้าวของเครื่องใช้เรียบร้อย หมิงเยว่ก็กลับมา)

何　娜：你下午买礼物了吗？
明　月：没有,我下午没买礼物,我上星期买了。你买礼物了没有？
何　娜：还没有呢。我到广东买,我想他们喜欢家乡的东西,你说呢？
明　月：没错。你收拾好衣服了吗？
何　娜：收拾好了。
明　月：床上还有几件。
何　娜：我明天要穿。
明　月：护照放好了没有？
何　娜：放好了。
明　月：你洗澡了吗？
何　娜：洗了,你去洗吧。
明　月：好,我去洗澡。明天我去机场送你。

Hé Nà:　　Nǐ xiàwǔ mǎi lǐwù le ma?
Míngyuè:　Méiyǒu, wǒ xiàwǔ méi mǎi lǐwù, wǒ shàng xīngqī mǎi le. Nǐ mǎi lǐwù le méiyǒu?

Hé Nà: Hái méiyǒu ne. Wǒ dào Guǎngdōng mǎi, wǒ xiǎng tāmen xǐhuan jiāxiāng de dōngxi, nǐ shuō ne?

Míngyuè: Méi cuò. Nǐ shōushi hǎo yīfu le ma?

Hé Nà: Shōushi hǎo le.

Míngyuè: Chuángshang hái yǒu jǐ jiàn.

Hé Nà: Wǒ míngtiān yào chuān.

Míngyuè: Hùzhào fàng hǎo le méiyǒu?

Hé Nà: Fàng hǎo le.

Míngyuè: Nǐ xǐ zǎo le ma?

Hé Nà: Xǐ le, nǐ qù xǐ ba.

Míngyuè: Hǎo, wǒ qù xǐ zǎo. Míngtiān wǒ qù jīchǎng sòng nǐ.

生词语 (คำศัพท์ใหม่)

1. 了(了)　　　　（语气）　　　le　　　　แล้ว
2. 想(想)　　　　（动）　　　　xiǎng　　 คิด
3. 家乡(家鄉)　　（名）　　　　jiāxiāng　บ้านเกิดเมืองนอน
4. 错(錯)　　　　（形）　　　　cuò　　　 ผิด
5. 收拾(收拾)　　（动）　　　　shōushi　 จัดเก็บ
6. 衣服(衣服)　　（名）　　　　yīfu　　　เสื้อผ้า
7. 件(件)　　　　（量）　　　　jiàn　　　ชิ้น
8. 穿(穿)　　　　（动）　　　　chuān　　 สวมใส่
9. 护照(護照)　　（名）　　　　hùzhào　 หนังสือเดินทาง
10. 放(放)　　　　（动）　　　　fàng　　　วาง
11. 洗澡(洗澡)　　（动）　　　　xǐ zǎo　 อาบน้ำ

下午六点,林小平去酒店接两位客人(6โมงเย็น หลินเสี่ยวผิงไปรับแขกสองคนที่โรงแรม)

客人(แขก)A: 小林,吃了吗?

林小平: 还没有,你们呢?

客人B: 我们到车站吃。

林小平: 你们准备好了吗?

客人A: 我准备好了,她还没有准备好。

林小平: 李小姐,您下午做什么了?

客人B: 我去理发了。你看我的头发怎么样?

客人A: 我看你还是快准备吧。现在是下班时间,堵车。

第 三 课

林小平：没错。
客人B：我很快，只要几分钟。
客人A：小林，中午你回家了吗？
林小平：没有，我回公司拿车票了。
客人A：从这里到车站方便不方便？
林小平：很方便，坐出租汽车或者坐地铁都行。
客人A：要多长时间？
林小平：差不多半小时。

Kèrén A:	Xiǎo Lín, chī le ma?
Lín Xiǎopíng:	Hái méiyǒu, nǐmen ne?
Kèrén B:	Wǒmen dào chēzhàn chī.
Lín Xiǎopíng:	Nǐmen zhǔnbèi hǎo le ma?
Kèrén A:	Wǒ zhǔnbèi hǎo le, tā hái méiyǒu zhǔnbèi hǎo.
Lín Xiǎopíng:	Lǐ xiǎojiě, nín xiàwǔ zuò shénme le?
Kèrén B:	Wǒ qù lǐ fà le. Nǐ kàn wǒ de tóufa zěnmeyàng?
Kèrén A:	Wǒ kàn nǐ háishi kuài zhǔnbèi ba. Xiànzài shì xià bān shíjiān, dǔ chē.
Lín Xiǎopíng:	Méi cuò.
Kèrén B:	Wǒ hěn kuài, zhǐyào jǐ fēnzhōng.
Kèrén A:	Xiǎo Lín, zhōngwǔ nǐ huí jiā le ma?
Lín Xiǎopíng:	Méiyǒu, wǒ huí gōngsī ná chēpiào le.
Kèrén A:	Cóng zhèli dào chēzhàn fāngbiàn bu fāngbiàn?
Lín Xiǎopíng:	Hěn fāngbiàn, zuò chūzū qìchē huòzhě zuò dìtiě dōu xíng.
Kèrén A:	Yào duō cháng shíjiān?
Lín Xiǎopíng:	Chàbuduō bàn xiǎoshí.

生词语 (คำศัพท์ใหม่)

1.	准备(準備)	(动)	zhǔnbèi	เตรียม
2.	理发(理髮)	(动)	lǐ fà	ทำผม
3.	头发(頭髮)	(名)	tóufa	ผม
4.	快(快)	(副)	kuài	เร็ว, รวดเร็ว
5.	下班(下班)	(动)	xià bān	เลิกงาน
6.	时间(時間)	(名)	shíjiān	เวลา
7.	堵车(堵車)	(动)	dǔ chē	รถติด
8.	方便(方便)	(形)	fāngbiàn	สะดวก

9. 出租汽车(出租汽車)			chūzū qìchē	รถแท็กซี่
10. 或者(或者)		(连)	huòzhě	หรือ
11. 地铁(地鐵)		(名)	dìtiě	รถไฟใต้ดิน
12. 差不多(差不多)		(副)	chàbuduō	ประมาณ
13. 小时(小時)		(名)	xiǎoshí	ชั่วโมง

二 注释 (หมายเหตุ)

1. 你看……/你说呢？

询问对方的意见和看法。(ถามความคิดเห็นและข้อเสนอแนะของอีกฝ่ายหนึ่ง)

2. 没错。

表示同意。(แสดงความเห็นด้วย)

3. 吃了吗？

跟泰国人一样,中国人在吃饭的时间见面,常常用这句话来代替"你好"。(เหมือนกับคนไทย คนจีน เจอหน้ากันเวลาทานข้าว มักจะใช้คำพูดนี้แทนการกล่าวคำว่า "你好")

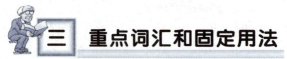

三 重点词汇和固定用法

(คำศัพท์ที่สำคัญและวิธีการใช้)

1. V 好了

表示动作做完了,而且取得了令人满意的结果。例如：(แสดงถึงการกระทำได้เสร็จสิ้นลงแล้วการกระทำนั้นได้สร้างความพึงพอใจให้แก่อีกฝ่าย)

我放好护照了。

我准备好了。

我上星期买好了。

2. 还没有(V)呢

表示还没有 V,但是就要做了。例如：(แสดงถึงยังไม่มี V แต่กำลังจะดำเนินการ เช่น)

我还没吃饭呢。(我就要去吃了)

我还没准备好呢。(我就要准备好了)

A：你买东西了吗？ B：还没有呢。(就要去买了)

3. 快

(1) A　　　　　　　我很快。/ 车很快。

(2) Adv.　　　　　快准备吧。/ 快看！

4. 或者

在陈述句中使用。例如：(ใช้ในประโยคบอกเล่า เช่น)

他周末常常在家休息,或者去看朋友。

你应该吃水果或者蔬菜。

注意,"还是"用于疑问句。请比较：(หมายเหตุ"还是"ใช้ในประโยคคำถาม)

A：你喝茶还是喝水？ B：茶或者水都可以。

A：你坐飞机去还是坐火车去？ B：坐飞机去。

A：你假期去哪里？ B：去上海或者北京。

A：你什么时候走？ B：下个星期一或者星期二。

四 句式 (รูปประโยค)

句尾带"了"的句子,表示某事已经发生(ท้ายประโยคมีคำว่า "了"แสดงถึงเหตุการณ์นั้นได้เกิดขึ้นแล้ว)

S	+	(过去时间)	+	V	+	O	+	了
我		(过去时间)		买		东西		了
你		下午		做		什么		了？

否定： S + (过去时间) + 没(有) + V + O

我 　　　下午 　　　没 　　买 　礼物

问句： S + (过去时间) + V + O + 了 + 吗/没有？

你 　　　下午 　　　买 　礼物 　了 　吗/没有？

会话练习 (แบบฝึกหัดสนทนา)

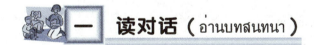

一 读对话 (อ่านบทสนทนา)

1. 商量 (ปรึกษาหารือ)

(1) A：你看这件衣服怎么样？
　　B：不错。

(2) A：我想买一台电脑,你看买哪一种好？
　　B：我也不知道,我看你去问一下李力吧。

(3) A：我觉得这本词典很好用,你说呢？
　　B：没错,这是现在最好的英汉词典。

(4) A：你看我学日语还是学英语？
　　B：学英语比较有用,你说呢？
　　A：可是会英语的人很多。
　　B：没错,那你就学日语吧。

(5) 孩子：爸爸，我想去南部旅行，行吗？
    爸爸：太太，你说呢？
    妈妈：你跟谁一起去？
    孩子：我想跟小美和小丹一起去，可她们还没同意。
    爸爸：这样吧，她们同意了，你再来问我们，好吗？
    妈妈：没错。

生词语（คำศัพท์ใหม่）

1.	不错(不錯)	（形）	búcuò	ไม่เลว
2.	电脑(電腦)	（名）	diànnǎo	คอมพิวเตอร์
3.	好用(好用)	（形）	hǎoyòng	ใช้ง่าย
4.	旅行(旅行)	（动）	lǚxíng	ท่องเที่ยว
5.	同意(同意)	（动）	tóngyì	เห็นด้วย
6.	这样(這樣)	（代）	zhèyàng	อย่างนี้, เช่นนี้
7.	再(再)	（副）	zài	อีกครั้ง

注释（คำอธิบายประกอบ）

"这样吧。"（อย่างนี้ถอะ）指提出最后意见或解决问题的方法。（แสดงความคิดเห็นครั้งสุดท้ายหรือเป็นการแก้ไขปัญหา）

2. 打招呼（การทักทาย）

(1)（早上见面）
  A：起来了？
  B：是啊，吃早饭了吗？
  A：吃了，你呢？
  B：现在去。

(2)（中午见面）
  A：下课了？
  B：下课了，去吃饭。你吃了吗？
  A：吃了。

(3)（傍晚见面）（เจอกันตอนพลบค่ำ）
  A：下班了？
  B：下班了。你吃饭了吗？
  A：还没呢，现在回去做。你呢？
  B：我和朋友出去吃。

生词语（คำศัพท์ใหม่）

1.	起来(起來)	qǐlai	ตื่นนอน
2.	出去(出去)	chūqu	ออกไป

二 表达训练（บทฝึกฝนการแสดงออก）

1. 三个同学一组，选择以下题目中的两个，模仿"读对话"1进行讨论，最后把你们商量的结果向全班同学报告。（นักเรียน 3 คนต่อกลุ่ม เลือกหัวข้อด้านล่าง 2 หัวข้อ เลียนแบบบทสนทนาที่ 1หลังจากนั้นนำผลที่ได้มารายงานหน้าชั้น）

    (1) 周末到哪里去玩儿？　　　　　(2) 穿什么衣服参加朋友的生日晚会？

    (3) 有一万块钱，做什么呢？　　　(4) 有一个机会学日语，去不去呢？

2. 全班同学自由走动，按照老师提示的时间，跟遇到的同学打招呼。（ให้นักเรียนทุกคน ฝึกทักทายกับเพื่อนร่วมชั้นตามช่วงเวลาที่อาจารย์กำหนด）

第四课　我爸爸妈妈身体很好

（เนื้อหาหลัก）

课文（บทเรียน）

何娜到了广州机场,她叔叔去接她(เหอน๋าถึงสนามบินกว่างโจวแล้ว อาของเขาไปรับเขา)

叔　叔：小娜,我在这儿!
何　娜：叔叔,您来了!
叔　叔：路上顺利吗？累不累？
何　娜：很顺利,不累。
叔　叔：好久不见! 你上次回来的时候,还是中学生。
何　娜：是啊,我们从1995年到现在一直没见面。
叔　叔：你学习怎么样？你爸爸妈妈身体好吗？
何　娜：我学习很好,爸爸妈妈身体也很好。阿姨最近忙什么呢？
叔　叔：她生意很忙。
何　娜：小强怎么样？
叔　叔：还没有合适的女朋友。你给他介绍一个吧。你什么时候跟小平结婚？
何　娜：我们打算三十岁结婚,现在离三十岁还有几年呢。

Shūshu: Xiǎo Nà, wǒ zài zhèr!
Hé Nà: Shūshu, nín lái le!
Shūshu: Lùshang shùnlì ma? Lèi bu lèi?

Hé Nà: Hěn shùnlì, bú lèi.
Shūshu: Hǎojiǔ bú jiàn! Nǐ shàngcì huílai de shíhou, hái shi zhōngxuéshēng.
Hé Nà: Shì a, wǒmen cóng yī-jiǔ-jiǔ-wǔ nián dào xiànzài yìzhí méi jiàn miàn.
Shūshu: Nǐ xuéxí zěnmeyàng? Nǐ bàba māma shēntǐ hǎo ma?
Hé Nà: Wǒ xuéxí hěn hǎo, bàba māma shēntǐ yě hěn hǎo. Āyí zuìjìn máng shénme ne?
Shūshu: Tā shēngyi hěn máng.
Hé Nà: Xiǎoqiáng zěnmeyàng?
Shūshu: Hái méiyǒu héshì de nǚpéngyou. Nǐ gěi tā jièshào yí ge ba. Nǐ shénme shíhou gēn Xiǎopíng jié hūn?
Hé Nà: Wǒmen dǎsuan sānshí suì jié hūn, xiànzài lí sānshí suì hái yǒu jǐ nián ne.

生词语 (คำศัพท์ใหม่)

1.	叔叔(叔叔)	(名)	shūshu	คุณอา
2.	顺利(順利)	(形)	shùnlì	ราบรื่น
3.	累(累)	(形)	lèi	เหนื่อย
4.	好久不见(好久不見)		hǎojiǔ bú jiàn	ไม่ได้พบกันนาน
5.	上次(上次)	(名)	shàngcì	ครั้งที่แล้ว
6.	回来(回來)	(动)	huílai	กลับมา
7.	中学生(中學生)	(名)	zhōngxuéshēng	นักเรียนระดับมัธยมศึกษา
8.	一直(一直)	(副)	yìzhí	(ไม่ได้พบกัน)เลย
9.	阿姨(阿姨)	(名)	āyí	คุณน้า(ผู้หญิง)
10.	最近(最近)	(名)	zuìjìn	เร็วๆนี้
11.	生意(生意)	(名)	shēngyi	การค้า
12.	合适(合適)	(形)	héshì	เหมาะสม
13.	介绍(介紹)	(动)	jièshào	แนะนำ
14.	结婚(結婚)		jié hūn	แต่งงาน
15.	打算(打算)	(动)	dǎsuan	ตั้งใจ

明月在路上遇到她的中国同学小雨,她学习英语(หมิงเยว่ยพบเสี่ยวเย่ว์เพื่อนนักเรียนชาวจีนคนหนึ่งของเขาระหว่างทาง เขาเรียนภาษาอังกฤษ)

明 月: 小雨,好久不见,去哪儿啊?
小 雨: 明月,好久不见!我去图书馆。
明 月: 你最近忙什么?
小 雨: 复习。我们从十七号到十九号考试,现在离考试还有两天。
明 月: 你怎么复习?

小　雨：每天记生词、记课文、做练习。
明　月：放假你打算去什么地方旅行？
小　雨：可能去桂林。
明　月：你为什么不去阳朔？那儿风景多漂亮啊！
小　雨：阳朔是桂林的一个地方，去桂林，当然要去阳朔。
明　月：我去年去阳朔了，可是桂林我没去。
小　雨：多奇怪啊！
明　月：很多外国人不在桂林玩儿，只去阳朔。
小　雨：看来，桂林中国人喜欢，阳朔外国人喜欢。

Míngyuè: Xiǎoyǔ, hǎojiǔ bú jiàn, qù nǎr a?
Xiǎoyǔ:　Míngyuè, hǎojiǔ bú jiàn! Wǒ qù túshūguǎn.
Míngyuè: Nǐ zuìjìn máng shénme?
Xiǎoyǔ:　Fùxí. Wǒmen cóng shíqī hào dào shíjiǔ hào kǎoshì, xiànzài lí kǎoshì hái yǒu liǎng tiān.
Míngyuè: Nǐ zěnme fùxí?
Xiǎoyǔ:　Měi tiān jì shēngcí, jì kèwén, zuò liànxí.
Míngyuè: Fàng jià nǐ dǎsuan qù shénme dìfang lǚxíng?
Xiǎoyǔ:　Kěnéng qù Guìlín.
Míngyuè: Nǐ wèi shénme bú qù Yángshuò? Nàr fēngjǐng duō piàoliang a!
Xiǎoyǔ:　Yángshuò shì Guìlín de yí ge dìfang, qù Guìlín, dāngrán yào qù Yángshuò.
Míngyuè: Wǒ qùnián qù Yángshuò le, kěshì Guìlín wǒ méi qù.
Xiǎoyǔ:　Duō qíguài a!
Míngyuè: Hěn duō wàiguórén bú zài Guìlín wánr, zhǐ qù Yángshuò.
Xiǎoyǔ:　Kànlái, Guìlín Zhōngguórén xǐhuan, Yángshuò wàiguórén xǐhuan.

生词语（คำศัพท์ใหม่）

1.	图书馆(圖書館)	（名）	túshūguǎn	ห้องสมุด
2.	复习(復習)	（动）	fùxí	ทบทวน
3.	考试(考試)	（动）	kǎoshì	สอบ
4.	每天(每天)		měi tiān	ทุกวัน
5.	记(記)	（动）	jì	จด จำ
6.	生词(生詞)	（名）	shēngcí	คำศัพท์ใหม่
7.	课文(課文)	（名）	kèwén	บทเรียน

8. 练习(練習)	（名）	liànxí	ฝึกฝน
9. 放假(放假)	（动）	fàng jià	ปิดเรียน
10. 旅行(旅行)	（动）	lǚxíng	ไปเที่ยว
11. 风景(風景)	（名）	fēngjǐng	ทิวทัศน์
12. 奇怪(奇怪)	（形）	qíguài	น่าประหลาด

专名 (คำศัพท์เฉพาะ)

| 1. 桂林(桂林) | | Guìlín | กุ้ยหลิน |
| 2. 阳朔(陽朔) | | Yángshuò | หยางซั่ว |

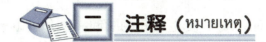

二 注释 (หมายเหตุ)

1. 路上顺利吗？/累不累？

接到客人的时候常常说的话，表示关心。(เมื่อพบกับแขกที่ไปรับแล้วจะพูดคำนี้บ่อยๆ แสดงความเป็นห่วง)

2. 多 Adj.啊！

跟"真 Adj.啊"、"太 Adj.了"一样，表示感叹的句子。例如：(เหมือนกับ "真 Adj.啊", "太 Adj.了" เป็นประโยคแสดงการอุทาน เช่น)

真漂亮啊！真好看啊！

太好了！太漂亮了！

多好啊！多好看啊！

注意(ข้อสังเกต จะพูดว่า)："真漂亮了！"/"多漂亮了！"（ไม่ได้ และจะพูดว่า)/"太漂亮啊！"（ไม่ได้）

3. 看来，X

用来引出后面的结论 X。例如：(ใช้มานำหน้าข้อสรุป x ข้างหลัง)

很多学生都考了 A，看来，这次考试不难。

看来，这本书孩子们都喜欢。

三 重点词汇和固定用法
(คำศัพท์ที่สำคัญและวิธีการใช้)

1. 从 (时间 A) 到 (时间 B)

这个结构可以做主语，也可以做状语。(โครงสร้างนี้สามารถทำหน้าที่ประธาน และสามารถทำหน้าที่ส่วนขยายภาคแสดง)

(1) 做主语 (ทำหน้าที่ประธาน)

从星期一到星期五,一共五天。

(2) 做状语 (ทำหน้าที่ส่วนขยายภาคแสดง)

我们从1995年到现在一直没见面。

从今天早上到明天晚上,他都在家。

注意,跟泰语的语序不一样,做状语的时候,一定要放在动词或句子前面。不能说:(ข้อสังเกต การเรียงลำดับคำไม่เหมือนกับภาษาไทย เมื่อทำหน้าที่ส่วนขยายภาคแสดงจะต้องวางไว้หน้าคำกริยาหรือต้นประโยค จะไม่พูดว่า)

* 我们一直没见面从1995年到现在。

* 他都在家从今天早上到明天晚上。

2. (时间 A) 离 (时间 B/V)

这个结构表示从时间 A 到时间 B 或 V 发生之间的时间。例如:(โครงสร้างนี้แสดงเวลาระหว่าง เวลาA ถึง เวลาB/V เช่น)

现在离三十岁还有几年。

今天离考试还有两天。

说话时,常常可以省略"现在",例如:(เวลาพูด มักจะละคำว่า"现在" เช่น)

(现在)离十二点还有半小时。

离开车还有五分钟。

四 句式 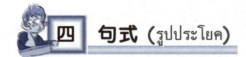(รูปประโยค)

1. SP 做谓语的句子 (ประโยคที่ SP ทำหน้าที่เป็นภาคแสดง)

(1)

S	P	
	S'	P'
我	学习	很好
爸爸妈妈	身体	也很好
她	生意	很忙

在以上句子中,S'是S的一部分。(ในประโยคด้านบน S' เป็นส่วนหนึ่งของ S)

(2)

S	P	
	S'	P'
桂林	我	没去
桂林	中国人	喜欢
阳朔	外国人	喜欢

在以上句子中,S是P'的宾语。(ในประโยคด้านบน S เป็นกรรมของ P')

2. "很多"做定语的句子（ประโยคที่ "很多" ทำหน้าที่เป็นส่วนขยายคำนาม）

S		P
很多	N	P
很多	人	喜欢看电影
很多	外国人	不在桂林玩儿

一 读对话 (อ่านบทสนทนา)

1. 寒暄（ทักทายปราศรัย）

(1) A：小强,好久不见。
　　B：陈叔叔,好久不见。您身体怎么样？
　　A：很好。你学习怎么样？
　　B：还行。

(2) A：林先生,您好！路上辛苦了,一路还顺利吧。
　　B：不辛苦,一路很顺利。李经理怎么没来？
　　A：他要开会。晚上他请您吃饭。
　　B：他太客气了。

(3) A：李力,你好,今天真冷啊。
　　B：是啊！看来,最冷就是这几天。

(4) A：小平,最近工作很忙吧？
　　B：是啊,来泰国旅游的中国人很多。您太太身体好吗？
　　A：她身体还可以,谢谢你。

(5) A：张教授,您好。
　　B：何娜,你来了！外边很热吧？快喝一点儿水。
　　A：谢谢教授。
　　B：你最近忙什么？
　　A：看书,准备考试。

生词语 (คำศัพท์ใหม่)

1.	辛苦(辛苦)	(形)	xīnkǔ	เหน็ดเหนื่อย
2.	经理(經理)	(名)	jīnglǐ	ผู้จัดการ
3.	开会(開會)	(动)	kāi huì	ประชุม
4.	请(請)	(动)	qǐng	เชิญ
5.	旅游(旅游)	(动)	lǚyóu	ท่องเที่ยว

注释 (คำอธิบายประกอบ)

陈叔叔：在中国，年轻人常常用"姓+叔叔"称呼年纪跟父母差不多或小一点的长辈。
（ที่ประเทศจีน คนวัยหนุ่มสาวมักจะว่าใช้ "นามสกุล+อา" เรียกผู้ชายของพ่อแม่ที่อายุใกล้เคียงกัน）

2. 问去向和婚姻状况 (ถามถิ่นที่เดินทางไปและสถานภาพการสมรส)

(1) A：王美，小云到什么地方去了？
    B：我也不知道。我们今天没在一起。

(2) A：你姐姐结婚了吗？
    B：她结婚了。你哥哥呢？
    A：还没有呢。不过，他打算明年结婚。

(3) A：小强呢？他去哪儿了？
    B：他去上海旅行了。
    A：你打算到哪里去玩儿？
    B：我打算回家。

二 表达训练 (แบบฝึกฝนการแสดงออก)

1. 两个同学一组，按以下要求模仿"读对话"1进行表达训练。(แบ่งนักเรียนสองคนต่อกลุ่ม ดำเนินการฝึกออกเสียงตามข้อกำหนดด้านล่าง)

    (1) 寒暄(ทักทายปราศรัย)+谈学习　　　　(2) 寒暄+谈工作/生意情况
    (3) 寒暄+谈旅途情况　　　　　　　　　(4) 寒暄+谈身体

2. 三个同学一组，分别确定各自的角色，完成一段跟亲戚或老朋友见面的对话。(แบ่งนักเรียนสามคนต่อกลุ่ม โดยทั้งสามคนแบ่งกันแต่ละบทบาท ตามบทสนทนา "跟亲戚或老朋友见面" ให้สมบูรณ์。) 对话内容包括：(เนื้อหาบทสนทนาประกอบด้วย) 寒暄+谈个人/家人或朋友情况（工作、学习、生意、身体、婚姻、去向等等），然后在班中表演。(ทักทายปราศรัย＋เล่าถึงสภาพของตนเอง/สมาชิคในครอบครัวหรือเพื่อน(เรื่องงาน การเรียน ธุรกิจ สภาพร่างกาย การแต่งงาน อนาคต) แล้วแสดงที่หน้าชั้น))

第五课　阳朔真是个好地方

(เนื้อหาหลัก)

一　课文 (บทเรียน)

　　去年夏天,明月去阳朔旅行,以下是她用汉语写的一篇游记(ฤดูร้อนปีที่แล้ว หมิงเย่วี่ไปเที่ยวที่หยางซั่ว ข้อความต่อไปนี้คือบันทึกการเดินทางบทหนึ่งที่เขาเขียนด้วยภาษาจีน)

　　早上,我到一个餐厅吃早餐。餐厅很小,东西很好吃。那里的老板是广西人,他教我几句广西话。在餐厅,我看见英国人马克,昨天我们一起骑车去福利镇。从十号到今天,马克一直在阳朔,他对阳朔非常熟悉。我问他:"马克,历村你去了吗?"他说:"历村我没去,樟树村和立龙村都去了,这两个村子风景非常美,人非常热情。"

　　吃完饭,我们一起到车站,他坐车去桂林,然后从桂林到昆明去。马克,祝你一路顺风。

　　我用八块钱租一辆自行车,骑车到樟树村去。樟树村离阳朔不远。我在一个农民家玩儿,他们请我吃午饭。我教他们的孩子几句英语。下午三点,我说:"我该走了。"他们都到门口送我,孩子们还送我两朵花。我喜欢这些热情的中国人。

　　我骑车回阳朔。下午天气很好,我真快乐啊!

　　晚上,我又到那个餐厅吃晚饭,

泰国人学汉语 II

老板问我："今天去哪儿了？去没去历村？"我告诉他："我去樟树村了。"他说："那是个好地方！"

没错，阳朔真是个好地方啊！

Zǎoshang, wǒ dào yí ge cāntīng chī zǎocān. Cāntīng hěn xiǎo, dōngxi hěn hǎochī. Nàli de lǎobǎn shì Guǎngxīrén, tā jiāo wǒ jǐ jù Guǎngxīhuà. Zài cāntīng, wǒ kànjiàn Yīngguórén Mǎkè, zuótiān wǒmen yìqǐ qí chē qù Fúlì Zhèn. Cóng shí hào dào jīntiān, Mǎkè yìzhí zài Yángshuò, tā duì Yángshuò fēicháng shúxī. Wǒ wèn tā: "Mǎkè, Lìcūn nǐ qù le ma?" Tā shuō: "Lìcūn wǒ méi qù, Zhāngshùcūn hé Lìlóngcūn dōu qù le, zhè liǎng ge cūnzi fēngjǐng fēicháng měi, rén fēicháng rèqíng."

Chī wán fàn, wǒmen yìqǐ dào chēzhàn, tā zuò chē qù Guìlín, ránhòu cóng Guìlín dào Kūnmíng qù. Mǎkè, zhù nǐ yílùshùnfēng.

Wǒ yòng bā kuài qián zū yí liàng zìxíngchē, qí chē dào Zhāngshùcūn qù. Zhāngshùcūn lí Yángshuò bùyuǎn. Wǒ zài yí ge nóngmín jiā wánr, tāmen qǐng wǒ chī wǔfàn. Wǒ jiāo tāmen de háizi jǐ jù Yīngyǔ. Xiàwǔ sāndiǎn, wǒ shuō: "Wǒ gāi zǒu le." Tāmen dōu dào ménkǒu sòng wǒ, háizimen hái sòng wǒ liǎng duǒ huā. Wǒ xǐhuan zhèxiē rèqíng de Zhōngguórén.

Wǒ qí chē huí Yángshuò. xiàwǔ tiānqì hěn hǎo, wǒ zhēn kuàilè a!

Wǎnshang, wǒ yòu dào nà ge cāntīng chī wǎnfàn, lǎobǎn wèn wǒ: "Jīntiān qù nǎr le? Qù méi qù Lìcūn?" Wǒ gàosu tā: "Wǒ qù Zhāngshùcūn le." Tā shuō: "Nà shì ge hǎo dìfang!"

Méicuò, Yángshuò zhēn shì ge hǎo dìfang a!

生词语 (คำศัพท์ใหม่)

1.	老板(老闆)	(名)	lǎobǎn	เถ้าแก่, เจ้าของกิจการ
2.	句(句)	(量)	jù	ประโยค
3.	看见(看見)	(动)	kànjiàn	พบ
4.	非常(非常)	(副)	fēicháng	มากๆ
5.	熟悉(熟悉)	(形)	shúxī	รู้จักเป็นอย่างดี, คุ้นเคย
6.	村(子)(村(子))	(名)	cūnzi	หมู่บ้าน
7.	热情(熱情)	(形)	rèqíng	มีน้ำใจไมตรี
8.	完(完)	(动)	wán	เสร็จ
9.	一路顺风(一路順風)		yílùshùnfēng	ขอให้เดินทางโดยสวัสดิภาพ
10.	租(租)	(动)	zū	เช่า
11.	辆(輛)	(量)	liàng	ลักษณะนามของรถ (คัน)
12.	自行车(自行車)	(名)	zìxíngchē	รถจักรยาน
13.	骑(騎)	(动)	qí	ขี่
14.	农民(農民)	(名)	nóngmín	เกษตรกร

15. 请(请)	(动)	qǐng	เลี้ยง(อาหาร)	
16. 该(該)	(能愿)	gāi	ควรจะ	
17. 朵(朵)	(量)	duǒ	ลักษณะนามของดอกไม้ (ดอก)	
18. 花(花)	(名)	huā	ดอกไม้	
19. 天气(天氣)	(名)	tiānqì	อากาศ	
20. 又(又)	(副)	yòu	อีกครั้ง	

专名 (คำศัพท์เฉพาะ)

1. 广西(廣西)　　　　　Guǎngxī　　　　เมืองกว่างซี
2. 福利镇(福利鎮)　　　Fúlì Zhèn　　　ฝูลี่เจิ้น
3. 历村(歷村)　　　　　Lìcūn　　　　　ลี่ชุน
4. 樟树村(樟樹村)　　　Zhāngshùcūn　　จางสู้ชุน

二　注释 (หมายเหตุ)

1. 祝你一路顺风！(ขออวยพรให้คุณเดินทางโดยสวัสดิภาพ)
   送行的时候说的话。(คำพูดที่ใช้พูดตอนไปส่งคนเดินทาง)
2. 我该走了！(ฉันขอกลับก่อน)
   告辞的时候说的话。(คำพูดตอนบอกลา)
3. 吃完饭
   注意，"完"要放在"吃饭"中间。(ข้อสังเกต "完" จะวางไว้ระหว่าง "吃饭")

三　重点词汇和固定用法

(คำศัพท์ที่สำคัญและวิธีการใช้)

1. 请
   (1) กรุณา
       请进。
       请坐。
       请喝茶。
   (2) เชิญ, เลี้ยง
       他们请我吃饭。
       我请他喝酒。
       小云请王美参加她的生日晚会。

泰国人学汉语 II

2. 送

(1) ไปส่ง

我去车站送他。

他们到门口送我。

(2) ส่งมอบให้

孩子们送我两朵花。

王美送小平几本中文书。

四 语法总结 (สรุปหลักไวยากรณ์)

汉语的句子 (ประโยคในภาษาจีน)

1. 动词谓语句 (ประโยคที่คำกริยาทำหน้าที่เป็นภาคแสดง)

(1)　S　　　　　+　　　V

　　我　　　　　　　　去

　　我　　明天　　　　走

(2)　S　　　　　+　　　V　　　　+　　　O

　　我　　　　　　　　买　　　　　　　书

　　他　　　　　　　　是　　　　　　　老师

　　她　　非常　　　　喜欢　　　　　　孩子

(3)　S　　　　　+　　　V　　　　+　　　O_1　　+　　O_2

　　老师　　　　　　　教　　　　　　　我　　　　　汉语

　　爸爸　　没　　　　送　　　　　　　哥哥　　　　礼物

(4)　S　　　　　+　　　V_1 +　　　(O_1) +　　V_2　　+　　(O_2)

　　他们　　　　　　　坐　　　　　　　车　　　　　去　　　　　曼谷

　　我　　　　　　　　想　　　　　　　买　　　　　东西　　　　吃

　　妹妹　　　　　　　去　　　　　　　看　　　　　　　　　　　电影

2. 形容词谓语句 (ประโยคที่คำคุณศัพท์ทำหน้าที่เป็นภาคแสดง)

　　S　　+　　(状语)　+　　Adj.

　　我　　　　很　　　　　好

　　天气　　　非常　　　　热

注意,形容词谓语前面一般都有状语,形容词单独做状语,有对比的意思:(ข้อสังเกต ด้านหน้าประโยคที่คำคุณศัพท์ทำหน้าที่เป็นภาคแสดงปกติล้วนมีส่วนขยายภาคแสดง คำคุณศัพท์สามารถเป็นส่วนขยายภาคแสดงได้ด้วยตัวเองมีความหมายที่เปรียบเทียบ)

这个房间大,那个房间小。/今天热,昨天凉快。

3. SP 谓语句 (SP ประโยคประธานภาคแสดง)

S₁ + S' + P'
我　　身体　　很好
那书　我　　　看了

4. 陈述句 (ประโยคบรรยาย)

我是学生。/他不吃东西。

5. 疑问句 (ประโยคคำถาม)

(1) 带"吗"的疑问句 (ประโยคคำถามที่ใช้ 吗)

他明天来吗？/你是学生吗？

(2) 不带"吗"的疑问句 (ประโยคคำถามที่ไม่ใช้ 吗)

① "X + 不/没 + X"问句 (ประโยคคำถาม)

你去不去？/你昨天去没去？/妈妈好不好？/他想不想工作？

② 带疑问词的问句 (ประโยคคำถามที่ใช้คำบ่งคำถาม)

你学习什么？/他是谁？/哪里有洗手间？/什么时候开车？/你们学校有多少人？

③ "X 还是 Y"问句 (ประโยคคำถาม)

你是中国人还是泰国人？/你学习还是工作？

(3) 其他 (อื่นๆ)

① 带"吧"的问句 (ประโยคคำถามที่ใช้คำว่า"吧")

你是学生吧？

② 带"呢"的问句 (ประโยคคำถามที่ใช้คำว่า"呢")

我很好,你呢？/我的书呢？

③ 带"是吗？/对吗？/可以吗？……"的问句 (ประโยคคำถามที่ใช้คำว่า "是吗？/对吗？/可以吗？……")

你是学生,对吗？/我去你那里,可以吗？

6. 祈使句 (ประโยคขอร้อง)

请进。/走吧。/你看一下。

7. 感叹句 (ประโยคอุทาน)

太好了！/真热啊！/多美啊！

会话练习（แบบฝึกหัดสนทนา）

一 读对话（อ่านบทสนทนา）

1. 告辞（กล่าวลา）

   (1) A：时间不早了，我该走了。
       B：再坐一会儿吧。
       A：不了，不打扰了。

   (2) A：我先走了。
       B：时间还早呢。
       A：我今天还有一点儿事。

   (3) A：九点了，我要走了。
       B：明天要上班，就不留你了。

生词语（คำศัพท์ใหม่）

1.	再(再)	（副）	zài	อีกครั้ง
2.	打扰(打擾)	（动）	dǎrǎo	รบกวน
3.	留(留)	（动）	liú	อยู่ต่อ

2. 送客（ส่งแขก）

   (1) A：回去吧，别送了。
       B：好，不送了，有空儿常来玩儿。

   (2) A：你们回去吧，有时间到我那儿去玩儿。
       B：好，你慢走。

   (3) A：你走好，我们不送了。
       B：今天真是打扰了。
       A：哪里，欢迎再来。

生词语（คำศัพท์ใหม่）

1.	别(别)	（副）	bié	อย่า,ไม่ต้อง
2.	有空儿(有空儿)		yǒu kòngr	มีเวลาว่าง
3.	慢(慢)	（形）	màn	ช้า
4.	欢迎(歡迎)	（动）	huānyíng	ยินดีต้อนรับ

3. 送行 (ส่งคนเดินทาง)

(1) A：我该上车了。
    B：祝你一路顺风,再见。
    A：再见。

(2) A：你该进去了。
    B：再见。
    A：到了给我打电话。
    B：我知道了。

(3) A：祝你一路平安。
    B：谢谢,有空儿多联系。
    A：一定,再见。

生词语 (คำศัพท์ใหม่)

平安(平安)　　　　(形)　　　　píng'ān　　　　สวัสดิภาพ

 二　表达训练 (บทฝึกฝนการแสดงออก)

十个同学一组,根据课文内容设计三段对话(在餐厅、在路上、在村子里),(นักเรียน 10 คน ต่อ 1 กลุ่มสร้างบทสนทนา 3 ตอนตามเนื้อหาที่เรียน)然后在全班同学面前表演。注意,要使用"读对话"练习中学习的告辞、送行和送客的说法。(ข้อควรระวัง ต้องใช้วิธีพูด กล่าวลา ส่งแขกส่งคนเดินทาง ในแบบฝึกหัดสนทนาที่เรียน)

第六课　洗干净手了吗

（เนื้อหาหลัก）

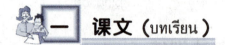 课文（บทเรียน）

　　傍晚，在林家(พลบค่ำ ที่บ้านของหลิน)

林太太：王美，别看书了，我来教你做菜吧。
王　美：对不起，我还没改完作业呢。改完了，马上来。
(半小时以后)
王　美：我来了！
林太太：洗干净手了吗？
王　美：啊，我忘了，还没洗手呢。
(王美洗手)
林太太：你知道这是什么吗？
王　美：这是KANONGJIN，我没记错吧？
林太太：说对了。
王　美：我们今天吃鸡还是吃猪肉？
林太太：吃鸡。
王　美：我来做什么？
林太太：你来晚了，菜我都做好了。
王　美：真快！我做饭很慢。我觉得做饭很麻烦。
林太太：不麻烦。那里有一双筷子，看到了没有？
王　美：看到了，放在这里呢。
林太太：麻烦你给我。

第六课

Lín tàitai: **Wáng Měi,** bié kàn shū le, wǒ lái jiāo nǐ zuò cài ba.
Wáng Měi: Duìbuqǐ, wǒ hái méi gǎiwán zuòyè ne. Gǎiwán le, mǎshàng lái.
(Bàn xiǎoshí yǐhòu)
Wáng Měi: Wǒ lái le!
Lín tàitai: Xǐ gānjìng shǒu le ma?
Wáng Měi: A, wǒ wàng le, hái méi xǐ shǒu ne.
(Wáng Měi xǐ shǒu)
Lín tàitai: Nǐ zhīdao zhè shì shénme ma?
Wáng Měi: Zhè shì KANONGJIN, wǒ méi jìcuò ba?
Lín tàitai: Shuōduì le.
Wáng Měi: Wǒmen jīntiān chī jī háishi chī zhūròu?
Lín tàitai: Chī jī.
Wáng Měi: Wǒ lái zuò shénme?
Lín tàitai: Nǐ láiwǎn le, cài wǒ dōu zuòhǎo le.
Wáng Měi: Zhēn kuài! Wǒ zuò fàn hěn màn. Wǒ juéde zuò fàn hěn máfan.
Lín tàitai: Bù máfan. Nàli yǒu yì shuāng kuàizi, kàndào le méiyǒu?
Wáng Měi: Kàndào le, fàng zài zhèli ne.
Lín tàitai: Máfan nǐ gěi wǒ.

生词语 (คำศัพท์ใหม่)

1.	别(別)	(副)	bié	อย่า
2.	改(改)	(动)	gǎi	แก้ไข
3.	洗(洗)	(动)	xǐ	ล้าง
4.	干净(乾淨)	(形)	gānjìng	สะอาด
5.	手(手)	(名)	shǒu	มือ
6.	忘(忘)	(动)	wàng	ลืม
7.	鸡(鷄)	(名)	jī	ไก่
8.	猪(豬)	(名)	zhū	หมู
9.	肉(肉)	(名)	ròu	เนื้อ
10.	慢(慢)	(形)	màn	ช้า
11.	麻烦(麻煩)	(动/形)	máfan	ยุ่ง
12.	双(雙)	(量)	shuāng	คู่
13.	筷子(筷子)	(名)	kuàizi	ตะเกียบ

何娜和王美在房间里说话

王　美：你住在学生宿舍还是自己租房子住？

何　娜：住在宿舍。每天见到外国同学，比较有意思。

（小云进来）

林小云：对不起，我没买到蛋糕，今天人特别多。

王　美：什么蛋糕？

何　娜：附近有一家面包店，他们卖一种椰子蛋糕，很好吃！

王　美：你别吃了，我觉得你胖了。

何　娜：真的吗？我胖了？没办法，我太爱吃了。

林小云：有办法，你应该锻炼。

王　美：我们去散步吧。

何　娜：好啊！我渴了，想买牛奶喝。

Wáng Měi:　　Nǐ zhù zài xuésheng sùshè háishi zìjǐ zū fángzi zhù?

Hé Nà:　　　Zhù zài sùshè. Měi tiān jiàndào wàiguó tóngxué, bǐjiào yǒu yìsi.

(Xiǎoyún jìnlai)

Lín Xiǎoyún: Duìbuqǐ, wǒ méi mǎidào dàngāo, Jīntiān rén tèbié duō.

Wáng Měi:　　Shénme dàngāo?

Hé Nà:　　　Fùjìn yǒu yì jiā miànbāodiàn, tāmen mài yì zhǒng yēzi dàngāo, hěn hǎochī!

Wáng Měi:　　Nǐ bié chī le, wǒ juéde nǐ pàng le.

Hé Nà:　　　Zhēnde ma? wǒ pàng le? Méi bànfǎ, wǒ tài ài chī le.

Lín Xiǎoyún: Yǒu bànfǎ, nǐ yīnggāi duànliàn.

Wáng Měi:　　Wǒmen qù sàn bù ba.

Hé Nà:　　　Hǎo a! Wǒ kě le, xiǎng mǎi niúnǎi hē.

生词语 (คำศัพท์ใหม่)

1.	房子(房子)	(名)	fángzi	ห้อง
2.	比较(比较)	(副)	bǐjiào	ค่อนข้าง
3.	蛋糕(蛋糕)	(名)	dàngāo	ขนมเค้ก
4.	附近(附近)	(名)	fùjìn	ใกล้, ใกล้เคียง
5.	面包(麵包)	(名)	miànbāo	ขนมปัง

6. 卖(賣)	（动）	mài	ขาย	
7. 椰子(椰子)	（名）	yēzi	มะพร้าว	
8. 胖(胖)	（形）	pàng	อ้วน	
9. 办法(辦法)	（名）	bànfǎ	วิธีการ	
10. 应该(應該)	（能愿）	yīnggāi	ควร	
11. 锻炼(鍛煉)	（动）	duànliàn	ฝึกฝน	
12. 散步(散步)	（动）	sàn bù	เดินเล่น	
13. 渴(渴)	（形）	kě	กระหายน้ำ	
14. 牛奶(牛奶)	（名）	niúnǎi	นม	

二 注释 (หมายเหตุ)

1. 麻烦你给我。(ขอรบกวนคุณ...ให้ฉันหน่อย)

请求别人帮忙时,可以说"麻烦你……", 比如： (ขอร้องให้ผู้อื่นช่วยเหลือ สามารถพูดว่า "麻烦你……" เช่น)

麻烦你告诉我。

麻烦你跟我一起去。

2. 真的吗？(จริงหรือเปล่า？)

三 重点词汇和固定用法

(คำศัพท์ที่สำคัญและวิธีการใช้)

1. 别 V 了

这个结构用于祈使句。(โครงสร้างนี้ใช้ในประโยคขอร้อง)

别忘了。

别说了。

别看书了,我们去吃饭吧。

别生气了。

2. V 在

我住在宿舍。

筷子放在这里。

注意,汉语中只有一部分动词可以这样用。大部分动词只能用"在(哪里)V", 例如： (หมายเหตุ: ในภาษาจีนมีกริยาบางส่วนที่สามารถใช้ในโครงสร้างนี้ได้ คำกริยาส่วนใหญ่แค่ ใช้ "在(哪里) V" ได้เช่น)

她在曼谷工作。(不能说"工作在曼谷")

孩子们在家吃饭。(不能说"吃饭在家")

3. V 到 O

表示通过进行 V，得到或接触到 O。例如：(ได้ผ่านการดำเนินการ V, ได้รับ O)

我买到蛋糕了。(买到蛋糕 = 去买蛋糕，得到了蛋糕)（ไปซื้อขนมเค้กแล้ว และได้รับขนมเค้ก）

那个面包店的蛋糕最好吃，我昨天去吃，可是商店关门了，我没吃到。(吃到蛋糕 = 去吃蛋糕，吃了)

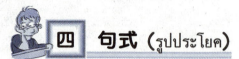

四 句式 (รูปประโยค)

表示动作结果的句子（แสดงถึงผลของการกระทำ）

1. S + V + ผลลัพธ์ + 了

　　她　　记　　错　　了
　　我　　说　　对　　了

2. S + V + ผลลัพธ์ + O + 了

　　她　　吃　　完　　饭　　了(不是"吃饭完")
　　我　　洗　　干净　手　　了(不是"洗手干净")

否定句（ประโยคปฏิเสธ）

S + 没 + V + ผลลัพธ์ + (O)

　　她　　没　　记　　错　　　　　　(不是"记没错")
　　我　　没　　说　　对　　　　　　(不是"说没对")
　　她　　没　　吃　　完　　饭　　　(不是"吃饭没完")
　　我　　没　　洗　　干净　手　　　(不是"洗手没干净")

问句（ประโยคคำถาม）

S + V + ผลลัพธ์ + (O) + 了 + 吗/没有？

　　你　　洗　　干净　手　　了　吗/没有？

第 六 课

会话练习（แบบฝึกหัดสนทนา）

一 读对话（อ่านบทสนทนา）

1. 提醒（เตือน）

(1) A：十二点了，你做完作业了吗？
　　B：做完了，你洗好澡了？
　　A：洗好了，你去洗吧。洗完了，记得关开关。

(2) A：下雨了！伞！
　　B：哦，谢谢。我走了，你该打扫房间了。
　　A：我上午已经打扫干净了。

(3) A：七点了，你该做作业了。
　　B：我想先看完这个电影。
　　A：别忘了你明天要考试啊！

(4) A：车来了！
　　B：那我走了，记得给我打电话。
　　A：你也记得给我写电子邮件。

(5) A：你今天该去买票了！
　　B：没关系，明天去也能买到票。
　　A：别忘了现在是新年！

(6) A：妈妈，我走了。
　　B：今天考试，是吗？
　　A：是。
　　B：别忘了带学生证。考试的时候，记得要看清楚问题。
　　A：知道了。

生词语（คำศัพท์ใหม่）

1.	关（關）	（动）	guān	ปิด
2.	开关（開關）	（名）	kāiguān	เปิดปิด
3.	下雨（下雨）	（动）	xià yǔ	ฝนตก
4.	伞（傘）	（名）	sǎn	ร่ม
5.	打扫（打掃）	（动）	dǎsǎo	ปัดกวาด
6.	清楚（清楚）	（形）	qīngchu	ชัดเจน

41

二 表达训练（แบบฝึกฝนการแสดงออก）

1. 两个同学一组，根据下表使用表示动作结果的句子进行问答。（นักเรียนกลุ่มละ 2 คน ใช้คำที่กำหนดให้ในตารางถามตอบซึ่งกันและกัน）

动作（ท่าทาง）	结果（ผลลัพธ์）
洗衣服	干净
做作业	完
放书	好
看老师写的字	清楚
记朋友的生日	错
拿书	得到（ได้รับ）

2. 三个同学一组，根据以下情况模仿"读对话"练习进行对话。（นักเรียนกลุ่มละ 3 คน อิงตามสถานการณ์ต่อไปนี้เลียนแบบสนทนา）

(1) 星期四下午去老师办公室。
(2) 朋友要去旅行，你去送她。
(3) 你去朋友宿舍，他的宿舍很脏。
(4) 朋友在喝酒，他明天要考试。
(5) 同学在上课的时候说话。

第七课　我正在等你呢

（เนื้อหาหลัก）

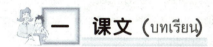（บทเรียน）

王美在办公室,学生大为来找她(หวังเหม่ยอยู่ที่ห้องทำงาน นักเรียนต้าเว่ยมาหาเขา)

大　为：老师,我能进来吗?
王　美：进来吧,我正在等你呢。请坐,请等一下儿,我在打电话。
(打完电话)
王　美：大为,早上上课的时候,你在做什么?
大　为：我睡觉呢。
王　美：你这样做是不对的,知道吗?
大　为：对不起,老师,我不应该上课睡觉。
王　美：昨天晚上你做什么了?
大　为：昨天晚上我看中文小说了。
王　美：你在应该学习的时候睡觉,在应该睡觉的时候学习。你的作业还常常能拿到A?

大　为：我上大学以前就这样。
教师A：王老师,有空儿吗?能跟你谈谈吗?
王　美：对不起,现在不行,我正在跟学生谈话。
教师A：是特别重要的事情。
王　美：大为,下午你能不能再来?
大　为：我下午上课,下课以后我可以再来。

Dàwéi: Lǎoshī, wǒ néng jìnlai ma?

Wáng Měi: Jìnlai ba, wǒ zhèngzài děng nǐ ne. Qǐng zuò, qǐng děng yíxiàr, wǒ zài dǎ diànhuà. (Dǎ wán diànhuà)

Wáng Měi: Dàwéi, zǎoshang shàng kè de shíhou, nǐ zài zuò shénme?

Dàwéi: Wǒ shuì jiào ne.

Wáng Měi: Nǐ zhèyàng zuò shì búduì de, zhīdao ma?

Dàwéi: Duìbuqǐ, lǎoshī, wǒ bù yīnggāi shàng kè shuì jiào.

Wáng Měi: Zuótiān wǎnshang nǐ zuò shénme le?

Dàwéi: Zuótiān wǎnshang wǒ kàn Zhōngwén xiǎoshuō le.

Wáng Měi: Nǐ zài yīnggāi xuéxí de shíhou shuì jiào, zài yīnggāi shuì jiào de shíhou xuéxí. Nǐ de zuòyè hái chángcháng néng nádào A?

Dàwéi: Wǒ shàng dàxué yǐqián jiù zhèyàng.

Jiàoshī A: Wáng lǎoshī, yǒu kòngr ma? Néng gēn nǐ tántan ma?

Wáng Měi: Duìbuqǐ, xiànzài bù xíng, wǒ zhèngzài gēn xuésheng tán huà.

Jiàoshī A: Shì tèbié zhòngyào de shìqing.

Wáng Měi: Dàwéi, xiàwǔ nǐ néng bu néng zài lái?

Dàwéi: Wǒ xiàwǔ shàng kè, xià kè yǐhòu wǒ kěyǐ zài lái.

生词语 (คำศัพท์ใหม่)

1. 能(能) (能愿) néng ได้ สามารถ
2. 进来(進來) (动) jìnlai เข้ามา
3. 正在(正在) (副) zhèngzài พอดี กำลัง
4. 呢(呢) (语气) ne นะ
5. 在(在) (副) zài กำลัง
6. 小说(小説) (名) xiǎoshuō นวนิยาย
7. …以前(…以前) (名) …yǐqián ก่อนหน้า
8. 有空儿(有空儿) yǒu kòngr (มีเวลา) ว่าง
9. 谈(談) (动) tán พูดคุย
10. 谈话(談話) (动) tán huà พูดคุย
11. 特别(特別) (副) tèbié พิเศษ
12. 重要(重要) (形) zhòngyào สำคัญ
13. 再(再) (副) zài อีกครั้ง
14. …以后(…以後) (名) …yǐhòu หลังจาก

第 七 课

何娜回曼谷以后,第一次跟甘雅见面(เหอหน้ากลับกรุงเทพฯ แล้ว พบหน้ากับกัญยาเป็นครั้งแรก)

何　娜：我们上大学时候的事情,你还记得吗?
甘　雅：当然记得。有一次,你在上课时看中文小说,老师用英语问你:"你能不能用泰语翻译'what a shame'。"你用汉语回答:"太不应该了。"

何　娜：我喜欢那个英语老师,她能用英语开玩笑。她现在做什么呢?
甘　雅：我们毕业以后,她不工作了,有两个孩子。现在,她应该在教她的孩子英语吧。
何　娜：几点了?
甘　雅：五点。小平什么时候能到?
何　娜：他正在开会呢,六点半以前应该能到。王美也要来。
甘　雅：我问问服务员,可以不可以给我们换一张大桌子。

He Na: Wǒmen shàng dàxué shíhou de shìqing, nǐ hái jìde ma?
Gānyǎ: Dāngrán jìde. Yǒu yí cì, nǐ zài shàng kè shí kàn Zhōngwén xiǎoshuō, lǎoshī yòng Yīngyǔ wèn nǐ: "Nǐ néng bu néng yòng Tàiyǔ fānyì 'what a shame'. Nǐ yòng Hànyǔ huídá:"Tài bù yīnggāi le."
He Na: Wǒ xǐhuan nà ge Yīngyǔ lǎoshī, tā néng yòng Yīngyǔ kāi wánxiào. Tā xiànzài zuò shénme ne?
Gānyǎ: Wǒmen bìyè yǐhòu, tā bù gōngzuò le, yǒu liǎng ge háizi. Xiànzài, tā yīnggāi zài jiāo tā de háizi Yīngyǔ ba.
He Na: Jǐ diǎn le?
Gānyǎ: Wǔ diǎn. Xiǎopíng shénme shíhou néng dào?
He Na: Tā zhèngzài kāi huì ne, liù diǎn bàn yǐqián yīnggāi néng dào. Wáng Měi yě yào lái.
Gānyǎ: Wǒ wènwen fúwùyuán, kěyǐ bu kěyǐ gěi wǒmen huàn yì zhāng dà zhuōzi.

生词语 (คำศัพท์ใหม่)

1. 翻译(翻譯)　　　　　　(动)　　　　fānyì　　　　แปล
2. 回答(回答)　　　　　　(动)　　　　huídá　　　　ตอบ
3. 开玩笑(開玩笑)　　　　　　　　　　kāi wánxiào　　ล้อเล่น

4. 毕业(畢業) （动） bì yè จบการศึกษา
5. 应该(應該) （能愿） yīnggāi ควรจะ
6. 开会(開會) （动） kāi huì ประชุม
7. 换(換) （动） huàn แลกเปลี่ยน

二 注释 (หมายเหตุ)

1. 你这样做是不对的。(คุณทำแบบนี้ไม่ถูกต้อง)
2. "谈谈"、"问问"
   动词重叠,表示动作持续时间短或缓和语气,跟"V 一下"一样。谈谈 =谈一下, 问问= 问一下。(การซ้ำคำกริยาแสดงถึงการกระทำนั้นเกิดขึ้นในระยะเวลาสั้น ๆ หรือ น้ำเสียงนุ่มนวลลง เหมือนกับ"V 一下" ดังนั้น "谈谈 =谈一下", "问问= 问一下"。)

三 重点词汇和固定用法
(คำศัพท์ที่สำคัญและวิธีการใช้)

1. 能愿动词 (2) (คำกริยาช่วย)
   能/可以
   (1) 表示许可。(แสดงการขออนุญาต) 例如：
       我可以进来吗？
       我能进来吗？
   (2) 表示有能力做一件事情。(แสดงถึงการมีความสามารถทำเรื่องใดเรื่องหนึ่ง) 例如：
       她能用英语开玩笑。
       她可以用英语开玩笑。
   (3) 表示外部条件允许做一件事情。(แสดงถึงเงื่อนไขภายนอก เพื่อขออนุญาตทำเรื่องใดเรื่องหนึ่ง)
       例如：
       你有空儿吗？能谈谈吗？
       你有空儿吗？可以谈谈吗？
注意：(หมายเหตุ) 关于否定式 (รูปแบบปฏิเสธ)
   (1) "能"和"可以"的否定形式在句子中都是"不能",不说"不可以"。例如：(ในรูปประโยค
       ปฏิเสธของ "能" และ "可以" คือ"不能" ไม่สามารถพูดว่า"不可以" ตัวอย่างเช่น)
       你不能进来。

她不能用英语开玩笑。

我没空儿,不能跟你谈。

(2) "能/可以"可以单独回答问题,但是否定式常常用"不行"。例如:(能/可以 ล้วนสามารถตอบคำถามโดด ๆ ได้ แต่รูปปฏิเสธมักใช้ "不行" ตัวอย่างเช่น)

A:六点半能到吗? B:能。

A:我可以进去吗? B:不行。

应该

(1) 表示情理上如此。例如:(แสดงถึงเหตุผล ตัวอย่างเช่น)

你应该好好学习。

我不应该上课睡觉。

(2) 根据推理,认为是某种情况。(ตามการคาดการณ์เข้าใจว่าเป็นสถานการณ์ใดสถานการณ์หนึ่ง)

他五点下班,六点应该能到。

注意 (หมายเหตุ),这个用法没有否定式。(วิธีการใช้ชนิดนี้จะไม่มีรูปปฏิเสธ)

2. ……以前/以后

注意,这个结构只能放在句子最前面或者主要动词前面,不能放在主要动词后面。例如:
(หมายเหตุ โครงสร้างชนิดนี้ในภาษาจีนสามารถวางได้แค่เพียงด้านหน้าสุดของประโยค หรือ วางไว้ด้านหน้าคำกริยาหลัก ไม่สามารถวางไว้ด้านหลังคำกริยาหลัก ตัวอย่างเช่น)

我上大学以前就这样。(不能说"我就这样上大学以前")

下课以后我再来。(不能说"我再来下课以后")

四 句式 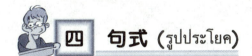(รูปประโยค)

表示动作正在进行的句子 (ประโยคที่แสดงถึงการกระทำที่กำลังดำเนินอยู่)

| S | + | (正在/ 在) | + | V | + | O | + | (呢) |

你　　　　　　在　　　　做　　　什么

我　　　　　　　　　　睡　　　觉　　　呢

你　　　　　　在　　　　看　　　小说　　呢

我们　　　　　正在　　　谈　　　话

他　　　　　　正在　　　开　　　会　　　呢

注意:(หมายเหตุ)

请看这个句子:

我在家睡觉呢。= 我在家在睡觉呢。

句子中,有两个"在",省略一个。(ในประโยคมี "在" ตัว2 แต่จะละไว้ 1 ตัว)

会话练习 (แบบฝึกหัดสนทนา)

一 读对话 (อ่านบทสนทนา)

1. 批评 (วิจารณ์)

（1）A：大为,你的作业呢？
　　B：我正在做呢。
　　A：上课的时候做作业,太不应该了！

（2）A：小林,你在做什么呢？
　　B：我小便呢。
　　A：这里不是厕所啊！你怎么能这样做呢？

（3）A：英子,该吃饭了？
　　B：我正在打电话呢。
　　A：你还在打电话？已经两个小时了！太过分了！

（4）A：昨天你复习了没有？
　　B：没有,我去看电影了。
　　A：你这样做是不对的。学生应该好好学习。

（5）A：你看到老师了吗？
　　B：看到了。
　　A：你怎么不向老师问好呢？
　　B：我想老师没看到我。

（6）A：今天上课的时候,李老师又摸我的头了。
　　B：他怎么能这样做呢？太不应该了！
　　C：他是中国人,不知道泰国的习惯。

生词语 (คำศัพท์ใหม่)

1. 小便（小便）	（动）	xiǎobiàn	ปัสสาวะ
2. 厕所（厕所）	（名）	cèsuǒ	ห้องน้ำ
3. 过分（過分）	（形）	guòfèn	มากเกินไป
4. 向（向）	（介）	xiàng	กับ
5. 问好（問好）	（动）	wèn hǎo	ถามทุกข์สุข
6. 摸（摸）	（动）	mō	ลูบ คลำ
7. 头（頭）	（名）	tóu	ศีรษะ
8. 习惯（習慣）	（名）	xíguàn	ความเคยชิน

2. 承认错误 (ยอมรับผิด)

（1）A：大为,你的作业呢？
　　B：对不起,老师,我下午交可以吗？
　　A：你怎么能不按时交作业呢？
　　B：我错了,老师,以后一定改正。

（2）A：小林,你怎么能这样做呢？
　　B：爸爸,别生气了,好吗？我知道我错了,以后一定改正。

第七课

生词语 (คำศัพท์ใหม่)

1.	交	（动）	jiāo	ส่ง(การบ้าน)
2.	按时	（副）	ànshí	ตามเวลา
3.	改正	（动）	gǎizhèng	แก้ไข

二 表达训练 (แบบฝึกฝนการแสดงออก)

1. 八到十个同学一组。每组同学分别从以下时间中选一个,然后问组中其他同学他们那时在做什么或者应该在做什么。(แบ่งนักศึกษา 8 – 10 คนต่อกลุ่ม แต่ละกลุ่มแบ่งตามเวลาหนึ่งด้านล่าง หลังจากนั้น ถามนักศึกษากลุ่มอื่นว่าเวลานั้นควรจะทำอะไร)

   昨天晚上八点　　　　十年后的1月1号　　　1999年12月31日晚上十二点
   上个星期六下午　　　下个星期五晚上　　　今年宋干节　　　　　　去年春节
   明年的情人节　　　　明天的这个时候　　　昨天的这个时候

2. 三个同学一组,组成一个包括父母和孩子的家庭,模仿"读对话"练习设计对话。(แบ่งนักศึกษา 3 แต่งขึ้นคนต่อกลุ่ม แต่ละกลุ่มประกอบด้วย พ่อ แม่ ลูก จากนั้นเลียน แบบบทสนทนา)

第八课　对这儿的气候习惯了吗

主课（เนื้อหาหลัก）

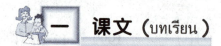一　课文（บทเรียน）

　　黄小姐是林家的老朋友。这天,她在林家遇到王美(นางสาวหวงเป็นเพื่อนเก่าของครอบครัวหลิน วันนี้ เขาไปเล่นที่บ้านหลินพบกับหวางเหมย)

黄小姐：王老师,来泰国多久了?

王　美：三个月了。

黄小姐：听说你从北京来,对这儿的气候习惯了吗?

王　美：还没习惯呢。太不一样了!

黄小姐：北京现在是夏天吗?

王　美：夏天结束了,现在是秋天了。

黄小姐：是啊,今天九月二十号了。习惯吃泰国菜了没有?

王　美：开始的时候有点儿不习惯,泰国菜很辣,现在习惯了。林太太做的菜特别好吃。

黄小姐：生活习惯也不一样吧?

王　美：是啊。林先生和我用筷子吃饭,林太太、小平和小云用勺子和叉子吃饭。

黄小姐：是啊,许多华侨家庭都这样。时间不早了,我该走了。

王　美：我送送你。

黄小姐：你别客气。我们是朋友了。

Huáng xiǎojiě: Wáng lǎoshī, lái Tàiguó duō jiǔ le?
Wáng Měi: Sān ge yuè le.
Huáng xiǎojiě: Tīngshuō nǐ cóng Běijīng lái, duì zhèr de qìhòu xíguàn le ma?
Wáng Měi: Hái méi xíguàn ne. Tài bù yíyàng le!
Huáng xiǎojiě: Běijīng xiànzài shì xiàtiān ma?
Wáng Měi: Xiàtiān jiéshù le, xiànzài shì qiūtiān le.
Huáng xiǎojiě: Shì a, jīntiān jiǔyuè èrshí hào le. Xíguàn chī Tàiguócài le méiyǒu?
Wáng Měi: Kāishǐ de shíhou yǒudiǎnr bù xíguàn, Tàiguócài hěn là, xiànzài xíguàn le. Lín tàitai zuò de cài tèbié hǎochī.
Huáng xiǎojiě: Shēnghuó xíguàn yě bù yíyàng ba?
Wáng Měi: Shì a. Lín xiānsheng hé wǒ yòng kuàizi chī fàn, Lín tàitai, Xiǎopíng hé Xiǎoyún yòng sháozi hé chāzi chī fàn.
Huáng xiǎojiě: Shì a, xǔduō huáqiáo jiātíng dōu zhèyàng. Shíjiān bù zǎo le, wǒ gāi zǒu le.
Wáng Měi: Wǒ sòngsong nǐ.
Huáng xiǎojiě: Nǐ bié kèqi. Wǒmen shì péngyou le.

生词语 (คำศัพท์ใหม่)

1. 多久(多久)　　　　（代）　　　duōjiǔ　　ระยะเวลานานเท่าไร
2. 气候(氣候)　　　　（名）　　　qìhòu　　　อากาศ
3. 习惯(習慣)　　　　（动/名）　　xíguàn　　ความเคยชิน
4. 一样(一樣)　　　　（形）　　　yíyàng　　เหมือนกัน
5. 夏天(夏天)　　　　（名）　　　xiàtiān　　ฤดูร้อน
6. 结束(結束)　　　　（动）　　　jiéshù　　เสร็จ
7. 秋天(秋天)　　　　（名）　　　qiūtiān　　ฤดูใบไม้ร่วง
8. 开始(開始)　　　　（动）　　　kāishǐ　　เริ่มต้น
9. 有点儿(有點兒)　　　　　　　yǒudiǎnr　มีนิดหน่อย
10. 辣(辣)　　　　　（形）　　　là　　　　เผ็ด
11. 勺子(勺子)　　　（名）　　　sháozi　　ช้อน
12. 叉子(叉子)　　　（名）　　　chāzi　　　ช้อม
13. 华侨(華僑)　　　（名）　　　huáqiáo　ชาวจีนโพ้นทะเล
14. 家庭(家庭)　　　（名）　　　jiātíng　　ครอบครัว
15. 早(早)　　　　　（形）　　　zǎo　　　　เช้า

中秋节晚上,王美和小云在林家的花园里聊天儿(คืนวันไหว้พระจันทร์ หวังเหม่ยและเสี่ยวหยินคุยกันที่สวนดอกไม้ของบ้านหลิน)

林小云：王老师,你在想家吗？

王　美：我没想家,我在看月亮呢。我以前常想家,现在不想了。
林小云：北京有点儿冷了吧?
王　美：北京现在不冷,很凉快。冬天到了,天气就冷了,我的心情就不好了。所以我不喜欢冬天。
林小云：你最喜欢什么季节?
王　美：春天。天气暖和了,心情也好了。
林太太：小美,小云,来吃月饼!

Lín Xiǎoyún: Wáng lǎoshī, nǐ zài xiǎng jiā ma?
Wáng Měi: Wǒ méi xiǎng jiā, wǒ zài kàn yuèliang ne. Wǒ yǐqián cháng xiǎng jiā, xiànzài bù xiǎng le.
Lín Xiǎoyún: Běijīng yǒudiǎnr lěng le ba?
Wáng Měi: Běijīng xiànzài bù lěng, hěn liángkuai. Dōngtiān dào le, tiānqì jiù lěng le, wǒ de xīnqíng jiù bù hǎo le. Suǒyǐ wǒ bù xǐhuan dōngtiān.
Lín Xiǎoyún: Nǐ zuì xǐhuan shénme jìjié?
Wáng Měi: Chūntiān. Tiānqi nuǎnhuo le, xīnqíng yě hǎo le.
Lín tàitai: Xiǎoměi, Xiǎoyún, lái chī yuèbing!

两人往屋里走(สองคนเดินเข้าไปในห้อง)

林小云：北京人也有吃月饼的习惯吗?
王　美：对,中秋节的时候,中国人都习惯吃月饼。
林小云：中国的中秋节热闹吗?
王　美：很热闹。

Lín Xiǎoyún: Běijīngrén yě yǒu chī yuèbing de xíguàn ma?
Wáng Měi: Duì, Zhōngqiū Jié de shíhou, Zhōngguórén dōu xíguàn chī yuèbing.
Lín Xiǎoyún: Zhōngguó de Zhōngqiū Jié rènao ma?
Wáng Měi: Hěn rènao.

两人进屋(สองคนเข้าห้อง)

林小云：爸爸,我很饱,不想吃。
林先生：不行,今天中秋节,一定要吃一点儿月饼。

Lín Xiǎoyún: Bàba, wǒ hěn bǎo, bù xiǎng chī.
Lín xiānsheng: Bùxíng, jīntiān Zhōngqiū Jié, yídìng yào chī yìdiǎnr yuèbing.

生词语 (คำศัพท์ใหม่)

1. 月亮(月亮) (名) yuèliang ดวงจันทร์
2. 凉快(涼快) (形) liángkuai เย็นสบาย
3. 冬天(冬天) (名) dōngtiān ฤดูหนาว
4. 心情(心情) (名) xīnqíng สภาพอารมณ์
5. 所以(所以) (连) suǒyǐ ดังนั้น
6. 季节(季節) (名) jìjié ฤดูกาล
7. 春天(春天) (名) chūntiān ฤดูใบไม้ผลิ
8. 暖和(暖和) (形) nuǎnhuo อบอุ่น
9. 月饼(月餅) (名) yuèbing ขนมไหว้พระจันทร์
10. 热闹(熱鬧) (形) rènao คึกคัก
11. 饱(飽) (形) bǎo อิ่ม

专名 (คำศัพท์เฉพาะ)

中秋节(中秋節)　　　　　　　　　Zhōngqiū Jié　　เทศกาลวันไหว้พระจันทร์

二 注释 (หมายเหตุ)

1. 来泰国多久了？(มาเมืองไทยนานแค่ไหนแล้ว)
2. 林太太做的菜

动词、带动词的词组或短句都可以做定语，后面一定要加"的"。(กลุ่มคำหรือประโยคสั้นที่มีคำกริยาล้วนสามารถทำหน้าที่เป็นส่วนขยายคำนามด้านหลังต้องเติม "的")

注意区别 A 和 B 的不同：(ข้อสังเกตความต่างกันระหว่าง A และ B)

A	B
林太太做菜。	林太太做的菜
小王穿衣服。	小王穿的衣服
学生看书。	学生看的书

3. 想家

"想"在这里就是"想念"，可是跟"家"一起用的时候，只说"想家"，不说"想念家"。

三　重点词汇和固定用法

（คำศัพท์ที่สำคัญและวิธีการใช้）

1. 对

到这一课,我们已经学习３介词"对"的三个意思。请看：(ถึงบทนี้ พวกเราเรียนทั้งสามความหมายของคำบุพบท "对" แล้ว กรุณาอ่าน)

林爸爸对我说。(1)

她们对外国人很热情。(2)

我对做饭不感兴趣。(3)

"对"1 表示"朝"、"向"；"对"2 表示"对待"；"对"3 引出对象。(ความหมายที่ 1 คือ ต่อ กับ ความหมายที่ 2 คือ ปฏิบัติต่อ ความหมายที่ 3　คือสำหรับ)

这一课,黄小姐问王美 (บทนี้ คุณนายหวงถามหวางเหมยว่า)："对这儿的气候习惯了吗？""对"是引出"习惯"的对象 (คือถามถึงเป้าหมายของ ความเคยชิน) "气候"。

注意：只有"对"1 有时可以换成"跟"，"对"2、"对"3 都不行。(ข้อสังเกต มีเพียงความหมายที่ 1 เท่านั้นที่สามารถเปลี่ยนเป็นคำว่า "跟" ได้ ส่วนความหมายที่ 2，3 เปลี่ยนไม่ได้)

2. 习惯

名词（คำนาม）

这里的生活习惯也不一样。

动词（คำกริยา）

你对这儿的气候习惯了吗？

习惯吃泰国菜了没有？

注意:请对比以下两个句子（ข้อสังเกต กรุณาเปรียบเทียบสองประโยคข้างล่างนี้）

(1) ｜　S　　　V　　　　Attr　　　　　O
　　｜中国人　　有　　吃月饼的　　　　习惯。
　　｜คนจีน　　มี　　กินขนมไหว้พระจันทร์　นิยม

(2) ｜　S　　　V　　　　O
　　｜中国人　习惯　　吃月饼。
　　｜คนจีน　　นิยม　　กินขนมไหว้พระจันทร์

3. 有点儿

(1) "有点儿"后面跟形容词/词组。例如：(ด้านหลังคำว่า "有点儿" มีคำคุณศัพท์)

有点儿热、有点儿冷、有点儿难、有点儿贵……

注意：(ข้อสังเกต)
- ① 这种结构一般表示不满意或不理想，所以不说"有点儿便宜"、"有点儿好"。(โครงสร้างชนิดนี้โดยทั่วไปแสดงความไม่พอใจหรือไม่ถูกใจ ดังนั้น จะไม่พูดว่า "有点儿便宜"、"有点儿好")
- ② "一点儿"VS"有点儿"

一点儿	有点儿
S + V + 一点儿 + O	S + 有点儿 + Adj.
我 吃 一点儿 月饼	月饼 有点儿 甜(tián/ หวาน)
	(不是"月饼甜一点儿")
我 会说 一点儿 英语	英语 有点儿 难 (不是"英语难一点儿")

它们在回答问题时都可以单独使用：(เวลาตอบคำถามจะใช้ตามลำพังได้)

A：吃多少？　　　B：(吃)一点儿。
A：热吗？　　　　B：有点儿(热)。(不是"一点儿")

(2) "有点儿"后面还可以跟表示心理感觉的动词。例如：(ด้านหลังสามารถใช้กับคำกริยาที่แสดงอารมณ์ จิตใจ เช่น)

有点儿不习惯、有点儿喜欢(不是"不习惯一点儿"、"喜欢一点儿")

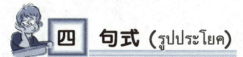

四 句式 (รูปประโยค)

1. 表示情况发生变化的带"了"的句子(ประโยคที่มีคำว่า "了" แสดงการเปลี่ยนแปลงของสภาพการณ์)

S + V + (O) + 了
我　习惯　　　　了(开始的时候不习惯)
我　是　　老师　了(以前我不是老师)
我　不想　家　　了(以前我想家)

S + Adj. + 了
天气　冷　　了(以前天气不冷)
心情　不好　了(以前心情好)

S + N(时间、价格、年龄 เวลา ราคา อายุ) + 了
今天　九月二十号　　　　　　　　了
我　　二十岁　　　　　　　　　　了

2. 表示动作正在进行的句子的否定式(รูปปฏิเสธของประโยคที่แสดงว่ากริยากำลังดำเนินอยู่)

S + (没) + (在) + V + O
我　　没　　　　打　电话
我　　没　　　　想　家

注意，这种句子只在回答问题时用。(ข้อสังเกต ประโยคชนิดนี้ใช้เพียงแค่ตอนตอบคำถาม)

会话练习（แบบฝึกหัดสนทนา）

一 读对话（อ่านบทสนทนา）

1. 和外国人/外地人寒暄（สนทนากับชาวต่างชาติหรือคนต่างเมือง）

(1) A：你来泰国多久了？
B：一年多了。
A：都习惯了吧？
B：习惯了。

(2) A：来曼谷多久了？
B：一个月。
A：来旅行吗？
B：不，来工作。

(3) A：你在旅行吗？
B：是啊。
A：多久了？
B：三个星期。
A：你一个人旅行吗？
B：不，我跟我女朋友一起。

(4) A：你在泰国玩儿多久了？
B：三个月。
A：三个月？！那么久？
B：我们喜欢泰国，喜欢慢慢玩儿。
A：你们对这里的气候习惯吗？
B：开始觉得很热，现在习惯了。
A：吃饭呢？
B：习惯了，泰国菜非常好吃。

生词语（คำศัพท์ใหม่）

| 那么(那麼) | （代） | nàme | อย่างนั้น |

2. 谈气候/天气（สนทนาถึงดินฟ้าอากาศและสภาพอากาศ）

(1) A：你们国家有没有四季？
B：没有。泰国有三个季节：热季、雨季和凉季。热季从3月到5月，雨季从6月到10月，凉季从11月到2月。
A：雨季常常下雨吗？
B：是啊。
A：一年中最好的是什么季节？
B：当然是凉季。

(2) A：广东的气候怎么样？
B：夏天很长，很热；春天常常下雨，很潮湿。
A：冬天冷吗？
B：对泰国人来说，也很冷，不过时间不长。
A：冬天下雪吗？
B：不下雪。
A：什么季节去广东最好呢？
B：秋天吧，天气凉快，也不下雨。

（3）A：北京天气怎么样？
　　　B：今天不刮风了，天气也暖和了。
　　　A：上个星期天气不好，对吗？
　　　B：是啊，一直刮大风，非常冷。
　　　A：那你一定很不习惯吧？

生词语（คำศัพท์ใหม่）

1.	四季(四季)	（名）	sìjì	สี่ฤดู
2.	季节(季節)	（名）	jìjié	ฤดู
3.	潮湿(潮濕)	（形）	cháoshī	เปียกชื้น
4.	对…来说(對…來說)		duì…láishuō	พูดถึง
5.	刮(颳)	（动）	guā	(ลม)พัด
6.	风(風)	（名）	fēng	ลม

二 表达训练 (แบบฝึกฝนการแสดงออก)

1. 四个同学一组，每人从下面角色中选择一个，模仿"读对话"1做表达练习。(แบ่งนักเรียน 4 คน 1 กลุ่มทุกคนเลือกบทบาทข้างล่าง 1 บทบาท ทำการฝึกฝนเลียนแบบบทสนทนาที่ 1)

　（1）美国人，来泰国教英语，在泰国五个月。
　（2）英国人，来泰国旅行，两个月，一个人来。
　（3）日本人，来泰国旅行，一个月，和两个朋友一起来。
　（4）中国上海人，来泰国工作，在泰国一年。

2. 根据自己角色的国籍，查找那个国家或地区气候的有关资料，然后模仿"读对话"2进行会话。(ตามสัญชาติของบทบาทตนเอง ค้นหาข้อมูลที่เกี่ยวกับสภาพอากาศของประเทศนั้น หลังจากนั้นทำการสนทนาตามบทสนทนาที่ 2)

第九课　　唱唱歌,跳跳舞

（เนื้อหาหลัก）

（บทเรียน）

星期六早上,林太太和王美吃早饭(ตอนข้าววันเสาร์ คุณหลินกินข้าวกับหวางเหม่ย)

王　美: 小平呢?

林太太: 他去上班了。

王　美: 这个星期是中国的黄金周,中国人都有七天长假期,小平一定会很忙。林先生周末常常不在家?

林太太: 他周末常常和朋友喝喝茶、打打球什么的。

王　美: 林太太,您不喜欢打球吗?

林太太: 不喜欢,有空儿的时候我就在家休息休息。

王　美: 小云呢?

林太太: 她还在睡懒觉呢。她昨天晚上跟朋友喝啤酒了。

王　美: 不会吧?

林太太: 我们家的人都爱喝一点儿酒。你还要一点儿咖啡吗?

王　美: 谢谢。

林太太: 要糖吗?

王　美: 要一点儿,够了!够了!

林太太: 再吃一个鸡蛋吧。

王　美: 不用了,我饱了。

Wáng Měi: Xiǎopíng ne?

Lín tàitai: Tā qù shàng bān le.

Wáng Měi: Zhè ge xīngqī shì Zhōngguó de huángjīnzhōu, Zhōngguórén dōu yǒu qī tiān cháng jiàqī, Xiǎopíng yídìng huì hěn máng. Lín xiānsheng zhōumò chángcháng bú zài jiā?

Lín tàitai: Tā zhōumò chángcháng hé péngyou hēhe chá, dǎda qiú shénme de.

Wáng Měi: Lín tàitai, nín bù xǐhuan dǎ qiú ma?

Lín tàitai: Bù xǐhuan, yǒu kòngr de shíhou wǒ jiù zài jiā xiūxi xiūxi.

Wáng Měi: Xiǎoyún ne?

Lín tàitai: Tā hái zài shuì lǎn jiào ne. Tā zuótiān wǎnshang gēn péngyou hē píjiǔ le.

Wáng Měi: Bú huì ba?

Lín tàitai: Wǒmen jiā de rén dōu ài hē yìdiǎnr jiǔ. Nǐ hái yào yìdiǎnr kāfēi ma?

Wáng Měi: Xièxie.

Lín tàitai: Yào táng ma?

Wáng Měi: Yào yìdiǎnr. Gòu le! Gòu le!

Lín tàitai: Zài chī yí ge jīdàn ba.

Wáng Měi: Bú yòng le, wǒ bǎo le.

生词语 (คำศัพท์ใหม่)

#	词	词性	拼音	泰文
1.	长(長)	(形)	cháng	ยาว
2.	假期(假期)	(名)	jiàqī	วันหยุด
3.	一定(一定)	(副)	yídìng	แน่นอน
4.	会(會)	(能愿)	huì	รู้
5.	周末(週末)	(名)	zhōumò	สุดสัปดาห์
6.	茶(茶)	(名)	chá	ชา
7.	打球(打球)	(动)	dǎ qiú	เล่นบอล
8.	懒(懶)	(形)	lǎn	ขี้เกียจ
9.	啤酒(啤酒)	(名)	píjiǔ	เบียร์
10.	咖啡(咖啡)	(名)	kāfēi	กาแฟ
11.	糖(糖)	(名)	táng	น้ำตาล
12.	够(夠)	(动)	gòu	พอ
13.	鸡蛋(鷄蛋)	(名)	jīdàn	ไข่ไก่

在北京,李力和明月聊天儿(ที่ปักกิ่ง หลี่ลี่คุยกันกับหมิงเยว่ใจ)

李 力：明月,假期过得怎么样?

明 月：每天跟朋友出去玩儿,唱唱歌、跳跳舞。

李 力：不会吧？我觉得你很安静,有空儿的时候会打扫打扫房间、看看电影,或者跟朋友聊聊天儿什么的。

明 月：我有时喜欢热闹,有时喜欢安静。你呢？

李 力：我每天玩儿电脑。

明 月：何娜的电脑好像坏了,你帮她修修吧。

李 力：我可以试试。六点了,她还没来。她会不会不知道我们在等她？

明 月：她说一定会来。

Lǐ Lì: Míngyuè, jiàqī guò de zěnmeyàng?

Míngyuè: Měi tiān gēn péngyou chūqu wánr, chàngchang gē, tiàotiao wǔ.

Lǐ Lì: Bú huì ba? Wǒ juéde nǐ hěn ānjìng, yǒu kòngr de shíhou huì dǎsǎo dǎsǎo fángjiān, kànkan diànyǐng, huòzhě gēn péngyou liáoliao tiānr shénme de.

Míngyuè: Wǒ yǒushí xǐhuan rènao, yǒushí xǐhuan ānjìng. Nǐ ne?

Lǐ Lì: Wǒ měi tiān wánr diànnǎo.

Míngyuè: Hé Nà de diànnǎo hǎoxiàng huài le, nǐ bāng tā xiūxiu ba.

Lǐ Lì: Wǒ kěyǐ shìshi. Liù diǎn le, tā hái méi lái. Tā huì bu huì bù zhīdao wǒmen zài děng tā?

Míngyuè: Tā shuō yídìng huì lái.

生词语 (คำศัพท์ใหม่)

1.	过(過)	(动)	guò	ผ่าน (เวลา)
2.	得(得)	(助)	de	คำช่วย
3.	出去(出去)	(动)	chūqu	ออกไปข้างนอก
4.	唱歌(唱歌)	(动)	chàng gē	ร้องเพลง
5.	跳舞(跳舞)	(动)	tiào wǔ	เต้นรำ
6.	安静(安靜)	(形)	ānjìng	เงียบสงบ
7.	打扫(打掃)	(动)	dǎsǎo	ทำความสะอาด
8.	聊天儿(聊天兒)	(动)	liáo tiānr	คุยเล่น
9.	电脑(電腦)	(名)	diànnǎo	คอมพิวเตอร์
10.	好像(好像)	(动)	hǎoxiàng	เหมือนกับ คล้ายกับ
11.	坏(壞)	(形)	huài	เสีย
12.	帮(幫)	(动)	bāng	ช่วย
13.	修(修)	(动)	xiū	ซ่อม
14.	试(試)	(动)	shì	ลอง

二 注释 (หมายเหตุ)

1. 黄金周

5月1号是国际劳动节,10月1日是中国国庆节。5月1日到7日,10月1日到7日,中国人都放假,也叫做"黄金周"。(วันที่ 1พฤษภาคม เป็นวันแรงงานโลก วันที่ 1ตุลาคม เป็นวันชาติจีน วันที่ 1-7พฤษภาคม และวันที่ 1-7ตุลาคม ชาวจีนทุกคนจะหยุดงาน หยุดเรียน ซึ่งเรียกว่า黄金周。)

2. 什么的 (เป็นต้น)

表示列举。(แสดงถึงการยกตัวอย่างประกอบ)

3. 睡懒觉 (นอนตื่นสาย)

4. 不会吧? (ไม่เป็นอย่างนั้นมั่ง)

表示怀疑时说的话。(แสดงถึงคำพูดเมื่อเกิดความสงสัย)

5. (假期)过得怎么样? (วันหยุดพักผ่อนเป็นอย่างไรบ้าง)

询问对方在某段时间里的生活情况。(ใช้ถามสภาพความเป็นอยู่ในช่วงระยะเวลาหนึ่งของฝ่ายตรงข้าม)

三 重点词汇和固定用法
(คำศัพท์ที่สำคัญและวิธีการใช้)

1. 会 (รู้)

(1) 在陈述句中,表示根据规律或愿望,事情必然发生。例如:(ในประโยคเล่าจะแสดงถึงกฎเกณฑ์หรือความคาดหวังของเรื่องราวที่ต้องเกิดขึ้นอย่างแน่นอน)

晚上喝酒,早上一定会睡懒觉。

她说她一定会来。

祖父死了,不会回来了。

(2) 在疑问句中,表示可能。例如:(ในประโยคคำถามแสดงถึงความน่าจะเกิดขึ้นของเรื่องราวหรือเหตุการณ์ใดเหตุการณ์หนึ่ง)

她会不会不知道?

你看会不会下雨?

2. 离合词

汉语中有一种特别的两个字组成的词语,第一个字是动词,第二字是这个动词的宾语,叫离合词。"合"是说两个字常常在一起,"离"是说它们有时可以分开。到现在为止,我们学习的离合词有:(ในภาษาจีนนั้นมีคำศัพท์ที่มีลักษณะพิเศษของการผสมของตัวอักษรสองตัว คำที่สองทำหน้าที่เป็นกรรมของคำศัพท์ตัวแรก ในภาษาจีนเรียกว่า 离合词 คำว่า "合" หมายถึงตัวอักษรทั้งสอง

มักจะอยู่ติดกัน ส่วนคำว่า "离" หมายถึงตัวอักษรสองตัวบางครั้งสามารถแยกออกจากกันได้ มาถึงตอนนี้คำศัพท์ที่พวกเราได้เรียนเกี่ยวกับ离合词 ได้แก่)

　　睡觉　洗澡　结婚　开会　唱歌　跳舞　聊天　理发　考试　放假　见面

注意：(ข้อควรระวัง)

(1) 如果要加"完"、"好"，就要放在动词和宾语之间：(ถ้าต้องการเติมคำว่า"完"、"好"ให้นำมาเติมไว้ระหว่างคำกริยาและกรรม)

　　睡完觉　洗完澡　开完会　理好发　考完试　放完假

(2) 动词和宾语之间还可以加其他成分，例如：(ระหว่างคำกริยาและกรรมสามารถ เติมส่วนอื่นๆมาได้ เช่น)

　　唱一个歌　跳一个舞

(3) 这种词语一般不能再加宾语。不能说"结婚她"、"见面他"，只能说"跟她结婚"、"跟她见面"。(คำศัพท์ต่อไปนี้โดยปกติแล้วจะไม่สามารถมีกรรมมารองรับได้ เช่นจะไม่พูดว่า 结婚她,见面他 แต่จะพูดว่า 跟她结婚,和她见面)

(4) 动词重叠形式为：(รูปแบบการซ้ำคำกริยา)

　　唱唱歌　跳跳舞　聊聊天　见见面

四　句式（รูปประโยค）

带重叠动词的句子 (รูปประโยคที่มีการซ้ำคำกริยา)

1. 祈使句：缓和语气或提议短时间 V (ประโยคขอร้อง เป็นการแสดงถึงน้ำเสียงที่อ่อนโยนหรือเสนอให้ทำในระยะเวลาอันสั้น)

S	+	VV	+	(O)	+	(吧)
你		修修				吧
我们		休息休息				
我		用用		你的笔，		可以吗？
我们		见见		面，		好吗？

2. 陈述句：表示 V 时间短、随便 (ประโยคบอกเล่า แสดงถึงกริยานั้นเกิดขึ้นอย่างรวดเร็ว ใช้เวลาไม่นาน และไม่เป็นทางการ)

S	+	VV	+	(O)
我想		开开		车
他下午		复习复习		
我		试试		

3. 陈述句：表示列举 (ประโยคบอกเล่า แสดงถึงการยกขึ้นมากล่าวเป็นข้อๆ)

S	+	V₁V₁	+	O₁,	V₂V₂	+	O₂
他		喝喝		茶，	打打		球
我		打扫打扫		房间，	看看		电影

注意:(ข้อควรระวัง)
(1) 双音节动词的重叠形式为 ABAB:(รูปแบบการซ้ำคำของคำกริยาสองพยางค์คือABAB)
　　休息休息　复习复习　打扫打扫
(2) 否定句中,动词不能重叠。(ในรูปประโยคปฏิเสธ ไม่สามารถซ้ำคำกริยาได้)
　　不能说(จะไม่พูดว่า) 我不休息休息。

一 读对话 (อ่านบทสนทนา)

1. 罗列

(1) A:那个市场有什么?
　　B:水果、蔬菜、鱼、肉什么的。

(2) A:你假期过得怎么样?
　　B:睡睡觉,看看电视,听听音乐,
　　　上上网。
　　A:真舒服啊!

(3) A:不上课的时候,你们在学校做什么?
　　B:有时在图书馆学习,有时运动,有时
　　　在办公室帮老师工作。

(4) A:你的中学同学现在怎么样了?
　　B:他们有的上大学了,有的工作
　　　了,有的结婚了。

生词语 (คำศัพท์ใหม่)

1.	市场(市場)	(名)	shìchǎng	ตลาด
2.	蔬菜(蔬菜)	(名)	shūcài	ผักสด
3.	鱼(魚)	(名)	yú	ปลา
4.	(上)网((上)網)	(名)	(shàng) wǎng	เล่นอินเตอร์เน็ต
5.	帮(幫)	(动)	bāng	ช่วย
6.	有的(有的)	(代)	yǒude	มีบาง(คน)

2. 怀疑和说服

(1) A:你知道吗？水莲有男朋友了。
　　B:真的吗?
　　A:真的,我见到那个男孩了。

(2) A:你考试得了 A!
　　B:不可能吧。
　　A:不骗你,我看到成绩了。

(3) A：我买到一张去美国的往返机票，500美元。
B：怎么可能那么便宜呢？
A：就是那么便宜！现在是旅游淡季。

(4) A：我学会开车了。
B：你骗谁啊？两天学会开车？
A：骗你是小狗，不信你可以问张明。
C：他真的学会了。
A：那么快？不会吧？

生词语（คำศัพท์ใหม่）

1. 真的(真的)		zhēnde	จริง
2. 骗(騙)	（动）	piàn	โกหก
3. 往返(往返)	（动）	wǎngfǎn	ไปกลับ
4. 可能(可能)	（能愿）	kěnéng	อาจจะ
5. 旅游(旅游)	（动）	lǚyóu	ท่องเที่ยว
6. 淡季(淡季)	（名）	dànjì	นอกฤดูกาลท่องเที่ยว
7. 狗(狗)	（名）	gǒu	สุนัข
8. 信(信)	（动）	xìn	เชื่อ

二 表达训练 (แบบฝึกฝนการแสดงออก)

1. 两个同学一组，模仿"读对话"1的四种列举方式完成四组对话。(แบ่งนักเรียนสองคนต่อกลุ่ม เลียน แบบบทสนทนาที่หนึ่ง โดยให้ทั้งสี่กลุ่มฝึกสนทนา ทั้งสี่แบบ)

2. 四个同学一组，每人设计一个可能使其他人怀疑的情况，如果有生词，先查字典，然后模仿"读对话"2进行对话。(แบ่งนักเรียนสี่คนต่อกลุ่ม โดยให้นักเรียนสร้างเหตุการณ์ที่ทำให้เพื่อนคนอื่นสงสัย โดยเรียนแบบบทสนทนาที่สอง)

第十课　她可以放心地休息了

主课（บทเรียนหลัก）

一　课文（บทเรียน）

　　王美早上起床时,觉得不舒服。她病了,头疼、嗓子疼,还发烧,好像是感冒。她应该去医院看病。可是,王美一定要去学校,因为她的学生今天要考试。王美吃了几片感冒药,然后去学校。林太太有点儿不放心,打电话告诉小云。

　　学生考完试,已经十二点了,王美觉得好一点儿了。大为在教室门口看到她。大为一个月以前从王美的班到四班去了。他到四班以后,很认真地学习。今天他也考试了,他高兴地告诉王美他考得很好,他请王美跟他一起吃饭。

　　在学校外边的大排档,王美遇到小云,小云关心地问王美身体怎么样。吃完饭,大为开车送王美去医院。小云也想陪王美去,可是她下午还要考试。

　　医生不懂汉语,王美不会说泰语,大为给他们当翻译。医生告诉大为,王美应该多喝一点儿水,好好儿休息,如果明天还难受,就来医院打针。王美看完病,拿好药,坐大为的车回家。

　　到家以后,王美很快地看了看试卷,大家都考得不错,她可以放心地休息了。

Wáng Měi zǎoshang qǐ chuáng shí, juéde bù shūfu. Tā bìng le, tóu téng, sǎngzi téng, hái fā shāo, hǎoxiàng shì gǎnmào. Tā yīnggāi qù yīyuàn kàn bìng. Kěshì, Wáng Měi yídìng yào qù xuéxiào, yīnwèi tā de xuésheng jīntiān yào kǎoshì. Wáng Měi chī le jǐ piàn gǎnmàoyào, ránhòu qù xuéxiào. Lín tàitai yǒudiǎnr bú fàngxīn, dǎ diànhuà gàosu Xiǎoyún.

Xuésheng kǎowán shì, yǐjing shí'èr diǎn le. Wáng Měi juéde hǎo yìdiǎnr le. Dàwéi zài jiàoshì ménkǒu kàndào tā. Dàwéi yí ge yuè yǐqián cóng Wáng Měi de bān dào sì bān qù le. Tā dào sì bān yǐhòu, hěn rènzhēn de xuéxí. Jīntiān tā yě kǎo shì le, tā gāoxìng de gàosu Wáng Měi tā kǎode hěn hǎo, tā qǐng Wáng Měi gēn tā yìqǐ chī fàn.

Zài xuéxiào wàibian de dàpáidàng, Wáng Měi yùdào Xiǎoyún, Xiǎoyún guānxīn de wèn Wáng Měi shēntǐ zěnmeyàng. Chī wán fàn, Dàwéi kāi chē sòng Wáng Měi qù yīyuàn. Xiǎoyún yě xiǎng péi Wáng Měi qù, kěshì tā xiàwǔ hái yào kǎo shì.

Yīshēng bù dǒng Hànyǔ, Wáng Měi bú huì shuō Tàiyǔ, Dàwéi gěi tāmen dāng fānyì. Yīshēng gàosu Dàwéi, Wáng Měi yīnggāi duō hē yìdiǎnr shuǐ, hǎohāor xiūxi, rúguǒ míngtiān hái nánshòu, jiù lái yīyuàn dǎ zhēn. Wáng Měi kàn wán bìng, ná hǎo yào, zuò Dàwéi de chē huí jiā.

Dào jiā yǐhòu, Wáng Měi hěn kuài de kàn le kàn shìjuàn, dàjiā dōu kǎode búcuò, tā kěyǐ fàngxīn de xiūxi le.

生词语 (คำศัพท์ใหม่)

1.	起床(起牀)	(动)	qǐ chuáng	ตื่นนอน
2.	病(病)	(动/名)	bìng	ป่วย
3.	疼(疼)	(形)	téng	ปวด
4.	嗓子(嗓子)	(名)	sǎngzi	คอ
5.	发烧(發燒)	(动)	fā shāo	ตัวร้อน
6.	感冒(感冒)	(动)	gǎnmào	เป็นหวัด
7.	医院(醫院)	(名)	yīyuàn	โรงพยาบาล
8.	看(病)(看(病))	(动)	kàn(bìng)	ไปหาหมอ
9.	因为(因爲)	(连)	yīnwèi	เพราะว่า
10.	片(片)	(量)	piàn	เม็ด
11.	药(藥)	(名)	yào	ยา
12.	放心(放心)	(动)	fàngxīn	วางใจ
13.	已经(已經)	(副)	yǐjing	แล้ว
14.	高兴(高興)	(形)	gāoxìng	ดีใจ
15.	地(地)	(助)	de	คำช่วย
16.	遇到(遇到)	(动)	yùdào	พบ(โดยบังเอิญ)
17.	关心(關心)	(动)	guānxīn	เป็นห่วง
18.	开(车)(開(車))	(动)	kāi(chē)	ขับรถ

19. 陪(陪)	(动)	péi		(ไป)เป็นเพื่อน
20. 当(當)	(动)	dāng		เป็น
21. 如果(如果)	(连)	rúguǒ		ถ้าหากว่า
22. 难受(難受)	(形)	nánshòu		แย่, ไม่ไหว
23. 打针(打針)	(动)	dǎ zhēn		ฉีดยา
24. 试卷(試卷)	(名)	shìjuàn		ข้อสอบ
25. 大家(大家)	(代)	dàjiā		ทุกคน

二 注释 (หมายเหตุ)

1. 觉得不舒服。(รู้สึกไม่สบาย)
2. 好一点儿了。(ดีขึ้นหน่อยแล้ว)
   看见病人的时候，常常问："好一点儿了吗？"
3. 考得很好/考得不错。(สอบได้ดี/สอบได้ไม่เลว)
   也可以说"考得不好"、"考得一般"、"考得不太好"。

三 重点词汇和固定用法
(คำศัพท์ที่สำคัญและวิธีการใช้)

1. 地

先看看这几个句子：

S		V	O
大为	高兴 地	告诉	王美……
小云	关心 地	问	王美……
王美	放心 地	休息	
王美	很快 地	看看	试卷
大为	很认真 地	学习	

形容词"高兴"和短语"很快"、"很认真"，动词"关心"、"放心"都在动词前面，在句子中起修饰动作进行状态的作用。它们都是状语。(คำคุณศัพท์ "高兴" และวลีที่เป็นคุณศัพท์ "很快"、"很认真" กริยา "关心"、"放心" ต้องวางอยู่หน้าคำกริยาเพื่ออธิบายการกระทำของกริยาที่ดำเนินอยู่ทำหน้าที่เป็นส่วนขยายกริยาสถานะ)

在这几个状语和动词中间，有一个"地"。什么时候要这个"地"呢？

(1) V 或者 Adj.(≥两个字) 做状语，要加"地"

大为	高兴	地	告诉	王美……
小云	关心	地	问	王美……
王美	放心	地	休息	

(2) Adv.+Adj.做状语,要"地"

| 王美 | 很 快 | 地 | 看看 | 试卷 |
| 大为 | 很 认真 | 地 | 学习 | |

注意,状语永远在动词的前面。以上规则在实际运用中有例外,但是由于大家才学习汉语不久,建议还是要遵守这个规则。(โปรดสังเกตคำช่วย"地" จะต้องวางอยู่หน้าคำกริยาเสมอกฎเกณฑ์ดังกล่าวนี้เวลาใช้ยังมีข้อยกเว้น แต่เนื่องจากนักเรียนพึ่งเรียนภาษาจีนไม่นาน เราเสนอว่าทำตามกฎข้อนี้ดีกว่า)

2. **大家** (ทุกคน)

指某一个范围内的所有人。(หมายถึงคนที่อยู่ในขอบเขต)

大家好。

大家请进。

大家都来了。

我告诉大家一件事。

"大家"常常跟"我们"、"你们"一起用。("大家" มักจะใช้ร่วมกับ"我们","你们")

明天我们大家都去曼谷。

你们大家都来吗?

四 语法总结 (สรุปหลักไวยากรณ์)

汉语句子的六种成分 (ส่วนประกอบ 6 ชนิดของประโยคภาษาจีน)

我们已经知道汉语句子的主要成分是主语、谓语、宾语、定语和状语。(พวกเราทราบกันดีอยู่แล้วว่าส่วนสำคัญในประโยคภาษาจีนก็คือภาคประธาน ภาคแสดงและกรรมในประโยค)

| 一年级的 | 小云 | 高兴地 | 看 | 中文 | 书。 |
| 定语 | 主语 | 状语 | 谓语 | 定语 | 宾语 |

现在,我们看这个句子:

| 一年级的 | 小云 | 高兴地 | 看 | 完 | 中文 | 书。 |

"完"在句子中是什么成分呢?它在动词谓语后面,补充说明动作的结果,因此我们叫它补语。("完" ในประโยคเป็นส่วนประกอบประเภทใดหรือ จะวางอยู่หลังคำกริยาที่เป็นภาคแสดงเป็นการบอกผลลัพธ์ของการกระทำเรียกว่าคำเสริมกริยา 补语)

请记住,定语一定要在主语或宾语前面,状语只能在谓语前面,补语是汉语特有的,它在动词的后面。(จงจำไว้ บทขยายนามต้องวางข้างหน้าภาคประธานและภาคกรรม บทขยายกริยาแค่วางข้างหน้าภาคแสดงได้อย่างเดียว คำเสริมกริยามีแต่ในภาษาจีน ใช้วางข้างหลังของคำกริยา)

第 十 课

会话练习 (แบบฝึกหัดสนทนา)

一 读对话 (อ่านบทสนทนา)

1. 看病 (ไปหาหมอ)

(1) A：你哪里不舒服？
　　B：我嗓子疼。
　　A：我看看……嗓子发炎。给你开一点儿消炎药。

(2) A：你怎么了？　　　　　　　(3) A：你哪里不舒服？
　　B：我咳嗽　　　　　　　　　　　B：呕吐，拉肚子。
　　A：厉害吗？　　　　　　　　　　A：拉了几次？
　　B：比较厉害。　　　　　　　　　B：今天早上拉了三次。
　　A：有痰吗？　　　　　　　　　　A：肚子疼吗？
　　B：没有。　　　　　　　　　　　B：疼。很难受。
　　　　　　　　　　　　　　　　　A：你吃了不干净的东西。要打针！

生词语 (คำศัพท์ใหม่)

1.	发炎（發炎）	（动）	fā yán	อักเสบ
2.	开(药)（開(藥)）	（动）	kāi(yào)	จ่ายยา
3.	消炎药（消炎藥）	（名）	xiāoyányào	ยาแก้อักเสบ
4.	咳嗽（咳嗽）	（动）	késou	ไอ
5.	厉害（厲害）	（形）	lìhai	รุนแรง
6.	痰（痰）	（名）	tán	เสมหะ
7.	呕吐（嘔吐）	（动）	ǒutù	อาเจียน
8.	拉肚子（拉肚子）		lā dùzi	ท้องเสีย
9.	肚子（肚子）	（名）	dùzi	ท้อง

2. 问候病人 (ถามอาการผู้ป่วย)

(1) A：你身体怎么样？　　　　　　(2) A：你好一点儿了吗？
　　B：还是老样子，不太好。　　　　　B：好多了，谢谢你的关心。
　　A：你应该多休息、多锻炼，别多想。　A：还是要多休息啊。

69

生词语 (คำศัพท์ใหม่)

● 老样子(老樣子)　　　　　　lǎo yàngzi　　　ก็ยังเหมือนเดิม

3. 问考试情况 (ถามถึงการสอบ)

(1) A：你考得怎么样？
　　B：还行。
　　A：你哥哥呢？
　　B：他当然考得很好。

(2) A：考完试了吗？
　　B：今天刚考完。
　　A：考得好吗？
　　B：不错。

生词语 (คำศัพท์ใหม่)

● 刚(剛)　　(副)　　　　gāng　　　เพิ่งจะ

二 表达训练 (บทฝึกฝนการแสดงออก)

1. 两个同学一组,模仿"读对话"3 进行对话。(นักศึกษา2คนต่อกลุ่ม เลียนแบบบทสนทนา3)
2. 三个同学一组,模仿"读对话"1 和 2 进行对话。(นักศึกษา3 คนต่อกลุ่ม เลียนแบบบทสนทนา2 3)

　　病人一：发烧,呕吐,头疼。
　　病人二：肚子疼,不拉肚子。
　　病人三：感冒,咳嗽,嗓子疼。

(1) A 同学当病人一,B 同学当医生,C 同学是病人的朋友。
(2) B 同学当病人二,C 同学当医生,A 同学当朋友。
(3) C 同学当病人三,A 同学当医生,B 同学当朋友。

第十一课 我们唱什么歌

（เนื้อหาหลัก）

（บทเรียน）

王美和学生们商量汉语比赛的事情

王　美：汉语节目比赛什么时候举行？
学生A：两个星期以后。
王　美：我们得赶快准备节目。
学生B：王老师，您看唱歌行吗？
王　美：听说别的班都唱歌，我们能不能不要唱歌？
学生A：我们本来想跳舞，但是男同学都不愿意参加。
王　美：唱歌大家都参加吗？
学生B：对。愿意参加的同学有男生，也有女生。
王　美：你们要唱什么歌？
学生A：我们想唱一首周杰伦的歌，还想唱一首王菲的歌。
王　美：我们最好唱一首中国民歌。《茉莉花》怎么样？很好听，也很容易唱。
学　生：我们同意。

Wáng Měi:　　Hànyǔ jiémù bǐsài shénme shíhou jǔxíng?
Xuésheng A:　Liǎng ge xīngqī yǐhòu.
Wáng Měi:　　Wǒmen děi gǎnkuài zhǔnbèi jiémù.
Xuésheng B:　Wáng lǎoshī, nín kàn chàng gē xíng ma?

Wáng Měi: Tīngshuō biéde bān dōu chàng gē, wǒmen néng bu néng búyào chàng gē?
Xuésheng A: Wǒmen běnlái xiǎng tiào wǔ, dànshì nán tóngxué dōu bú yuànyì cānjiā.
Wáng Měi: Chànggē dàjiā dōu cānjiā ma?
Xuésheng B: Duì. Yuànyì cānjiā de tóngxué yǒu nánshēng, yě yǒu nǚshēng.
Wáng Měi: Nǐmen yào chàng shénme gē?
Xuésheng A: Wǒmen xiǎng chàng yì shǒu Zhōu Jiélún de gē, hái xiǎng chàng yì shǒu Wáng Fēi de gē.
Wáng Měi: Wǒmen zuìhǎo chàng yì shǒu Zhōngguó míngē. *Mòlìhuā* zěnmeyàng? Hěn hǎotīng, yě hěn róngyì chàng.
Xuésheng: Wǒmen tóngyì.

生词语 (คำศัพท์ใหม่)

1.	节目(節目)	(名)	jiémù	รายการ
2.	比赛(比賽)	(名)	bǐsài	แข่งขัน
3.	举行(舉行)	(动)	jǔxíng	จัด
4.	得(得)	(能愿)	děi	จำเป็นต้อง
5.	赶快(趕快)	(副)	gǎnkuài	รีบ เร่ง
6.	别的(別的)	(代)	béide	อื่น
7.	不要(不要)	(副)	búyào	ไม่ต้อง
8.	本来(本來)	(副)	běnlái	แต่เดิม
9.	愿意(願意)	(能愿)	yuànyì	ยอม
10.	首(首)	(量)	shǒu	เพลง (ลักษณะนาม)
11.	最好(最好)	(副)	zuìhǎo	ดีที่สุด
12.	民歌(民歌)	(名)	míngē	เพลงพื้นบ้าน
13.	好听(好聽)	(形)	hǎotīng	เพราะ
14.	同意(同意)	(动)	tóngyì	เห็นด้วย

专名 (คำศัพท์เฉพาะ)

1.	周杰伦(周傑倫)	Zhōu Jiélún	台湾歌手	โจเจี๋ยหลุน นักร้องไต้หวัน
2.	王菲(王菲)	Wáng Fēi	香港歌手	หวางเฟย นักร้องฮ่องกง
3.	《茉莉花》(茉莉花)	*Mòlìhuā*	中国民歌	ดอกมะลิ เพลงพื้นบ้านจีน

表演前几天。大家在练习,可是唱得不太好

学生A：你们别聊天儿了,我们没有时间了。
学生B：我们在商量表演的时候穿什么衣服呢。

学生 A：先唱好歌，再想穿什么衣服吧。

学生 C：不要吵了，一年有三百六十五天，你们哪一天不吵？

王　美：大家不要着急，慢慢说，好好唱。

(学生 D 进来)

学生 D：我刚刚看到四班的节目，是一个武术表演，大为和另一个男生一起表演。那个男生高高的，眼睛大大的，不是我们系的学生。

学生 B：那他不能参加表演！

王　美：请不要管别人的事情，好吗？

学生 A：是啊，还是快练习吧！

王　美：还有，我们得借几套中国传统的衣服。

Xuésheng A: Nǐmen bié liáotiānr le! Wǒmen méiyǒu shíjiān le.
Xuésheng B: Wǒmen zài shāngliang biǎoyǎn de shíhou chuān shénme yīfu ne.
Xuésheng A: Xiān chàng hǎo gē, zài xiǎng chuān shénme yīfu ba.
Xuésheng C: Bú yào chǎo le, yì nián yǒu sānbǎi liùshíwǔ tiān, nǐmen nǎ yì tiān bù chǎo?
Wáng Měi: Dàjiā bú yào zháojí, mànmān shuō, hǎohāo chàng.
(Xuésheng D jìnlai)
Xuésheng D: Wǒ gānggāng kàndào sì bān de jiémù, shì yí ge wǔshù biǎoyǎn, Dàwéi hé lìng yí ge nánshēng yìqǐ biǎoyǎn. Nà ge nánshēng gāogao de, yǎnjing dàda de, bú shì wǒmen xì de xuésheng.
Xuésheng B: Nà tā bù néng cānjiā biǎoyǎn!
Wáng Měi: Qǐng búyào guǎn biéren de shìqing, hǎo ma?
Xuésheng A: Shì a, háishi kuài liánxi ba!
Wáng Měi: Hái yǒu, wǒmen děi jiè jǐ tào Zhōngguó chuántǒng de yīfu.

生词语 (คำศัพท์ใหม่)

1.	商量(商量)	(动)	shāngliang	ปรึกษา
2.	吵(吵)	(动)	chǎo	ทะเลาะ
3.	着急(着急)	(形)	zháojí	รีบร้อน ใจร้อน
4.	刚刚(剛剛)	(副)	gānggāng	เพิ่ง
5.	武术(武術)	(名)	wǔshù	กังฟู
6.	表演(表演)	(动)	biǎoyǎn	การแสดง
7.	另(另)	(代)	lìng	อื่น

8. 眼睛(眼睛)	（名）	yǎnjing	ดวงตา
9. 管(管)	（动）	guǎn	ดูแล
10. 别人(別人)	（代）	béiren	คนอื่น
11. 借(借)	（动）	jiè	ยืม
12. 传统(傳統)	（名）	chuántǒng	สืบทอด

二 注释 (หมายเหตุ)

1. 你看 X 行吗？
   提出建议 X，征求别人的意见。(แสดงความคิดเห็น X ขอความคิดเห็นจากผู้อื่น)

2. 能不能 X？
   提出建议 X，征求别人的意见。(แสดงความคิดเห็น X ขอความคิดเห็นจากผู้อื่น)

3. 最好 X
   提出建议 X，并指出这是最好的选择。(แสดงความคิดเห็น X และชี้ให้เห็นถึงทางเลือกที่ดีที่สุด)

4. 形容词重叠 (การซ้ำคำคุณศัพท์)
   一部分形容词可以重叠，重叠后词的意义更强烈、更生动。例如：(โดยปกติคำคุณศัพท์บางคำสามารถซ้ำคำได้ เมื่อซ้ำคำแล้วจะแสดงถึงความหมายที่มีน้ำหนักขึ้น)
   你们慢慢说、好好唱。
   我看到一个高高的、眼睛大大的男生。
   注意，双音节形容词的重叠形式一般是 AABB，例如：(หมายเหตุการซ้ำคำคุณศัพท์สองพยางค์ AABB)
   干干净净　安安静静　漂漂亮亮

三 重点词汇和固定用法

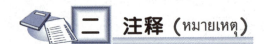

(คำศัพท์ที่สำคัญและวิธีการใช้)

1. 不要
   用法基本跟"别"一样。(วิธีการใช้เหมือนกับ"别")
   注意"不要"与能愿动词"要"的两个否定形式的区别，请看以下句子。(หมายเหตุ ข้อแตกต่างระหว่างรูปประโยคปฏิเสธของ "不要" และคำกริยาช่วย "要" ตัวอย่างเช่น)
   那个孩子一米二高，要买票；这个一米，不用买。
   你要去旅行吗？——我不想去旅行，我要找工作。
   我们能不能不要(别)唱歌？
   不要(别)吵了！
   不要(别)着急！

2. 也

"也"可以连接小句。下边的句子可以用"也",不能用"和"。(สามารถใช้เชื่อมประโยคย่อย ประโยคต่อไปนี้สามารถใช้ 也 ไม่สามารถใช้ 和)

《茉莉花》很好听,也很容易唱。(不说"很好听,和很容易唱")

她很漂亮,也很热情。(不说"她很漂亮,和很热情")

曼谷很大,人也很多。(不说"曼谷很大,和人很多")

注意最后一个句子,后面小句的主语变了,"也"要放在主语后面,不能说"曼谷很大,也人很多。"(ข้อควรระวัง ถ้าประธานของประโยคย่อยที่เป็นประโยคสุดท้ายเปลี่ยนแปลง 也 ต้องวางไว้หลังประธานจะไม่พูดว่า 曼谷很大,也人很多。)

3. 还

"还"也可以连接小句,表示增加、进一步的意思。例如:(สามารถใช้เชื่อมประโยคย่อย แสดงถึงความคืบหน้า หรือเพิ่มขึ้น)

我们想唱一首周杰伦的歌,还想唱一首王菲的歌。

昨天很冷,还下雨。

我们看到他了,还看到他爸爸了。

到目前为止,我们学习了"还"的两个意思。(ถึงบทนี้เราได้เรียนความหมายของ "还" ไปแล้วสองความหมาย ตัวอย่างเช่น)

(1) 持续,不变(ต่อเนื่อง ไม่เปลี่ยนแปลง)

我还在等你。

三月了,天气还很冷。

还没下课呢。

(2) 增加,扩大(เพิ่ม ขยาย)

我有一个叔叔,还有一个阿姨。

他喝了一杯咖啡,还吃了一个蛋糕。

4. 还有

"还有"="还有一件事",用于口语。(ใช้ในภาษาพูด)

(我们还是快练习吧)还有,我们得借几套中国传统的衣服。

请你帮我借一本书,还有,告诉老师我不能去上课。

5. 再 (อีกครั้ง)

先唱好歌,再想穿什么衣服。

今天太晚了,别做了,明天再做吧。

我们在第七课还学习过另一个"再",表示动作重复。(ในบทที่ 7 พวกเราได้เคยเรียนความหมายของคำว่า 再 ในอีกความหมายหนึ่งไปแล้วที่แสดงถึงการกระทำซ้ำของคำกริยา)

四 句式（รูปประโยค）

1. 表包含的"有"字句

S	+	有	+	O
一年		有		三百六十五天
参加的同学		有		男生，也有女生

2. "什么"做定语的问句

S	+	V	+	什么	+	O？
我们		唱		什么		歌？
你		穿		什么		衣服？

会话练习（แบบฝึกหัดสนทนา）

一 读对话（อ่านบทสนทนา）

1. 建议（ความคิดเห็น）

(1) A：明天我想找李教授，你可以带我去吗？
　　B：对不起，明天我没时间。
　　A：那怎么办？
　　B：你看这样行不行，我今天晚上先给他打个电话。

(2) A：你去还是我去？
　　B：还是你去吧。
　　A：为什么我去，你不去？
　　C：你们最好一起去。

(3) A：你们能不能不要看电视了？
　　B：不看电视做什么？
　　A：要不我们出去散散步吧。

(4) A：我要去买菜，你想吃什么？
　　B：随便。
　　A："随便"是什么？我不懂，我看还是你自己去买吧。
　　B：要不我们别做饭了，出去吃吧。
　　A：你最好先看看我们银行里还有多少钱。

生词语（คำศัพท์ใหม่）

1. 带（帶）　　（动）　　dài　　พา

2. 要不(要不)	（连）	yàobù	ถ้าอย่างนั้น
3. 随便(隨便)	（形）	suíbiàn	ตามใจ อะไรก็ได้
4. 银行(銀行)	（名）	yínháng	ธนาคาร

2. 要求（ความต้องการ）

(1) A：你每天要写一百个汉字,读二十页书。
    B：不行啊,太累了!
    A：你想毕业,就得那么努力。

(2) A：先生,请不要抽烟。
    B：对不起,我不知道这里不能抽烟。
    A：没关系。

(3) A：你得洗衣服、打扫房间了!
    B：为什么我要做那么多事情,你什么也不用做?
    A：因为你是儿子,我是爸爸。

(4) A：六点半了,得出发了。
    B：来了,来了。
    A：你没穿袜子。我说了,一定要穿!
    B：好,好。我去穿……行了。
    A：到了那里,一定要微笑,一定要有礼貌。

生词语（คำศัพท์ใหม่）

1. 页(頁)	（量）	yè	หน้า (ลักษณะนาม)
2. 努力(努力)	（形）	nǔlì	ขยัน
3. 抽烟(抽煙)	（动）	chōu yān	สูบบุหรี่
4. 袜子(襪子)	（名）	wàzi	ถุงเท้า
5. 微笑(微笑)	（形）	wēixiào	รอยยิ้ม
6. 礼貌(禮貌)	（形）	lǐmào	มารยาท

二 表达训练（แบบฝึกฝนการแสดงออก）

1. 三个同学一组,一个同学因为以下事情,需要另外两个同学的建议,模仿"读对话"1进行对话。(นักศึกษา3คนต่อหนึ่งกลุ่มฝึกสนทนาโดยนักศึกษาหนึ่งคนปรึกษาปัญหาเพื่อขอความคิดเห็นจากเพื่อนอีกสองคนจากปัญหาต่อไปนี้)

(1) 要去跟一个他/她喜欢的女孩子/男孩子吃饭,穿什么衣服?
(2) 今天应该交(jiāo/ส่ง)作业,可是还没做。
(3) 最近胖了,想减肥,有什么好办法呢?

2. 5—8个同学一组,说说自己的父母、家人、老师常常对自己提什么要求?（不懂的词汇可以查字典,并向同组同学解释）(นักศึกษา 8 คนต่อหนึ่งกลุ่มพูดเกี่ยวกับพ่อแม่ คนในครอบครัว หรืออาจารย์มีความต้องการให้เราปฏิบัติตัวอย่างไรบ้างคำไหนไม่เข้าใจสามารถไปหาพจนานุกรมได้ แล้วอธิบายให้แก่เพื่อนนักเรียนในกลุ่มเดียวกัน)

第十二课　她不让我抽烟

学校餐厅里,明月和何娜在一起吃饭,李力和他的女朋友小白也进来了

明　月：是李力和小白,让他们过来一起吃吧。
何　娜：我叫服务员加两个座位。
(她们叫李力、小白过来)
何　娜：这么巧！你们也来吃饭。请坐,请坐。
李　力：本来我们要出去吃饭,她迟到了,我们只好到这里来。
明　月：别光说话,请喝茶。
李　力：你们怎么这么客气啊？
小　白：你还不明白吗？有人想让你请客。
李　力：好,我请客,没问题。
何　娜：小白真聪明啊！
明　月：我饿了,请服务员给我们菜单吧。
李　力：对啊,对啊,我也饿了,快点菜。

Míngyuè:　Shì Lǐ Lì hé Xiǎo Bái, ràng tāmen guòlai yìqǐ chī ba.
Hé Nà:　　Wǒ jiào fúwùyuán jiā liǎng ge zuòwèi.
(Tāmen jiào Lǐ Lì, Xiǎo Bái guòlai.)
Hé Nà:　　Zhème qiǎo! Nǐmen yě lái chī fàn. Qǐng zuò, qǐng zuò.

Lǐ Lì:	Běnlái wǒmen yào chūqu chī fàn, tā chídào le, wǒmen zhǐhǎo dào zhèli lái.
Míngyuè:	Bié guāng shuō huà, qǐng hē chá.
Lǐ Lì:	Nǐmen zěnme zhème kèqi a?
Xiǎo Bái:	Nǐ hái bù míngbai ma? Yǒu rén xiǎng ràng nǐ qǐng kè.
Lǐ Lì:	Hǎo, wǒ qǐng kè, méi wèntí.
Hé Nà:	Xiǎo Bái zhēn cōngming a!
Míngyuè:	Wǒ è le, qǐng fúwùyuán gěi wǒmen càidān ba.
Lǐ Lì:	Duì a, duì a, wǒ yě è le, kuài diǎn cài.

生词语 (คำศัพท์ใหม่)

1.	让(讓)	(动)	ràng	เชิญ, ยอม
2.	过来(過來)	(动)	guòlai	มา, เข้ามา
3.	叫(叫)	(动)	jiào	เรียก
4.	服务员(服務員)	(名)	fúwùyuán	บริกร
5.	加(加)	(动)	jiā	เพิ่ม
6.	座位(座位)	(名)	zuòwèi	ที่นั่ง
7.	这么(這麼)	(代)	zhème	อย่างไร
8.	巧(巧)	(形)	qiǎo	ประจวบเหมาะ
9.	迟到(遲到)	(动)	chídào	สาย
10.	只好(祇好)	(副)	zhǐhǎo	ได้แต่
11.	怎么(怎麼)	(代)	zěnme	อย่างไร
12.	明白(明白)	(动)	míngbai	เข้าใจ
13.	请客(請客)	(动)	qǐng kè	เลี้ยงแขก
14.	聪明(聰明)	(形)	cōngming	ฉลาด
15.	饿(餓)	(形)	è	หิว
16.	菜单(菜單)	(名)	càidān	เมนู
17.	点(菜)(點(菜))	(动)	diǎn(cài)	สั่ง (อาหาร)

四人一起吃饭,何娜接了一个电话(สามคนร่วมรับประทานอาหารด้วยกัน เหอน่ารับโทรศัพท์)

何　娜：是陈老师,他让我转告你们,有空儿去他家玩儿。

明　月：不知道是他的电话,不然请你跟他说一下儿,我明天想去找他。

何　娜：我知道,你想请他帮你看作文,太麻烦老师了吧!

明　月：他叫我们有问题就去找他。

(小白去洗手间,李力赶快拿出烟来抽)(เสี่ยวไป๋ไปห้องน้ำ หลี่ลี่รีบหยิบบุหรี่ขึ้นมาสูบ)

何 娜：李力,你怎么这么讨厌啊？

明 月：小白最讨厌别人抽烟,她也不让你抽吧？

李 力：她不让我抽烟、不让我喝酒、不让我一个人旅行……

明 月：这么可怜啊！何娜,你还是让他抽一支吧。

何 娜：不行！小白出来了！

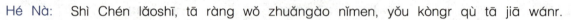

Hé Nà:　　Shì Chén lǎoshī, tā ràng wǒ zhuǎngào nǐmen, yǒu kòngr qù tā jiā wánr.
Míngyuè:　Bù zhīdao shì tā de diànhuà, bùrán qǐng nǐ gēn tā shuō yíxiàr, wǒ míngtiān xiǎng qù zhǎo tā.
Hé Nà:　　Wǒ zhīdao, nǐ xiǎng qǐng tā bāng nǐ kàn zuòwén, tài máfan lǎoshī le ba!
Míngyuè:　Tā jiào wǒmen yǒu wèntí jiù qù zhǎo tā.

(Xiǎo Bái qù xǐshǒujiān, Lǐ Lì gǎnkuài náchū yān lái chōu.)

Hé Nà:　　Lǐ Lì, nǐ zěnme zhème tǎoyàn a?
Míngyuè:　Xiǎo Bái zuì tǎoyàn biéren chōu yān, tā yě bú ràng nǐ chōu ba?
Lǐ Lì:　　Tā bú ràng wǒ chōu yān, bú ràng wǒ hē jiǔ, bú ràng wǒ yí ge rén lǚxíng...
Míngyuè:　Zhème kělián a! Hé Nà, nǐ háishi ràng tā chōu yì zhī ba.
Hé Nà:　　Bùxíng! Xiǎo Bái chūlai le!

生词语（คำศัพท์ใหม่）

1.	转告(轉告)	（动）	zhuǎngào	บอกต่อ
2.	不然(不然)	（连）	bùrán	ถ้าอย่างนั้น
3.	作文(作文)	（名）	zuòwén	บทความ
4.	讨厌(討厭)	（形/动）	tǎoyàn	น่าเบื่อ
5.	最(最)	（副）	zuì	ที่สุด
6.	抽(烟)(抽(煙))	（动）	chōu yān	สูบ (บุหรี่)
7.	可怜(可憐)	（形）	kělián	น่าสงสาร
8.	支(支)	（量）	zhī	มวน
9.	出来(出來)		chūlai	ออกมา

二 注释（หมายเหตุ）

1. 这么 Adj. (อย่างนี้ (คุณศัพท์))
2. 有人想让你请客

    "人"在这里指何娜和明月。

    "有人。"(ในที่นี้"有人" หมายถึงเหอน่าและหมิงเยวีย)

3. 请客

    (1) 请客 (เลี้ยง (อาหาร))

    今天我们在家请客吃饭。

    (2) 请人吃饭，或吃饭以后为所有吃饭的人付钱。(เชิญทานข้าว หรือหลังจากทานข้าวเสร็จจ่ายเงินแทน)

    有人想让你请客。

    今天晚上小李在餐厅请客。

4. 太麻烦老师了吧？(รบกวนอาจารย์มากไปหรือเปล่า？)

    在接受别人帮忙之后，中国人常常说："（太）麻烦你了！"(หลังจากได้รับความช่วยเหลือจากผู้อื่น, คนจีนมักจะพูดว่า "（太）麻烦你了！")

5. 你怎么这么讨厌啊？(ทำไมเธอเป็นคนที่น่าเบื่อเช่นนี้)

    何娜在这里用问句的方式强调地表示她的不满，并不需要李力回答"为什么"。(เหอน่าใช้ประโยคคำถาม เพื่อเป็นการเน้นถึงความไม่พอใจ และไม่ต้องการให้หลี่ลี่ ถามกลับว่า "为什么")

三 重点词汇和用法

(คำศัพท์ที่สำคัญและวิธีการใช้)

1. 请

    (1) 敬词，希望对方做某事 (คำสุภาพ หวังว่าผู้ฟังทำอะไร)

    请坐！请喝茶！

    请你过来！

    我请你吃饭。

    他请你们去他家玩儿。

    (2) 请求 (ขอร้อง)

    (我们)请服务员给我们菜单。

    (你)请老师帮你看作文。

2. 叫

 (1) 是,称为(เป็น เรียกว่าเป็น)

  你叫什么名字?

  那条河叫黄河。

 (2) 让,招呼(ให้ เรียก)

  我叫服务员加两个位置。

  他叫我们有问题就去找他。

3. 让/不让

 (1) 让(ยอม, ใช้)

  让他们过来一起吃吧。

  他让我转告你们。

 (2) 不让(ไม่ยอม)

  她不让我抽烟。

  她也不让我喝酒。

注意:(หมายเหตุ)

 (1) 在任何情况下,"请"、"让"和"叫"都不能说成"给"。(ไม่ว่าจะอยู่ในสถานการณ์เช่นใดก็ตาม "请"、"让" และ "叫" ก็ไม่สามารถใช้คำว่า"给")

 (2) 在普通话中,"不让"不能说成"不给"。(มาตราฐานของภาษาจีน จะไม่พูดคำว่า "不让" เป็น "不给")

4. 只好 VS 最好

"只好 X"表示"只有 X 这个选择";"最好 X"表示"在几个选择里,X 最好"。

 (1) "只好 X"(แสดงว่า มีเพียงทางเลือกX เท่านั้น)

 (2) "最好 X"(แสดงว่า มีทางเลือกมากมาย ทางเลือกX เท่านั้นที่ดีที่สุด)

这件衣服不太好看,可我没有钱。这件最便宜,只好买这件。

这几件衣服都不错,可那两件贵了一些,这件最便宜,最好买这件。

男同学都不愿意跳舞,我们只好唱歌。

男同学跳舞跳得不好,我们最好还是唱歌。

注意:"只好"要放在主语的后边,不能说"只好我们唱歌"。(หมายเหต "只好" และ "最好" จะวางไว้หลังประธาน จะไม่พูดว่า"只好我们唱歌")

兼语句

S	P			
	V₁	O₁(S₂)	V₂	O₂
我	叫	服务员	加	座位
我们	让	他们	过来	
你	请	老师	看	作文
小白	不让	李力	抽	烟

注意，在对话中，主语常常可以省略，例如：(หมายเหตุ ระหว่างการสนทนา มักจะมีการละประธาน เช่น)

(我们)叫服务员加两个座位。
(我们)让他们过来吧！
(我)请(你)进来。

1. **巧遇**（เจอโดยบังเอิญ）

(1) A：欸，是你啊！
　　B：怎么那么巧？你也来了。

(2) A：小林，还认识我吗？
　　B：王白？真没想到会在这里见到你啊！

(3) A：张老师！
　　B：你是……？哦，想起来了，林小平！
　　　你怎么在这里？
　　A：我是你的导游啊！
　　B：真是太巧了！
　　A：是啊，这个世界太小了。

生词语（คำศัพท์ใหม่）

1. 没想到(没想到)　　　　méi xiǎngdào　　　　คาดไม่ถึง
2. 想起来(想起來)　　　　xiǎngqilai　　　　　 คิดออก

2. 转告（บอกต่อ）

(1) A：王美,甘雅让你给她打电话。　　(2) A：老师叫我们下课以后去办公室。
　　B：知道了,谢谢。　　　　　　　　　　B：什么事啊？

(3) A：爸爸让我问你好。　　　　　　(4) A：小明让我转告你,他走了。
　　B：你爸爸身体怎么样？　　　　　　　B：什么？他走了？他会给你打电话吗？
　　　　　　　　　　　　　　　　　　　　A：会啊。
　　　　　　　　　　　　　　　　　　　　B：请你转告他,下次回来我请他吃饭。

3. 讨厌（น่ารำคาญ, น่าเบื่อ）

(1) A：他又抽烟了！　　　　　　　　(2) A：我的电脑总是坏,真烦人。
　　B：讨厌死了！　　　　　　　　　　　B：没有电脑头疼,有电脑也头疼。

(3) A：我隔壁房间那个人真让人讨厌。
　　B：怎么了？
　　A：他每天晚上听音乐,吵死了！

生词语（คำศัพท์ใหม่）

1. …死了(…死了)　　（形）　　...sǐle　　　แย่แล้ว
2. 烦人(煩人)　　　 （形）　　fánrén　　　น่ารำคาญ
3. 头疼(頭疼)　　　 （形）　　tóuténg　　 ปวดหัว
4. 隔壁(隔壁)　　　 （名）　　gébì　　　　ข้างบ้าน
5. 吵(吵)　　　　　 （形）　　chǎo　　　　อึกกระทึก

二 表达训练（บทฝึกฝนการแสดงออก）

1. 十个同学一组,排好队（เข้าแถวให้เรียบร้อย）。第一个同学想一件事情告诉第二个同学,以后每个同学模仿(เลียนแบบ)"读对话"2 中的句子转告给下一位同学,第十个同学再转告给第一个同学。看看大家的转告有没有错。

2. 四个同学一组,说一说你们讨厌的事情和人,为什么讨厌？

3. 五年、十年、二十年、三十年以后,你们在路上巧遇,会是什么情景（สภาพ, เหตุการณ์）？全班分成四个大组,分别设计四段对话,然后在班里表演。

第十三课　先往南走,然后往东走

主课 (เนื้อหาหลัก)

 课文 (บทเรียน)

　　张教授请何娜和明月到他在郊区的家玩儿。在公共汽车上(ศาสตราจารย์จาง เชิญเหอน่าและหมิงเยวียไปเที่ยวเล่นที่บ้านแถบชานเมืองของเขา　บนรถเมล์)

何　娜：阿姨,请问快到回龙观小区了吗?
乘　客：就快到了,还有三站。
(过了一会儿/ ผ่านไปสักครู่)
何　娜：明月,到了,到了! 快下车。
(下了车/ลงรถ)
明　月：你知道怎么走吗?
何　娜：张教授说,先往南走,然后往东走。
明　月：往南? 往东? 还是问问人吧。(正好有一个青年经过/พอดีมีวัยรุ่นคนหนึ่งผ่านมา)
　　　　请问,回龙观小区怎么走?
青年(วัยรุ่น)：你们一直向南走,走到第二个路口,往左拐。
明　月：谢谢! 请问,哪边是南啊?
青　年：出太阳了,你们自己研究吧! 再见!
何　娜：这人真有意思! 太阳在那儿,现在是……哎呀,快到十一点半了!
明　月：堵车嘛! 我想这边是南,我们快走。
何　娜：走吧! 你知道吗? 张教授后天就要去东南亚参观访问了。

明　月：我知道了,前天他对我说,中国的大学应该向外国的大学学习。

Hé Nà:	Āyí, qǐng wèn kuài dào Huílóngguàn Xiǎoqū le ma?
Chéngkè:	Jiù kuài dào le, hái yǒu sān zhàn.

(Guò le yíhuìr)

Hé Nà:	Míngyuè, dào le, dào le! Kuài xià chē.

(Xià le chē)

Míngyuè:	Nǐ zhīdao zěnme zǒu ma?
Hé Nà:	Zhāng jiàoshòu shuō, xiān wǎng nán zǒu, ránhòu wǎng dōng zǒu.
Míngyuè:	Wǎng nán? Wǎng dōng? Háishi wènwen rén ba. (Zhènghǎo yǒu yí ge qīngnián jīngguò) Qǐng wèn, Huílóngguàn Xiǎoqū zěnme zǒu?
Qīngnián:	Nǐmen yìzhí xiàng nán zǒu, zǒu dào dì-èr ge lùkǒu, wǎng zuǒ guǎi.
Míngyuè:	Xièxiè! Qǐng wèn, nǎbian shì nán a?
Qīngnián:	Chū tàiyáng le, nǐmen zìjǐ yánjiū ba! Zàijiàn!
Hé Nà:	Zhè rén zhēn yǒuyìsi! Tàiyáng zài nàr, xiànzài shì ...Āiyā, kuài dào shíyī diǎn bàn le!
Míngyuè:	Dǔ chē ma! Wǒ xiǎng zhèbian shì nán, wǒmen kuài zǒu.
Hé Nà:	Zǒu ba. Nǐ zhīdao ma? Zhāng jiàoshòu hòutiān jiù yào qù Dōng-nányà cānguān fǎngwèn le.
Míngyuè:	Wǒ zhīdao le, qiántiān tā duì wǒ shuō, Zhōngguó de dàxué yīnggāi xiàng wàiguó de dàxué xuéxí.

生词语 (คำศัพท์ใหม่)

1.	站(站)	(名)	zhàn	ป้ายรถเมล์
2.	往(往)	(介)	wǎng	มุ่งไป
3.	南(南)	(名)	nán	ทิศใต้
4.	东(東)	(名)	dōng	ทิศตะวันออก
5.	向(向)	(介)	xiàng	หันเข้าทาง
6.	路口(路口)	(名)	lùkǒu	ปากทาง
7.	拐(拐)	(动)	guǎi	เลี้ยว
8.	出(出)	(动)	chū	ขึ้น
9.	太阳(太陽)	(名)	tàiyáng	พระอาทิตย์
10.	自己(自己)	(代)	zìjǐ	ตัวเอง
11.	研究(研究)	(动)	yánjiū	ศึกษาวิจัย
12.	哎呀(哎呀)	(叹)	āiyā	คำอุทาน
13.	嘛(嘛)	(语气)	ma	คำแสดงน้ำเสียง
14.	访问(訪問)	(动)	fǎngwèn	เยี่ยมเยือน

| 15. 后天(後天) | (名) | huòtiān | วันมะรืน |
| 16. 前天(前天) | (名) | qiántiān | เมื่อวานซืน |

专名 (คำศัพท์เฉพาะ)

| 1. 回龙观小区(回龍觀小區) | Huílóngguàn Xiǎoqū | หมู่บ้าน |
| 2. 东南亚(東南亞) | Dōng-nányà | ทวีปเอเชียตะวันออก |

　　王美、林小云和林小平一起去看晚上八点的电影,她们说好七点半在电影院门口见面。七点四十了,王美还没来

林小平:希望她别坐错车。
林小云:刮风了,可能要下雨了。
林小平:哎呀,我看见她了!她向那边走呢。
林小云:王老师!王老师!
林小平:别叫了,我给她打电话。
林小云:不用了,她往我们这边看呢!
(王美跑过来/หวังเหม่ยวิ่งมา)

王　美:你们那么早?
林小云:早?现在快七点五十了。
王　美:哎呀,我的表慢了!我还以为自己很准时呢。
林小平:快一点儿去买票吧,电影要开始了。
(她们一边买票一边聊天/พวกเขาซื้อตั๋วไปพลาง พูดคุยกันไปพลาง)

王　美:多力又给我发电子邮件了,他向你问好。
林小平:听说他要回英国了。
王　美:是啊,他的第三个孩子下个月就出生了。
林小云:第三个孩子?哥哥,你要向他学习啊!

Lín Xiǎopíng: Xīwàng tā bié zuò cuò chē.
Lín Xiǎoyún: Guā fēng le, kěnéng yào xià yǔ le.
Lín Xiǎopíng: Āiyā wǒ kànjiàn tā le! Tā xiàng nàbian zǒu ne.
Lín Xiǎoyún: Wáng lǎoshī! Wáng lǎoshī!
Lín Xiǎopíng: Bié jiào le, wǒ gěi tā dǎ diànhuà.
Lín Xiǎoyún: Bú yòng le, tā wǎng wǒmen zhèbian kàn ne!
(Wáng Měi pǎoguolai)
Wáng Měi: Nǐmen nàme zǎo?

Lín Xiǎoyún: Zǎo? Xiànzài kuài qī diǎn wǔshí le.
Wáng Měi: Āiyā, wǒ de biǎo màn le! Wǒ hái yǐwéi zìjǐ hěn zhǔnshí ne.
Lín Xiǎopíng: Kuài yìdiǎnr qù mǎi piào ba, diànyǐng yào kāishǐ le.
(Tāmen yìbiān mǎi piào yìbiān liáo tiānr.)
Wáng Měi: Duōlì yòu gěi wǒ fā diànzǐ yóujiàn le, tā xiàng nǐ wènhǎo.
Lín Xiǎopíng: Tīngshuō tā yào huí Yīngguó le.
Wáng Měi: Shì a, tā de dì-sān ge háizi xià ge yuè jiù chūshēng le.
Lín Xiǎoyún: Dì-sān ge háizi? Gēge, nǐ yào xiàng tā xuéxí a!

生词语 (คำศัพท์ใหม่)

1. 希望(希望) (动) xīwàng หวังว่า
2. 刮(颳) (动) guā (ลม) พัด
3. 风(風) (名) fēng ลม
4. 可能(可能) (能愿) kěnéng อาจจะ
5. 下雨(下雨) (动) xià yǔ ฝนตก
6. 表(錶) (名) biǎo นาฬิกา
7. 以为(以為) (动) yǐwéi เข้าใจว่า
8. 准时(準時) (形) zhǔnshí ตรงเวลา
9. 发(發) (动) fā ส่ง (อีเมล์)

二 注释 (หมายเหตุ)

1. "何娜：这人真有意思！太阳在那儿,现在是……"这里何娜试图根据太阳的位置和时间判断方向。(ในที่นี้ เหอน่าวิเคราะห์ทิศทางโดยใช้ตำแหน่งและเวลาของพระอาทิตย์)

2. 哎呀
表示吃惊,或有意外发现。(แสดงถึงการตกใจ หรือ พบเจอเรื่องราวที่คาดไม่ถึง)

3. ……嘛
表示理所当然,没有什么奇怪的。例如：(แสดงถึงความเป็นจริงอย่างที่คาดไว้ ไม่มีอะไรที่น่าแปลกใจ ตัวอย่างเช่น)

A：哎呀,已经十一点半了。
B：堵车嘛。(十一点半到,理所当然/11:30 น. แสดงถึงความเป็นจริงอย่างที่คาดไว้)

A：他的英语很好。
B：他在美国学习嘛。(英语好,理所当然/ภาษาอังกฤษดี เป็นจริงอย่างที่คาดไว้)

4. 祈使句 (ประโยคขอร้อง)

快下车!

别叫了!

快一点儿买票吧。

三 重点词汇和固定用法
(คำศัพท์ที่สำคัญและวิธีการใช้)

1. 往 (มุ่งไป)

先往南,再往东。

往左拐。

她往我们这边看呢。

2. 向 (หันเข้าทาง)

(1)

一直向南走。

她正向那边走呢。

(2)

中国的大学应该向外国的大学学习。

他向你问好。

注意,(1)中的"向"可以换成"往",但(2)中的不行。(หมายเหตุ "向" ในตัวอย่างประโยคที่ (1) สามารถเปลี่ยนแปลงเป็น "往" ได้ แต่ตัวอย่างประโยคที่ (2) ไม่สามารถเปลี่ยนแปลงได้)

3. 发

只能说"发电子邮件",不能说"送电子邮件"。

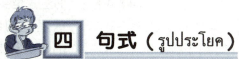

四 句式 (รูปประโยค)

1. 无主句 (ประโยคที่ไม่มีภาคประธาน)

快走!

เดินเร็วๆ

往左拐。

เลี้ยวซ้าย

出太阳了!

แสงแดดออกมาแล้ว

堵车嘛!

ก็รถติดนี่ไง

2. 带"要……了/快……了/就……了"和"就要……了/就快……了/快要……了"的句子,这些句子都可以用来表示即将发生的情况。(ประโยคที่ใช้ "要……了/快……了/就……了" และ "就要……了/就快……了/快要……了" ประโยคเหล่านี้ล้วนสามารถนำมาใช้แสดงถึงเหตุการณ์ที่กำลังจะเกิดขึ้น)

他要回英国了。
电影快要开始了。
(时间)快十一点了。

如果用"就要/就……了",还可以带时间状语。(ถ้าหากใช้ "就要/就……了" ก็ยังสามารถใช้ส่วนขยายภาคแสดงที่บอกเวลาได้)

张教授 下星期 就要去东南亚参观访问了。
他的第三个孩子 下个月 就出生了。

会话练习 (แบบฝึกหัดสนทนา)

一 读对话 (อ่านบทสนทนา)

1. **问路和指路** (การถามทางและการบอกทาง)

(1) A:请问,洗手间在哪里?
　　B:一直走,然后往右。

(2) A:请问,图书馆怎么走?
　　B:你顺着这条路走大概500米,就到了。在你的左手边。

(3) A:请问王府井怎么走?
　　B:看到那个红绿灯了吗? 在那里向右拐,再过两个路口就到了。

(4) A:请问这里是美术馆吗?
　　B:不,这里是博物馆。
　　A:你知道美术馆在哪里吗?
　　B:对不起,我也不清楚,你问问别人吧。

(5) A:请问,白塔寺怎么走?
　　B:哎呀,我也不太清楚。我知道在西四附近。
　　A:西四在哪个方向?
　　B:你们往西一直走就到了。

(6) A:对不起,请问车站在哪里?
　　B:你们要去哪儿?
　　A:去火车站。
　　B:那你们要先过马路,过了马路,再走一会儿就是了。
　　A:远吗?
　　B:不远,走五分钟吧。

（7）A：对不起，我们想去最近的地铁站，应该怎么走？
　　B：顺着那条路一直走，在第三个路口往左拐。
　　A：就在路口附近吗？
　　B：得再走几分钟，就在天桥下边。

生词语（คำศัพท์ใหม่）

1.	顺着(順着)		shùnzhe	ตาม(ทาง)
2.	左手边(左手邊)	（名）	zuǒshǒubian	ด้านซ้ายมือ
3.	红绿灯(紅綠燈)	（名）	hónglǜdēng	ไฟจราจร
4.	过(過)	（动）	guò	ข้าม ผ่าน
5.	美术馆(美術館)	（名）	měishùguǎn	หอศิลปะ
6.	博物馆(博物館)	（名）	bówùguǎn	พิพิธภัณฑ์
7.	清楚(清楚)	（形）	qīngchu	ชัดเจน
8.	方向(方向)	（名）	fāngxiàng	ทิศทาง
9.	走(路)(走(路))	（动）	zǔo(lù)	เดิน
10.	过马路(過馬路)		guò mǎlù	ข้ามถนน
11.	近(近)	（形）	jìn	ใกล้
12.	天桥(天橋)	（名）	tiānqiáo	สะพานลอยคนข้าม

专名（คำศัพท์เฉพาะ）

1.	王府井(王府井)		Wánfǔjǐng	ถนนหวางฝู่จิ่ง
2.	西四(西四)		Xīsì	ถนนซีซื่อ

二　表达训练（แบบฝึกฝนการแสดงออก）

1. 两个同学一组，练习问路和指路，必须使用以下词语或结构。（แบ่งนักเรียน 2 คนต่อกลุ่ม ฝึกฝนการถามทางและการบอกทาง ต้องใช้คำศัพท์หรือโครงสร้าง ด้านล่าง）

　　一直走　　　顺着……　　　走 X 米　　　走 X 分钟　　　右手边　　往 X 拐
　　过马路　　　过 X 个路口　　过第 X 个红绿灯　过 X 个天桥
　　到 X 个红绿灯　　　　　　到第 X 个路口

2. 找一张曼谷地图，四个同学一组进行以下练习。（หาแผนที่กรุงเทพฯ 1 แผ่น นักเรียน 4 คนต่อกลุ่ม แล้วฝึกปฏิบัติตามแบบฝึกหัดด้านล่าง）

　（1）先决定你们在哪里。(ก่อนอื่นกำหนดว่าพวกคุณอยู่ที่ไหน)

(2) 两个同学当游客,分别决定你们想去哪里,问路。(นักเรียน 2 คน เป็นนักท่องเที่ยว แต่ละคนตัดสินใจว่าอยากจะไปเที่ยวที่ไหน แล้วถามทาง)

(3) 另外两个同学指路。(นักเรียนที่เหลือ 2 คน บอกทาง)

(4) 换角色,再重复一遍。(เปลี่ยนบทบาท แล้วทำซ้ำอีกรอบ)

第十四课 他们踢得不错

主课 (เนื้อหาหลัก)

一 课文 (บทเรียน)

林小平和中国客人高先生聊天儿（เสี่ยวผิงพูดคุยกับแขกชาวจีนคุณเกา）

高先生：林导游,昨天晚上的足球比赛你看了吗？

林小平：当然看了！精彩极了！

高先生：英国队踢得怎么样？

林小平：他们踢得不错,意大利队踢得不太好。

高先生：你平时肯定经常踢球吧？

林小平：上大学的时候,我是足球队的队长。

高先生：原来你是足球运动员啊。

林小平：现在不是了。平时要上班,忙得很,没有时间踢球了。你喜欢运动吗？

高先生：喜欢极了,打篮球、跑步、游泳,都喜欢。

林小平：我打篮球打得马马虎虎,游泳游得不好。

高先生：我也游得比较慢。

林小平：你跑步跑得快不快？

高先生：一百米十三秒。

林小平：啊？那真是快极了！

Gāo xiānsheng: Lín dǎoyóu, zuótiān wǎnshang de zúqiú bǐsài nǐ kànle ma?
Lín Xiǎopíng: Dāngrán kàn le! Jīngcǎi jí le!
Gāo xiānsheng: Yīngguóduì tī de zěnmeyàng?
Lín Xiǎopíng: Tāmen tī de búcuò, Yìdàlìduì tī de bú tài hǎo.
Gāo xiānsheng: Nǐ píngshí kěndìng jīngcháng tī qiú ba?
Lín Xiǎopíng: Shàng dàxué de shíhou, wǒ shì zúqiú duì de duìzhǎng.
Gāo xiānsheng: Yuánlái nǐ shì zúqiú yùndòngyuán a.
Lín Xiǎopíng: Xiànzài bú shì le. Píngshí yào shàng bān, máng de hěn, méiyǒu shíjiān tī qiú le. Nǐ xǐhuan yùndòng ma?
Gāo xiānsheng: Xǐhuan jí le, dǎ lánqiú, pǎo bù, yóu yǒng, dōu xǐhuan.
Lín Xiǎopíng: Wǒ dǎ lánqiú dǎ de mǎmǎhūhū, yóu yǒng yóu de bù hǎo.
Gāoxiānsheng: Wǒ yě yóu de bǐjiào màn.
Lín Xiǎopíng: Nǐ pǎo bù pǎo de kuài bu kuài?
Gāo xiānsheng: Yìbǎi mǐ shísān miǎo.
Lín Xiǎopíng: Á? Nà zhēn shì kuài jí le!

生词语（คำศัพท์ใหม่）

1.	足球(足球)	（名）	zúqiú	ฟุตบอล
2.	精彩(精彩)	（形）	jīngcǎi	ยอดเยี่ยม โดดเด่น
3.	极了(極了)		jí le	ที่สุด
4.	队(隊)	（名）	duì	ทีม
5.	踢(踢)	（动）	tī	เตะ
6.	不错(不错)	（形）	búcuò	ไม่เลว
7.	平时(平時)	（名）	píngshí	ปกติ
8.	肯定(肯定)	（形）	kěndìng	แน่นอน
9.	经常(經常)	（形）	jīngcháng	สม่ำเสมอ
10.	上大学(上大學)		shàng dàxué	เข้ามหาวิทยาลัย
11.	队长(隊長)	（名）	duìzhǎng	ผู้จัดการทีม
12.	原来(原來)	（副）	yuánlái	แต่ก่อน
13.	上班(上班)	（动）	shàng bān	ทำงาน
14.	篮球(籃球)	（名）	lánqiú	บาสเกตบอล
15.	跑步(跑步)	（动）	pǎo bù	วิ่ง
16.	游泳(游泳)	（动）	yóu yǒng	ว่ายน้ำ
17.	马马虎虎(馬馬虎虎)	（形）	mǎmǎhūhū	พอได้

第十四课

王美在学校看见学生小冬（หวังเหม่ย พบกับเสี่ยวตงที่โรงเรียน）

王 美：小冬，明天测验，准备得怎么样？

小 冬：差不多了。可是，老师，每次测验内容都多得很，时间不够。

王 美：我觉得不多，你写汉字写得很漂亮，可是写得太慢了。

小 冬：老师，我有一个朋友当导游，他说常常听不懂中国客人说的汉语。

王 美：你的朋友学汉语学得不太好，对吗？

小 冬：不，他很聪明，也很努力。他说，那些中国人说汉语说得太快了，可能也说得不标准。

王 美：他说得对！

小 冬：老师，我的听力进步得很慢，怎么办？

王 美：提高听力水平有很多办法，比如，跟中国人做朋友。

小 冬：因为小云每天都跟老师在一起，所以她的听力水平提高得很快。

王 美：你平时也可以经常听中文广播，看中国的电视节目。

Wáng Měi: Xiǎodōng, míngtiān cèyàn, zhǔnbèi de zěnmeyàng?

Xiǎodōng: Chàbuduō le. Kěshì, lǎoshī, měi cì cèyàn nèiróng dōu duō de hěn, shíjiān bú gòu.

Wáng Měi: Wǒ juéde bù duō, nǐ xiě Hànzì xiě de hěn piàoliang, kěshì xiě de tài màn le.

Xiǎodōng: Lǎoshī, wǒ yǒu yí ge péngyou dāng dǎoyóu, tā shuō chángcháng tīng bù dǒng Zhōngguó kèrén shuō de Hànyǔ.

Wáng Měi: Nǐ de péngyou xué Hànyǔ xué de bú tài hǎo, duì ma?

Xiǎodōng: Bù, tā hěn cōngming, yě hěn nǔlì. Tā shuō, nàxiē Zhōngguórén shuō Hànyǔ shuō de tài kuài le, kěnéng yě shuō de bù biāozhǔn.

Wáng Měi: Tā shuō de duì!

Xiǎodōng: Lǎoshī, wǒ de tīnglì jìnbù de hěn màn, zěnme bàn?

Wáng Měi: Tígāo tīnglì shuǐpíng yǒu hěn duō bànfǎ, bǐrú, gēn Zhōngguórén zuò péngyou.

Xiǎodōng: Yīnwèi Xiǎoyún měi tiān dōu gēn lǎoshī zài yìqǐ, suǒyǐ tā de tīnglì shuǐpíng tígāo de hěn kuài.

Wáng Měi: Nǐ píngshí yě kěyǐ jīngcháng tīng Zhōngwén guǎngbō, kàn Zhòngguó de diànshì jiémù.

生词语（คำศัพท์ใหม่）

1.	测验(測驗)	（名）	cèyàn	การทดสอบ ทดสอบ
2.	内容(內容)	（名）	nèiróng	เนื้อหา
3.	汉字(漢字)	（名）	Hànzì	ตัวอักษรจีน
4.	努力(努力)	（形）	nǔlì	ขยันหมั่นเพียร
5.	标准(標準)	（形）	biāozhǔn	มาตรฐาน
6.	听力(聽力)	（名）	tīnglì	การฟัง
7.	进步(進步)	（动）	jìnbù	ก้าวหน้า
8.	提高(提高)	（动）	tígāo	ยกระดับ
9.	水平(水平)	（名）	shuǐpíng	มาตรฐาน ระดับ
10.	比如(比如)	（动）	bǐrú	ตัวอย่างเช่น
11.	广播(廣播)	（名）	guǎngbō	โฆษณา

二 注释（หมายเหตุ）

1. 不太 Adj.（ไม่ค่อย Adj.）
2. 标准的汉语（ภาษาจีนมาตรฐาน）

我们学习的是标准的汉语，即普通话。大部分中国人都会说普通话，但是都带有方言口音，说得不够标准。(ที่พวกเราเรียน คือ ภาษาจีนมาตรฐาน หรือ ภาษาจีนแมนดาริน ส่วนใหญ่คนจีนล้วนสามารถ พูดภาษาจีนแมนดารินได้ แต่ว่าจะติดสำเนียงของภาษาท้องถิ่นมาพูดไม่ได้มาตรฐาน)

三 重点词汇和固定用法

（คำศัพท์ที่สำคัญและวิธีการใช้）

1. 得

结构助词。在动词或形容词后边，引出补语。这一课的"得"跟泰语的"(ได้อย่าง)"一样。(โครงสร้างคำช่วย วางอยู่ด้านหลังคำกริยา คำคุณศัพท์ เป็นคำเสริมกริยา 补语得 ในบท นี้ 得 เหมือนกับคำว่า "ได้อย่าง" ของภาษาไทย)

2. A/V 得很=很+A/V

忙得很=很忙   多得很=很多

3. A/V 极了= 非常非常 A/V

精彩极了=非常非常精彩   喜欢极了=非常非常喜欢

4. 上班、跑步、游泳、测验

这四个词都是离合词。(คำสี่คำนี้ล้วนเป็น คำ离合词)

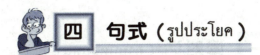 四 句式 (รูปประโยค)

■ "得"后带形容词表示对动作的评价的句子 (หลัง "得" ตามด้วยคำคุณศัพท์ แสดงถึงประโยคที่ตัดสินการกระทำ)

```
S  +  V  +  得  +  A
他们    踢       得    不错
我      游       得    比较慢
他      学       得    很好

S  +  V  +  O  +  V  +  得  +  A
他们    踢   足球   踢    得    不错
我      游   泳     游    得    比较慢
他      学   汉语   学    得    很好
```

问句：(ประโยคคำถาม)

```
S  +  V  +  得  +  A不A
你      跑       得    快不快？
S  +  V  +  O  +  V  +  得  +  A不A
你      跑   步     跑    得    快不快？
```

注意：(หมายเหตุ)

(1) 动词带宾语时，一定要重复动词。(เมื่อคำกริยาตามด้วยกรรม จะต้องซ้ำคำกริยา)

(2) 离合词可以看成"V+O"的词组，因此，也要重复V，比如：(โครงสร้างของ 离合词 คือวลีที่ประกอบด้วย คำกริยา + กรรม ดังนั้นจะต้องซ้ำคำกริยาด้วย ตัวอย่างเช่น)

我游泳游得不太好。
你跑步跑得快不快？
你睡觉睡得太少。
他洗澡洗得不干净。

会话练习（แบบฝึกหัดสนทนา）

一 读对话（อ่านบทสนทนา）

1. 提问与评价（ตั้งคำถามและวิจารณ์）

(1) A：你考试考得怎么样？
　　B：挺好的。
　　A：小冬呢？
　　B：他应该考得不错，我看他复习得很认真。

(2) A：好久不见，这几年过得好吗？
　　B：过得很好。你呢？
　　A：马马虎虎，还是老样子。

(3) A：你汉语学得怎么样了？
　　B：还行，听和说的水平提高得比较快。
　　A：汉字很难吧？
　　B：是啊，我写汉字写得又慢又难看。

(4) A：你们上课上得怎么样？
　　B：不怎么样。
　　A：什么叫不怎么样？
　　B：老师解释语法解释得不太清楚。

(5) A：小强有女朋友了。
　　B：真的吗？长得怎么样？
　　A：长得很可爱。
　　B：小强高兴得很吧？
　　A：不是高兴得很，是高兴极了！

(6) A：昨天你们表演节目表演得成功不成功？
　　B：表演得不太成功。
　　A：为什么？
　　B：你知道，我们班的同学唱歌都唱得一般。

生词语（คำศัพท์ใหม่）

1.	挺…的（挺…的）		tǐng...de	มาก
2.	过（過）	（动）	guò	ผ่าน (เวลา)
3.	还行（還行）		hái xíng	งั้น ๆ
4.	难看（難看）	（形）	nánkàn	น่าเกลียด
5.	不怎么样（不怎麼樣）		bù zěnmeyàng	ก็ไม่เป็นไง
6.	解释（解釋）	（动）	jiěshì	อธิบาย
7.	语法（語法）	（名）	yǔfǎ	ไวยากรณ์
8.	清楚（清楚）	（形）	qīngchu	ชัดเจน
9.	长（長）	（动）	zhǎng	เจริญเติบโต
10.	成功（成功）	（形）	chénggōng	ประสบความสำเร็จ
11.	一般（一般）	（形）	yìbān	ทั่วไป

二 表达训练（บทฝึกฝนการแสดงออก）

1. 三个同学一组，模仿上面的会话，就以下几个问题互相提问和评价：（แบ่งนักเรียน 3 คนต่อกลุ่ม เลียนแบบบทสนทนาด้านบน แล้วใช้คำถามที่อยู่ด้านล่าง ผลัดกันถามและวิจารณ์กัน）

   （1）上次测验
   （2）星期五的课
   （3）学外语
   （4）一个新朋友的外貌

注意：一定要使用以下词汇（หมายเหตุ จะต้องใช้คำศัพท์ที่อยู่ด้านล่าง）

A + 得很   A + 极了   挺 + A + 的   不错
还行   还可以   一般   马马虎虎   不怎么样

2. 十个同学一组，每个同学都说出自己的爱好（不懂的可以查字典），然后互相询问水平如何。例如A同学的爱好是跳舞，其他同学可以问他："你跳舞跳得怎么样？"A同学回答。最后，大家把全组同学的爱好和水平都记下来，向全班报告。（แบ่งนักเรียน 10 คนต่อกลุ่ม นักเรียนทุกคนพูดถึงงานอดิเรกของตัวเอง (ที่ไม่เข้าใจ สามารถหาจากพจนานุกรมได้) หลังจากนั้นผลัดกันถามระดับความสามารถของตัวเองว่าเป็นอย่างไร ตัวอย่างเช่นนักเรียนAชอบเต้นรำ คนอื่นสามารถถามเขาว่า คุณเต้นรำเก่งไหม แล้วA ตอบสุดท้าย ให้ทุกกลุ่มจดรายละเอียดเกี่ยวกับงานอดิเรกของเพื่อนแล้วออกมารายงานหน้าชั้น）

第十五课 大为的发言

(เนื้อหาหลัก)

(บทเรียน)

各位老师、各位同学：

下午好。

老师让我当二年级的学生代表在这里发言,真不好意思。

我很想感谢老师。刚开学的时候,我觉得汉语很容易,上课常常睡觉。但是,王老师没有生气,她安排我到四班去学习。四班的同学都有汉语基础,很多人说汉语说得很流利,所以,在四班我不敢睡觉了。

第一次考试,我只拿到 C。我就去找黄老师,要求回二班。老师安慰我:"成绩不好,没什么!可是,为什么呢?"老师帮我找出原因:我的汉字基础不好,读文章读得很慢,写汉字写得更慢。以后,我每天读、每天写,读和写的水平都提高得很快。

我也想感谢二班和四班的同学:你们给我很多帮助,也给我很多快乐。

这个学期就要过完了。假期快要来了。希望老师们能好好地休息,同学们快快乐乐地玩儿,注意安全,还有,别忘了复习汉语,还有……

哎呀,到四点了,我讲得太多了!

最后,祝老师和同学们假期愉快!

第 十五 课

Gè wèi lǎoshī, gè wèi tóngxué:

Xiàwǔ hǎo.

Lǎoshī ràng wǒ dāng èr niánjí de xuésheng dàibiǎo zài zhèli fā yán, zhēn bùhǎoyìsi.

Wǒ hěn xiǎng gǎnxiè lǎoshī. Gāng kāi xué de shíhou, wǒ juéde Hànyǔ hěn róngyì, shàng kè chángcháng shuì jiào. Dànshì, Wáng lǎoshī méiyǒu shēng qì, tā ānpái wǒ dào sì bān qù xuéxí. Sì bān de tóngxué dōu yǒu Hànyǔ jīchǔ, hěn duō rén shuō Hànyǔ shuō de hěn liúlì, suǒyǐ, zài sì bān wǒ bù gǎn shuì jiào le.

Dì-yī cì kǎoshì, wǒ zhǐ nádào C. Wǒ jiù qù zhǎo Huáng lǎoshī, yāoqiú huí èr bān. Lǎoshī ānwèi wǒ: "Chéngjì bù hǎo, méi shénme! Kěshì, wèi shénme ne?" Lǎoshī bāng wǒ zhǎochū yuányīn: Wǒ de Hànzì jīchǔ bù hǎo, dú wénzhāng dú de hěn màn, xiě Hànzì xiě de gèng màn. Yǐhòu, wǒ měi tiān dú, měi tiān xiě, dú hé xiě de shuǐpíng dōu tígāo de hěn kuài.

Wǒ yě xiǎng gǎnxiè èr bān hé sì bān de tóngxué: Nǐmen gěi wǒ hěn duō bāngzhù, yě gěi wǒ hěn duō kuàilè.

Zhè ge xuéqī jiù yào guòwán le. Jiàqī kuài yào lái le. Xīwàng lǎoshīmen néng hǎohāo de xiūxi, tóngxuémen kuàikuàilèlè de wánr, zhùyì ānquán, hái yǒu, bié wàngle fùxí Hànyǔ, hái yǒu...

Āiyā, dào sì diǎn le, wǒ jiǎng de tàiduō le!

Zuìhòu, zhù lǎoshī hé tóngxuémen jiàqī yúkuài!

生词语（คำศัพท์ใหม่）

1.	发言(發言)	（动）	fā yán	แสดงความคิดเห็น
2.	各(各)	（代）	gè	แต่ละ
3.	位(位)	（量）	wèi	ท่าน
4.	代表(代表)	（名）	dàibiǎo	ตัวแทน
5.	刚(剛)	（副）	gāng	เพิ่ง
6.	生气(生氣)	（动）	shēng qì	โกรธ
7.	安排(安排)	（动）	ānpái	วางแผน จัด
8.	基础(基礎)	（名）	jīchǔ	พื้นฐาน
9.	流利(流利)	（形）	liúlì	คล่อง
10.	敢(敢)	（能愿）	gǎn	กล้า
11.	要求(要求)	（动）	yāoqiú	ความต้องการ
12.	安慰(安慰)	（动）	ānwèi	ปลอบใจ
13.	原因(原因)	（名）	yuányīn	สาเหตุ
14.	读(讀)	（动）	dú	อ่าน
15.	文章(文章)	（名）	wénzhāng	บทความ
16.	更(更)	（副）	gèng	ยิ่ง อีก

17. 帮助(幫助)	（名）	bāngzhù	ช่วย
18. 快(快)	（形）	kuài	มีความสุข
19. 注意(注意)	（动）	zhùyì	ระมัดระวัง
20. 安全(安全)	（形）	ānquán	ปลอดภัย
21. 最后(最後)	（名）	zuìhòu	สุดท้าย

二 注释（หมายเหตุ）

1. 位

用于人的量词。(ใช้เป็นลักษณนามของคน)

(1) "位"表示尊敬。例如：(แสดงถึงความเคารพ)

那里有几位客人。

中文系有两位中国老师。

(2) 可以说"一个人"，不能说"一位人"。

2. 各位

(1) 各位 = 你们、大家

各位请发言。

我想告诉各位一件事。

(2) 各位 X = X 们

各位老师，各位同学：下午好。

各位教授都来了吗？

3. 没什么=没关系

安慰人的时候常说的话。(เป็นคำพูดที่ใช้แสดงการปลอบใจ)

4. 找出

找 + 出 = 找到

三 重点词汇和固定用法

（คำศัพท์ที่สำคัญและวิธีการใช้）

1. 敢 (กล้า)

能愿动词(กริยาช่วย)

我敢吃蛇(งู)。

妹妹不敢一个人去。

我敢看，她不敢看。

2. 生气 (โมโห)

　　离合词

　　她在生谁的气呢？——她在生男朋友的气。

　　你生什么气呢？——有好几个学生没做作业。

3. "帮助"和"帮"

　　(1) 帮助/帮 = V

　　　　帮助 = 帮

　　　　老师帮(助)我找出原因。(我们一起找出原因)

　　　　我的汉语不太好,他们常常帮(助)我。(我们一起学习)

　　　　帮 ≠ 帮助

　　　　请帮我拿一下儿。(你拿,我不拿)

　　　　我不喝酒,这些酒你帮我喝了吧！(你喝,我不喝)

　　(2) 帮助 = N

　　　　你们给我很多帮助。

四 语法总结 (สรุปหลักไวยากรณ์)

汉语的句子(二) (ประโยคในภาษาจีน 2)

到这一课,我们又多学习了两种主谓句,还有一种没有主语的句子——无主句。(ถึงบทนี้ เราได้เรียนภาคประธานเพิ่มขึ้นอีกสองชนิด และยังมีอีกหนึ่งชนิดที่ไม่มีประธานในประโยคคือ**无主句**)

1. **主谓句** (ประโยคที่ทำหน้าที่เป็นภาคแสดง)

　　(1) S (+状语) + V + 补语

　　　　① S　(+状语) + V + 结果补语 (+O)

　　　　　　我们　　　　做　完　了

　　　　　　他　　　　　拿　到　A

　　　　　　你　没　　　看　清楚

　　　　② S (+状语) + (V+O) + V + 得 + 状态补语

　　　　　　我　可以　　　　　　说　得　很快

　　　　　　他　　　　说汉语　　说　得　很好

　　(2) 兼语句 (ประโยคที่มีกรรมทำหน้าที่เป็นประธานในประโยคที่สอง)

　　　　S₁ (+状语) + V₁ + O₁/S₂ + V₂ (+O₂)

　　　　老师　　　　让　　我　　　　去

　　　　我　没　　有　一个朋友　叫　小月

2. **无主句** (ประโยคที่ไม่มีประธาน)

　　下雨了！

到四点了!

会话练习（แบบฝึกหัดสนทนา）

一 读对话（อ่านบทสนทนา）

1. 安慰（ปลอบใจ）

(1) A：怎么办？这次考试我只拿到 C。
　　B：别难过，还有下一次呢。

(2) A：已经十二点了，妈妈还没回家呢。
　　B：别担心，她和朋友一起，不会有问题。

(3) A：小春要跟我分手。
　　B：分手？没什么。我再给你介绍一个男朋友。

(4) A：哎呀，我的钱包呢？
　　B：再找一下儿。
　　A：真的没有了，钱不多，可是我的护照在里面！
　　B：别着急，慢慢想办法。

生词语（คำศัพท์ใหม่）

1.	难过(難過)	(形)	nánguò	เศร้าใจ
2.	分手(分手)	(动)	fēn shǒu	แยกทาง
3.	钱包(錢包)	(名)	qiánbāo	กระเป๋าเงิน
4.	里面(裏面)	(名)	lǐmian	ข้างใน

2. 提醒（เตือน）

(1) A：车上人多，小心钱包。
　　B：知道了。你开车也要注意安全。
　　A：我会的。

(2) A：你一个人旅行要小心点儿。
　　B：我会的，你放心。
　　A：吃饭要注意卫生。
　　B：你在家也要注意身体。

生词语（คำศัพท์ใหม่）

1.	小心(小心)	(形)	xiǎoxīn	ระวัง
2.	卫生(衛生)	(名)	wèishēng	ความสะอาด

3. 祝愿和祝贺 (อวยพร)

(1) A：今天是你毕业的日子,祝贺你！
    B：谢谢,听说你在找工作,祝你成功。

(3) A：张老师,听说你当爸爸了,祝贺你啊。
    B：谢谢,什么到我家来看看我女儿？
    A：我明天旅行,回来一定去。
    B：好,祝你旅途愉快。

(2) A：你什么时候走？
    B：后天。
    A：祝你在泰国生活愉快。
    B：谢谢。你姐姐结婚了,对吗？
    A：对啊,上个星期结婚了。
    B：我没有时间去祝贺她,请代我祝她幸福。

生词语 (คำศัพท์ใหม่)

1.	毕业(畢業)	(动)	bìyè	จบการศึกษา
2.	旅途(旅途)	(名)	lǚtú	ชีวิต
3.	代(代)	(动)	dài	แทน
4.	幸福(幸福)	(形)	xìngfú	มีความสุข
5.	生活(生活)	(名)	shēnghuó	เส้นทางการเดินทาง

注释 (คำอธิบายประกอบ)

1. 祝贺

事情发生了或完成了,有好的结果,你表示祝贺。常用的结构是："(S……了)祝贺 S！"
(จงใช้ในเหตุการณ์ที่เกิดขึ้นและเสร็จสิ้นเรียบร้อยแล้ว แสดงถึงการขอแสดงความยินดีส่วนมากมักจะใช้ในโครงสร้าง "(S……了)祝贺 S！")

2. 祝(福) (อวยพร)

事情还没有发生或完成,表示祝福,希望有好的结果。常用结构是"祝 S……"。(ใช้ในเหตุการณ์ที่ยังไม่เกิดขึ้นหรือยังไม่เสร็จสมบูรณ์ แสดงถึงการอวยพรหรือความคาดหวังให้ผลลัพธ์ออกมาในทางที่ดี ส่วนมากมักจะใช้ในโครงสร้าง 祝 S……)

二 表达训练 (แบบฝึกฝนการแสดงออก)

1. 根据以下情况,模仿"读对话"1,安慰朋友。(ใช้สถานการณ์ต่อไปนี้สนทนาปลอบใจเพื่อนโดยเลียนแบบบทสนทนาที่ 1)

   (1) 爸爸病了。
   (2) 上课睡觉,老师生气了。
   (3) 和女男朋友吵架了。
   (4) 新买的手机丢了。

2. 朋友要去北京留学,你对他说什么？

3. 把以下四句话分别写在五张纸上,五个同学一组,每人选一张,然后模仿"读对话"3 进行祝福或祝愿。(นักเรียน 5 คนต่อกลุ่ม เขียนประโยคลงในกระดาษห้าแผ่น จากนั้นเลียนแบบสนทนาที่ 3)

105

(1) 我大学毕业了,要找工作。
(2) 我们足球比赛赢了,今天晚上去喝酒。
(3) 我HSK考到五级,要去上海了。
(4) 我刚认识一个很喜欢的男孩/女孩,我希望跟他/她谈恋爱。
(5) 我有钱了,准备开一家公司。

听力文本

第一课　我送你几本书

听后跟读

汉语拼音声母

b p m f　　　d t n l　　　g k h　　　j q x
zh ch sh r　　z c s

精　听

1. 听会话课文,回答问题

(1) 女:这瓶酒送给你。
　　男:你太客气了。
　　女:哪里,是我的一点儿心意。
　　问题:女的送男的什么?

(2) 男:送你一块泰丝。
　　女:太漂亮了!很贵吧?
　　男:不贵,只是一点儿心意。
　　女:你太客气了。
　　问题:泰丝怎么样?

(3) 男:张教授,我给您带了一些水果。
　　女:你来我家不用带东西,太客气了。
　　男:不,这是我的一点儿心意。
　　女:谢谢,谢谢。
　　问题:男的给张教授什么?

(4) 男:我想送我女朋友这条裙子,怎么样?
　　女:真漂亮,很贵吧?
　　男:三百多块。
　　女:是泰丝的裙子,很舒服。
　　问题:为什么裙子很舒服?

(5) 男:爸爸送我一本词典。
　　女:怎么样?
　　男:很有用。而且这本词典比较小,
　　　　很方便。
　　问题:词典怎么样?

(6) 男:你买了一双新鞋。
　　女:对,我要送给我姐姐,明天是她生日。
　　男:颜色很好看,样式也很新。
　　女:她最喜欢红色。
　　问题:鞋子是什么颜色的?

107

(7) 男：这条围巾你喜欢吗？
女：太喜欢了！这是我最漂亮的围巾。
男：那太好了。
问题：女的为什么喜欢这条围巾？

2. 听句子，选择正确答案

(1) 林小平告诉王美，他爸爸喜欢书法。
问题：谁喜欢书法？
A. 林小平　　　B. 王美　　　C. 王美的爸爸　　　D. 林小平的爸爸

(2) 张教授教中国学生泰国历史，也教泰国学生中国历史。
问题：下边哪个答案正确？
A. 他教中国学生中国历史　　　B. 他教泰国学生泰国历史
C. 他教中国学生泰国历史　　　D. 他教中国学生和泰国学生中国历史

(3) 他每个月给爸爸妈妈五百多块钱，给在大学学习的弟弟一百块。
问题：他每个月给家里的人多少钱？
A. 五百多块　　B. 一百块　　C. 六百块　　D. 六百多块

(4) 他们大概中午十二点左右去。
问题：他们大概哪个时间去？
A. 12am　　B. 11:50am　　C. 12:05pm　　D. B 和 C

(5) 这个学校很大，有几千个学生吧？
问题：说话的人：
A. 想知道这个学校有多少学生　　　B. 觉得学校很大
C. 想知道这个学校大不大　　　　　D. 觉得学生很多

3. 听短文，判断正误

王美要去林小平家住，她给林小平、小平的爸爸和小平的妈妈都准备了礼物。

她给小平几本书，这些书不是新书，可都是很有用的书，因为小平是导游，要学习中国历史和文化。王美给林先生一套毛笔，因为小平告诉她，他爸爸喜欢书法。这套毛笔是王美在北京买的。王美给林太太一块中国丝绸，这块丝绸很大、很美。可是小平告诉王美，他们有很多中国朋友，送他妈妈很多中国丝绸，太多了。王美不知道送什么给林太太，小平告诉她，可以教他妈妈汉语。林太太是泰国人，她只会一点儿汉语，她对汉语很感兴趣。王美很高兴，她每天教林太太汉语，林太太也教她一点儿泰语。

(1) 王美送林小平两本书。☐　　　　(2) 那些书不是新书。☐
(3) 王美在北京买毛笔。☐　　　　　(4) 林太太不喜欢中国丝绸。☐
(5) 林先生和林太太有很多中国朋友。☐　(6) 林太太对汉语有一点儿兴趣。☐
(7) 林太太教王美很多泰语。☐

泛 听

1. 听对话,选择正确答案

(1) 男：这里有一本《语法讲义》,是很好的书,送给你。
女：谢谢,可是我不想学语法。小李正在学语法,对他比较有用,你给他吧。
问题：为什么给小李书？
A. 他正在学语法　　　　　　　　B. 这本书很有用
C. 这本书很好　　　　　　　　　D. 他想送小李礼物

(2) 女：我想买这条白裙子,你觉得怎么样？
男：很好看,可是太长了。还是那条黑裙子比较好。
问题：女的想买哪条裙子？
A. 黑裙子　　　B. 长裙子　　　C. 白裙子　　　D. 不知道

(3) 男：小张来不来？
女：昨天他说他九点半来,可是现在已经十点多了,还不见他。
问题：小张来不来？
A. 不来　　　B. 九点半来　　　C. 十点多来　　　D. 不知道

(4) 男：昨天小平给我打电话,说小云今天来曼谷。
女：是吗？小云以前给我写信,说下个月才来。
问题：为什么男的知道小云今天来曼谷？
A. 小云给他打电话　　　　　　　B. 小平给他打电话
C. 小云给他写信　　　　　　　　D. 小平给他写信

(5) 男：这几位都是我们学校的老师,李老师教一年级英语,王老师教二年级英语。
女：我认识黄老师,她教二年级汉语。
问题：王老师教什么？
A. 一年级英语　　B. 一年级汉语　　C. 二年级英语　　D. 二年级汉语

(6) 男：这种电视机是最新式的,一台要七八千吧？
女：没有那么贵,大概五千多。
问题：这种电视机大概多少钱一台？
A. 7800　　　B. 8700　　　C. 4900　　　D. 5100

2. 听短文,选择正确答案

　　文才是华侨大学的学生,他家在吞武里,他每天上学坐车要一两个小时。上个星期五早上堵车,文才用了三个多小时才到学校。他想在学校附近租一个房间住。
　　今天是星期天,文才和爸爸去看了三个房间。第一个房间比较小,只有十平米多,房租很便宜,每个月一千八百铢。第二个房间比较大,大概十八平米左右,洗手间也很大,有六平米多,房租每个月三千铢。第三个房间不大也不小,十三四平方米,房租也不贵,每个月两千一百铢。可是这个房间在大路旁边,很吵。爸爸给妈妈打电话,告诉妈妈三个房间的情况,他们决定租第二个房间。爸爸给房东六千铢,文才下星期六就来住。

(1) 文才每天坐车去大学,要几个小时?
  A. 一个多小时 B. 两个多小时 C. 三个多小时 D. 一两个小时

(2) 第一个房间:
  A. 十平米多,房租一千三百铢 B. 十多平米,房租一千八百铢
  C. 十平米多,房租一千八百铢 D. 十多平米,房租一千三百铢

(3) 第二个房间:
  A. 十八平米多,洗手间六平米多 B. 十八平米左右,洗手间六多平米
  C. 十八平米多,洗手间六多平米 D. 十八平米左右,洗手间六平米多

(4) 第三个房间:
  A. 十多平米,房租两千一百铢 B. 十平米多,房租两千七百铢
  C. 十多平米,房租两千七百铢 D. 十平米多,房租两千一百铢

(5) 谁决定租哪个房间?
  A. 爸爸 B. 文才 C. 爸爸和妈妈 D. 文才和爸爸

3. 听后复述

(1) 男:我昨天从中国回来,给你带了一点儿东西。
  女:你太客气了。
  男:没什么,只是一包茶叶。
  女:我们都喜欢喝中国茶。

(2) 男:圣诞快乐!这是你的礼物。
  女:啊,一双手套!太好了!谢谢你。
  男:我的礼物呢?
  女:在这里,你看看。

(3) 女:张先生,这是我们的一点儿心意。
  男:你们来看我,我很高兴,可这些东西我不要。
  女:张先生,这里没有什么,只是一点儿土特产。

(4) 女:看,这件丝绸衣服怎么样?
  男:颜色很好,样式也新,你要送给谁?
  女:送给我的好朋友,她下个月结婚。

第二课 我们坐汽车去普吉

听力练习

听后跟读

汉语拼音韵母

	i	u	ü
a	ia	ua	
o		uo	
e	ie		üe
ai		uai	
ei		uei	
ao	iao		
ou	iou		
an	ian	uan	üan
en	in	uen	ün
ang	iang	uang	
eng	ing	ueng	
ong	iong		

精　听

1. 听一遍会话课文,回答问题

(1) 男：我们去看电影吧。
　　女：好主意。
　　男：看中国电影还是看美国电影？
　　女：还是看美国电影吧。
　　问题：女的想看电影吗？

(2) 男：小林,你去接那几个中国游客,怎么样？
　　女：没问题。你去接那几个日本人。
　　男：行,就这样吧。
　　问题：谁去接中国客人？

111

(3) 女：这本书真是一本好书。
　　男：是啊，我也这么看。
　　女：我不这么看，我觉得这本书一般。
　　问题：男的觉得这本书怎么样？

(4) 男：海宁为什么不来找我？
　　女：我看他不喜欢你。
　　男：我也这么看。
　　问题：为什么海宁不去找男的？

(5) 女：妈妈，今天晚上我想在小云家睡觉。
　　女：我不同意。
　　女：爸爸！
　　男：我先给小云的爸爸妈妈打电话，如果他们同意，我也同意。
　　女：我看你太宠她了。
　　问题：爸爸同意不同意孩子在小云家睡觉？

(6) 男：我们明天先去买东西，然后去吃日本菜，下午去公园玩儿，怎么样？
　　女：日本菜太贵了，还是吃泰国菜吧。
　　男：好，吃泰国菜。晚上呢？
　　女：晚上回家，我们做饭吃。
　　男：那就这样吧。
　　问题：他们中午吃什么？

2. 听句子，选择正确答案

(1) 住在这里特别方便，旁边有十多条公共汽车线路。从这里到火车站有十公里，到飞机场只有三十公里。
　　问题：这里离火车站多少公里？
　　A. 十多公里　　　　B. 十公里　　　　C. 三十公里　　　D. 四公里

(2) 这几个泰国学生想到中国去玩儿。
　　问题：这句话的意思是：
　　A. 泰国人想去中国学习　　　　　B. 泰国学生想去中国玩儿
　　C. 几个泰国人想去中国学习？　　D. 几个泰国学生想去中国玩儿？

(3) 林太太买一些榴梿给王美吃，可是王美不喜欢吃榴梿，小平吃那些榴莲。
　　问题：林太太为什么买榴莲？
　　A. 给小平吃　　　B. 给王美吃　　　C. 王美喜欢吃　　D. 她喜欢吃

(4) 我们可以骑自行车去公园，也可以坐公共汽车去。明天，我们还可以坐小平的车去。
　　问题：今天我们可以怎么去公园？
　　A. 坐BTS去　　　B. 坐公共汽车去　　C. 坐小平的车去　　D. A和B

(5) 爸爸是泰国人，妈妈是英国人。爸爸和妈妈用英语和泰语说话，爸爸和孩子用泰语说话，妈妈和孩子用英语说话。真有趣啊！
　　问题：爸爸和孩子说什么？
　　A. 泰语　　　　　B. 英语　　　　C. 泰语和英语　　D. 有趣的话

3. 听短文,选择正确答案

七月、八月大学不上课,很多学生去玩儿。何娜想回泰国去,可是她也想到广东潮州去看她的亲戚。

七月十五号,何娜从北京坐飞机到广州,她的亲戚七月十四号从潮州到广州等她。在飞机场,何娜和她的亲戚见面,这是第一次,他们都很高兴。何娜会说潮州话。

十六、十七号,他们在广州玩儿。何娜买一些东西送给她的亲戚,她也给爸爸妈妈和林小平买一些礼物。十八号他们一起坐火车回潮州。广州离潮州四百多公里,坐火车要九个小时。何娜觉得很累,她想明年要坐飞机。到潮州,何娜在亲戚家住,亲戚每天做很多好吃的潮州菜给她吃。八月一号,何娜坐飞机回曼谷。

(1) 何娜七月做什么?
  A. 上课   B. 玩儿   C. 回泰国   D. 到潮州去

(2) 何娜什么时候跟亲戚见面?
  A. 十五号 B. 十四号 C. 十六号 D. 十七号

(3) 何娜跟亲戚一起时说什么话?
  A. 泰语   B. 汉语   C. 潮州话   D. 广东话

(4) 何娜不给谁买东西?
  A. 亲戚   B. 爸爸   C. 林小平 D. 王美

(5) 他们坐什么回潮州?
  A. 火车   B. 飞机   C. 汽车   D. 船

泛 听

1. 听对话,选择正确答案

(1) 女:你看,这两块丝绸很漂亮吧?
  男:对,你买丝绸送人还是做衣服?
  女:做衣服,我不喜欢买衣服。
  问题:女的喜欢什么?
  A. 做衣服 B. 买衣服 C. 送衣服 D. 洗衣服

(2) 女:大学离你家远吗?
  男:差不多三十公里呢,坐公共汽车要两个小时。还好,我有车。
  问题:男的怎么去大学?
  A. 坐公共汽车 B. 开车(ขับรถ) C. 骑车(ขี่จักรยาน) D. 不知道

(3) 男:你已经大学四年级了,以后想做什么?
  女:我爸爸妈妈想让我到美国学习,我男朋友在上海工作,他希望我到上海去,可是我喜欢北京。

问题：女的想做什么？
  A. 去美国学习　　B. 到上海工作　　C. 在北京工作　　D. 还没决定

(4) 女：你英语很好，为什么呢？
    男：我每天坐车去上课，坐车回家，都在车上听英语、看英语报纸。晚上我用英语写日记，我还常常用英语给朋友写电子邮件。
    问题：男的不做什么？
      A. 在车上听英语　B. 写英语日记　　C. 上英语课　　D. 用英语写电子邮件

(5) 男：怎么样？你怎么看？
    女：我看还是吃中国菜吧，泰国菜太辣，日本菜太贵。
    问题：他们说什么？
      A. 中国菜　　　B. 每个国家的菜　C. 吃什么　　　D. 看什么

2. 听短文，回答问题

中国是一个很大的国家，每个地方都有自己的话——方言：北京人说北京话，上海人说上海话，潮州人说潮州话……我们现在学习的是普通话。如果没有普通话，一个上海人和一个广东人不能谈话，一个广州人和一个潮州人也不能谈话。不过，他们都会写汉字，他们可以用写汉字来交流。

普通话对中国人很重要，每个中国人在小学就学习普通话。但是，他们在家里或者跟朋友在一起的时候，还是喜欢说他们的方言。所以，一般中国人说普通话都有口音，上海人说的普通话和广州人说的普通话有一点儿不一样。有些中国人的普通话不好，口音很重，外国人听，就很难。他们想：我的汉语不好，中国人的普通话也不好。

用汉语回答
(1) 我们现在学习的是什么话？
(2) "北京话"、"上海话"是什么？
(3) 不会普通话的中国人怎么交流？
(4) 广州人在家喜欢说什么话？
(5) 潮州人说普通话和广州人说普通话一样吗？
(6) 一个外国人听不懂一个中国人说的汉语，可能是因为什么？

用泰语回答
什么是方言？

3. 听后复述

(1) 男：我们坐飞机去,好吗?
女：我不同意,飞机票太贵了。
男：坐汽车很累,你行吗?
女：没问题。

(2) 女：美国电影真好看!
男：我不这么看,我觉得欧洲电影好看。
女：我们去看亚洲电影,怎么样?
男：我同意。

(3) 女：她喜欢小李还是小倪?
男：我看她喜欢小李。
女：我也这么看,我们去问一下她,好吗?
男：好主意!

(4) 男：我看我们明天去吧。
女：明天上午我上课,下午可以吗?
男：就这样吧,明天下午去。

第三课　你下午买礼物了吗

听力练习

1. 听后跟读

事实　实施　失实　史诗　　　　十四　实习　私事　西施
现象　小学　想象　信心　　　　吓傻　撒下　闲散　闪现
思索　飒飒　色素　缫丝　　　　仙山　三弦　向上　山响
向善　山上　上香　上山　　　　顺序　先生　小说　射线
消瘦　声响　输送　素食

2. 找出你听到的词

sh-x

(1) A. 上树　　　B. 橡树　　　(2) A. 收拾　　　B. 休息
(3) A. 小雪　　　B. 少雪　　　(4) A. 市制　　　B. 细致

sh-s

(1) A. 诗人　　　B. 私人　　　(2) A. 史记　　　B. 死寂
(3) A. 事实　　　B. 四十　　　(4) A. 扫了　　　B. 少了

s-x

(1) A. 四伏　　　B. 西服　　　(2) A. 洒水　　　B. 下水
(3) A. 三刻　　　B. 仙客　　　(4) A. 桑叶　　　B. 香叶

精　听

1. 分段听一遍阅读课文,回答问题

你和你的情人做什么了

　　昨天是2月14日情人节。在中国,越来越多的年轻人喜欢过这个西方节日。今天,记者在街上采访了几个年轻人。

(一) 被采访人：小强
    记　　者："请问，你有女朋友吗？"
    小　　强："有。"
    记　　者："那你可以不可以告诉我，你们怎么过情人节？"
    小　　强："我要工作，所以我们昨天没有过情人节。不过，我送女朋友花了。"
    问题：小强的女朋友有什么？

(二) 被采访人：阿毛
    记　　者："你好，请问，你昨天和你的女朋友做什么了？"
    阿　　毛："我上个星期跟女朋友分手了。可是，我的女同事送我不少巧克力，我都吃了。"
    问题：谁送阿毛巧克力？

(三) 被采访人：小玲
    记　　者："你好，请问你有男朋友了吗？"
    小　　玲："有。"
    记　　者："那你们昨天做什么了？"
    小　　玲："我和男朋友吃饭了，他还送我九十九朵玫瑰花，特别漂亮。"
    问题：昨天小玲和男朋友做什么了？

(四) 被采访人：梅
    记　　者："请问，你和男朋友怎么过情人节？"
    梅："我男朋友来我家了。他送我一个戒指！"
    记　　者："什么样的戒指？"
    梅："什么戒指？他向我求婚了！"
    记　　者："祝贺你们！"
    问题：梅和她的男朋友要做什么？

(五) 被采访人：汉林
    记　　者："你有女朋友了吧？"
    汉　　林："对。"
    记　　者："昨天是情人节，你们做什么了？"
    汉　　林："我们昨天一起看电影了。不过，我们不过情人节。对我们来说，每天都是情人节。"
    记　　者："太好了！"
    问题：为什么汉林和他女朋友不过情人节？

(六) 被采访人：英子
    记　　者："昨天情人节，你怎么过？"
    英　　子："昨天是情人节吗？我忘了。"
    记　　者："你怎么会忘了呢？"
    英　　子："为什么？因为我没有情人啊！"
    问题：英子有男朋友吗？

2. 听句子，选择正确答案

(1) 上午我写信给妈妈，还没有写好，现在我要去上课，晚上写。

　　问题：晚上"我"要做什么？

　　A. 写信　　　B. 写好　　　C. 上课　　　D. 写

(2) 我想去曼谷玩儿，你看11月怎么样？

　　问题："我"问"你"什么？

　　A. 曼谷好不好　　　　　　B. 去曼谷好不好

　　C. 曼谷11月好不好　　　　D. 11月去曼谷好不好

(3) 你快去洗澡吧，你洗好了我再洗。

　　问题：谁先洗澡？

　　A. "你"　　B. "我"　　C. "你"和"我"　　D. 没有人

(4) 你十点洗澡，现在十点半了，还没有洗好，快一点儿！我和爸爸都要洗。

　　问题：谁没洗澡？

　　A. "你"　　B. "我"　　C. 爸爸　　D. "我"和爸爸

(5) 小林理发了，我看还是不理发好看，你说呢？

　　问题：这个人的意思是：

　　A. 小林去不去理发　　　　B. 小林的头发好看不好看

　　C. 小林的头发不好看　　　D. 小林的头发很好看

3. 听短文，判断对错

明月要回马来西亚。她七月二十号去香港，准备在香港玩儿三天。前几天，她买好礼物了。这几天，她去看老师和中国朋友了。她对他们说再见，告诉他们她九月回北京，问他们喜欢什么礼物。今天下午，她跟李力去买VCD，她准备回家看。她很喜欢看电影，买好VCD，他们一起吃饭。

何娜明天坐飞机去广州，她的东西不多，可是明月还是想去送她，因为她们是好朋友。何娜说，她想八月去马来西亚看明月，想跟林小平一起去，不知道林小平忙不忙。明月说，她们要常常联系。

(1) 明月二十号从香港到马来西亚。☐　　(2) 明月没买礼物。☐

(3) 明月告诉老师和朋友她九月回北京。☐　　(4) 明月回家看VCD。☐

(5) 今天，明月跟何娜一起吃饭。☐　　(6) 何娜东西很多，所以明月去送她。☐

(7) 何娜想去马来西亚看明月。☐　　(8) 林小平跟何娜一起去马来西亚。☐

泛 听

1. 听对话,选择正确答案

(1) 男：他昨天就开始写了,现在还没有写好,太慢了。
　　女：他慢吗？我看你太快了！
　　问题：女的意思是：
　　A. 他很慢,你很快　　　　　　　　B. 他不慢,你很快
　　C. 他不慢,你不快　　　　　　　　D. 他很慢,你不快

(2) 男：十点了,她还没吃晚饭！
　　女：她怕胖,每天晚上都不吃晚饭。
　　问题：她什么时候吃晚饭？
　　A. 不知道　　　B. 她不吃　　　C. 十点　　　D. 晚上

(3) 女：她要结婚了,可是不告诉她爸爸妈妈,我觉得她这样不好,你说呢？
　　男：没错。
　　问题：男的意思是：
　　A. 她结婚,不好　　　　　　　　B. 她不告诉爸爸妈妈她要结婚,不好
　　C. 她结婚,没错　　　　　　　　D. 她不告诉爸爸妈妈她要结婚,没错

(4) 女：吃了吗？
　　男：还没呢。
　　女：一起吃吧。
　　男：不了,不客气。
　　问题：男的要做什么？
　　A. 和女的一起吃饭　　B. 去吃饭　　C. 不知道　　D. 做客

(5) 男：你看我去北京还是去上海？
　　女：北京太冷了,还是去上海吧。
　　男：可是我很想看北京的长城和故宫。
　　女：那你为什么还要问我呢？
　　问题：女的的意思是：
　　A. 男的不用问他　　　　B. 她不知道为什么男的问她
　　C. 男的应该去北京　　　D. A 和 C

2. 听对话,选择正确答案

　　女：小明,准备好了吗？快穿衣服,我们该出发了。
　　男：准备好了,走吧。
　　女：等一等,看看东西都放好了没有。
　　男：都放好了。

女：护照呢？
男：在这里。
女：机票呢？
男：也在这里。
女：钱呢？
男：三千块在电脑包里，一千块在钱包里。
女：李经理的名片呢？
男：在箱子里呢。
女：怎么能放箱子里呢？应该放钱包里。我昨天告诉你了，你怎么忘了？
男：他不是要来机场接我吗？
女：可是你到了北京，万一他没来，你要给他打电话，或者自己坐车去他的公司。
男：好吧，我把名片拿出来。
女：快一点儿吧。市区堵车。

(1) 他们要做什么？
  A. 看东西 B. 放东西 C. 穿衣服 D. 去坐飞机
(2) 小明要去哪里？
  A. 北京 B. 公司 C. 市区 D. 不知道
(3) 小明带多少钱？
  A. 三千 B. 一千 C. 四千 D. 两千
(4) 女的昨天告诉小明什么？
  A. 放好护照 B. 放好名片 C. 放好钱 D. 放好机票
(5) 李经理：
  A. 不去接小明 B. 没去接小明 C. 没有名片 D. 要去接小明

3. 听后复述

(1) 男：下班了？
  女：啊，你去哪儿啊？
  男：我去接女儿放学。
  女：你太太呢？
  男：她去北京出差了。

(2) 男：《指环王》Ⅲ，你看了吗？
  女：看了，太好看了！
  男：没错，我觉得这是今年最好看的电影，你说呢？
  女：我也这么看。

(3) 女：你还没吃好啊？
  男：还有一点儿。
  女：快吃，快吃。
  男：吃饭太快对身体不好。

(4) 男：你昨天晚上做什么了？
  女：我在家，没做什么。
  男：为什么我打电话来，没人接？
  女：我睡觉了吧？

第四课　我爸爸妈妈身体很好

听力练习

1. 听后跟读

热　乐　饶　劳　柔　楼　然　兰　入　路　辱　鲁
容　龙　软　卵　润　论　如　炉　女　吕
如果　如此　如愿　如斯　　　绿色　绿叶　过滤　法律
入口　进入　入门　录入　　　驴子　驴粪　黔驴　蠢驴
荣辱　辱没　腐乳　乳酪　　　屡次　旅行　商旅　伴侣

2. 找出你听到的词

(1) A. 利润　　B. 立论　　　(2) A. 天然　　B. 天蓝
(3) A. 龙华　　B. 荣华　　　(4) A. 入口　　B. 路口
(5) A. 出入　　B. 出路　　　(6) A. 龙岩　　B. 熔岩
(7) A. 蒸笼　　B. 峥嵘　　　(8) A. 热了　　B. 乐了

精　听

1. 听一遍会话课文，回答问题

(1) 男：小兰，好久不见。
　　女：陈叔叔，好久不见。
　　　　您身体怎么样？
　　男：很好。你学习怎么样？
　　女：还行。
　　问题：小兰工作了吗？

(2) 女：林先生，您好，路上辛苦了，一路还顺利吧？
　　男：不辛苦，一路很顺利。李经理怎么没来？
　　女：他要开会。晚上他请您吃饭。
　　男：他太客气了。
　　问题：他们在哪里谈话？

(3) 女：李力，你好，今天真冷啊。
    男：是啊，看来，最冷就是这几天。
    问题：他们在什么时候谈话？

(4) 男：小月，最近工作很忙吧？
    女：是啊，来泰国旅游的中国人很多。
        您太太身体好吗？
    男：她身体还可以，谢谢你。
    问题：小月做什么工作？

(5) 女：张教授，您好。
    男：何娜，你来了！外边很热吧？
        快喝一点儿水。
    女：谢谢教授。
    男：你最近忙什么？
    女：看书，准备考试。
    问题：他们在什么时候谈话？

(6) 男：王美，小云到什么地方去了？
    女：我也不知道。我们今天没在一起。
    问题：王美和小云常常在一起，对吗？

(7) 男：小强呢？他去哪儿了？
    女：他去上海旅行了。
    男：你打算到哪里去玩儿？
    女：我打算回家。
    问题：小强去哪里了？

(8) 男：你姐姐结婚了吗？
    女：她结婚了。你哥哥呢？
    男：还没有呢。不过，他打算明年结婚。
    问题：明年谁打算结婚？

2. 听句子，选择正确答案

(1) 甘雅是普吉人，从1995年到1999年在清迈上大学，从2000年到2001年她到北京留学，从2002年到现在她在曼谷工作。
    问题：1996年，甘雅在哪里？
    A. 普吉　　　　B. 清迈　　　　C. 北京　　D. 曼谷

(2) 你现在要去买东西？离开车只有三分钟了，这里离商店还有一公里。
    问题：这个人想告诉"你"什么？
    A. 买东西不方便　　　　　　B. 开车的时间
    C. 商店很远　　　　　　　　D. 别(อย่า)去买东西

(3) 今年中国的春节是2月10号，今天是1月12号。
    问题：离中国的春节还有多少天？
    A. 十天　　　　B. 十二天　　　C. 三十多天　D. 二十九天

(4) 我问他："这本书怎么样？"他说："还可以。"看来，他不喜欢。
    问题：他不喜欢什么？
    A. "我"　　　　B. "我"的问题　　C. 这本书　　D. 看书

(5) 曼谷商店很多，高楼很多，寺庙很多，车和人也很多。
    问题：这句话介绍什么？
    A. 曼谷　　　　B. 商店　　　　C. 寺庙　　　D. 车和人

3. 听短文,判断对错

何娜的叔叔叫何发财,今年五十多岁了,他的爸爸是何娜爷爷的哥哥。发财叔叔是一个教师,在中学教中文。他的儿子小强,今年二十五岁,在一个公司工作。

从1960年到1980年,何发财和泰国的亲戚都没有联系。1980年,何娜的爸爸给他写第一封信。那时,发财叔叔没有钱,他的房子很小,没有洗手间,没有电视机。何娜的爸爸1982年回家乡,送发财叔叔一台电视机,发财叔叔很高兴。

今年,何娜回家乡看叔叔。叔叔家的新房子有六个房间,很漂亮,有舒服的洗手间,他们还有一台新电视机,很大。

每天,叔叔买很多东西给何娜吃。叔叔还准备很多礼物,要送给何娜的爸爸妈妈,他对何娜说:"谢谢你爸爸妈妈。"

(1) 何发财的爸爸是何娜的爷爷。☐
(2) 何发财的儿子在中学工作。☐
(3) 何发财的亲戚在泰国。☐
(4) 何发财和他的泰国亲戚二十年没有联系。☐
(5) 1980年,何发财的家里有洗手间,没有电视。☐
(6) 何娜的爸爸送何发财一台电视机。☐
(7) 今年,何娜送叔叔一台新电视机。☐
(8) 何发财送何娜爸爸妈妈很多礼物。☐

泛 听

1. 听对话,选择正确答案

(1) 男:这两本小说怎么样?
女:这本英文小说我看了,很好看;那本中文小说我还没看呢,不知道。
问题:女的看了什么小说?
A. 这两本小说   B. 好看的英文小说
C. 好看的中文小说   D. 不知道

(2) 女:很多人都要去旅行,你怎么样?
男:我很喜欢旅行,可是很多地方我都去了,而且现在是假期,到处都有很多人。
问题:男的的意思是:
A. 他现在不想去旅行   B. 他喜欢旅行
C. 他去很多地方旅行   D. 旅行的人太多了

(3) 男:我们今天一定要去买礼物,离大姐的婚礼只有一个星期了。
女:是啊,还有一个星期,大姐就是王子明的太太了。他们认识才一年吧?真快啊!

问题：下星期，大姐做什么？
A. 买礼物　　　　B. 找王太太　　　　C. 结婚　　　　D. 认识王子明

(4) 男：今天我想见一下经理。
女：恐怕不行，老张，经理从早上九点到下午五点都要开会，晚上还要跟泰国来的客人吃饭。
男：中午也开会吗？
女：中午他要休息一下儿吧？
问题：经理中午做什么？
A. 吃饭　　　　B. 开会　　　　C. 休息　　　　D. 见老张

(5) 女：我学习很好，工作比较忙，身体不错，就是常常想念在中国的朋友们。
男：看来你在日本朋友不多。
问题：女的在日本有什么问题？
A. 学习不好　　　B. 工作太忙　　　C. 身体不好　　D. 朋友不多

2. 听短文，选择正确答案

好久不见

张教授在大学工作了三十五年。今年他退休了。上星期六，他的老朋友陈先生给他打电话。四十年以前，他们是大学同学。陈先生告诉张教授，很多大学同学都退休了，想在一起吃饭，见一见老同学。

昨天，张教授去跟他的老同学们吃饭了。在餐厅里，张教授看见一位太太，她跟他打招呼："张国力，你好，好久不见。"张教授想："她知道我的名字，一定是我的同学，但她是谁呢？她叫什么？"张教授也跟她打招呼："你好，你好，真是好久不见。"那位太太说："是啊，我们1965年毕业，从那时到现在，一直都没见面！"

老同学都来了，老同学见面真高兴啊。张教授也很高兴，可是他一直在想那位太太的名字。这时，一个同学跟那位太太寒暄："今天真热啊，是吗？现在夏天越来越热了！"那位太太笑了。

张教授想起来了，她就叫"夏天"。

(1) 为什么张教授的老同学想一起吃饭？
A. 他们退休了　　　　　　　B. 他们好久不见
C. 他们想念老同学　　　　　D. A 和 B

(2) 张教授什么时候大学毕业？
A. 三十五年以前　　B. 四十年以前　　C. 1965 年　　D. 1960 年

(3) 张教授为什么不知道那位太太的名字？
A. 他不认识她　　　　　　　B. 他们好久不见
C. 他们不是老同学　　　　　D. 他太老了

(4) 跟那位太太寒暄的同学知道她的名字吗？

    A. 知道   B. 不知道

    C. 短文(บทความสั้น)没有说   D. 可能(อาจจะ)知道,也可能不知道

回答问题

那位太太为什么笑了？

3. 听后复述

(1) 男：路上辛苦了。

    女：不辛苦。麻烦你们来接我们。

    男：哪里,哪里,应该的。

(2) 男：好久不见,最近忙什么？

    女：没忙什么。你怎么样？

    男：还是老样子。

(3) 男：今天真冷啊。

    女：是啊,你穿得太少了。

    男：我现在就回去加一件衣服。

(4) 男：小王去哪里了？

    女：他回国了。

    男：没放假,他怎么就回国了？

    女：他姐姐结婚,他去参加婚礼。

第五课　阳朔真是个好地方

复　习

1. 听后跟读

(1) 席老师四十岁,习惯时时在私家菜馆吃西餐。

(2) 祖主席即席讲解主机和子机的用法。

(3) 迟七在池子前骑车,恰巧撞了曹桥,迟七和曹桥吵起来了。

2. 画出你听到的句子

(1) A. 我在四十室。　　B. <u>我在十四室</u>。　　C. 我在四十师。　　D. 我在十四师。

(2) A. 入口有鸡。　　B. 路口有"七"。　　C. <u>入口有"七"</u>。　　D. 路口有鸡。

精　听

1. 听一遍阅读一,回答问题

(1) 妈妈:"你为什么打同学?我告诉你很多次,打人不对,不能打人,你为什么还打?"

孩子(哭):"那你为什么打我?"

问题:孩子打了谁?

(2) 职员(女):"经理,明天我不能来上班,我祖母去世了。"

经理:"前年,你说你祖母去世了,不能来工作;去年,你又说你祖母去世了,不能来上班;今天,是第三次。难道你祖母死了三次吗?"

职员:"我祖父有三个太太,这不是我的错,对吗?"

问题:女人第一次因为祖母去世不来上班是什么时候?

(3) 女：大晚上的，你在找什么？
男：我在找钥匙。
女：我来帮你……你在哪里丢了钥匙？
男：桌子底下。
女：那你为什么在这里找？
男：这里比较亮啊！

问题：
① 他们找什么？
② 男的在哪里丢了钥匙？

2. 听句子，选择正确答案

(1) 桂林明月没去，那阳朔去了吧？

问题：明月可能去了哪里？

A. 桂林　　　　B. 阳朔　　　　C. 桂林和阳朔　　　　D. 不知道

(2) 小王买很多衣服给妈妈穿，可是爸爸不喜欢的衣服，妈妈就不穿。

问题：爸爸不喜欢什么？

A. 小王买的一些衣服　　　　B. 小王

C. 衣服　　　　D. 妈妈穿那些衣服

(3) 坐大车去那个村子要十个小时，我们时间不多，还是坐小车吧。

问题：句子没有说，但我们可以知道：

A. 坐大车要十个小时　　　　B. 我们没有时间

C. 我们要去那个村子　　　　D. 小车比较快

(4) 张教授给那个孩子一本汉日词典，陈老师给他一本日汉词典，现在，他在家自己学习。

问题：下边的句子哪一个对？

A. 陈老师给孩子日汉词典　　　　B. 他在家学习汉语

C. 张教授给孩子日汉词典　　　　D. 那个孩子在学校学习日语

(5) 这件衣服贵，那件衣服便宜，你看买哪一件好？

问题：他们在做什么？

A. 看衣服　　　　B. 买衣服　　　　C. 比较(ค่อนข้าง)衣服　　　　D. 穿衣服

3. 听以下对话，判断正误

明　月：马克，你好。你也在这里吃饭？

马　克：是啊，我喜欢这里的广西菜，真好吃。

明　月：对，我也这么觉得。你今天几点的汽车？

马　克：九点。

明　月：在桂林你打算玩儿几天？
马　克：一两天，我想早一点儿去昆明。你今天还骑车玩儿吗？
明　月：当然。对了，我问一下，这几个村子你都去了吗？
马　克：我看一下，历村我没去，樟树村和立龙村我都去了。
明　月：怎么样？
马　克：太好了。这两个村子风景都很美，人也很热情。你一定要去。
明　月：谢谢。我今天就去。
马　克：八点半了，我该走了。
明　月：我送你。
马　克：到了，我该上车了。明月，以后多联系。
明　月：一定，我给你写电子邮件。
马　克：好。再见，明月。
明　月：再见，马克，一路顺风。

(1) 明月和马克都喜欢在一个餐厅吃饭。□　　(2) 明月不知道马克今天要走。□
(3) 马克坐九点的车去昆明。□　　(4) 马克早上去昆明。□
(5) 明月今天骑车玩儿。□　　(6) 立龙村马克去了。□
(7) 马克八点半上车。□　　(8) 明月要给马克写电子邮件。□

泛　听

1. 听对话，选择正确答案

(1) 女：老板，我们要的菜怎么还没来？
　　男：对不起，今天客人多，请再等五分钟，马上就来。
　　问题：他们等什么？
　　A. 菜　　　　B. 老板　　　　C. 客人　　　D. 时间

(2) 女：这两个电影你都看过了吗？
　　男：《指环王》第三集我看了，《黑客帝国》第二集我没看。
　　问题：男的看了哪个电影？
　　A.《指环王》Ⅱ　　　　　　　　B.《黑客帝国》Ⅱ
　　C.《指环王》Ⅲ　　　　　　　　D.《黑客帝国》Ⅲ

(3) 女：小张，这星期六晚上我妈妈想请你去我家吃饭。
　　男：好啊，美丽，下星期我请你们出去吃，怎么样？
　　问题：这星期六谁请谁吃饭？
　　A. 小张请美丽　　　　　　　　B. 小张的妈妈请美丽
　　C. 美丽妈妈请小张　　　　　　D. 美丽请小张和他妈妈

(4) 女：明月明天回国，我买了一个礼物想送她，可她不在宿舍。
男：你把礼物给我吧，我明天去送她的时候给她。
问题：谁送礼物？
A. 明月　　　B. 女的　　　C. 男的　　　D. 他们两个

(5) 男：小白，我想去泰国旅行，你觉得泰国什么地方最好？
女：泰国我去过，可是只住了三天，不熟悉。你去问李力吧，他的好朋友是泰国人。
问题：小白为什么不熟悉泰国？
A. 她没去泰国　　　　　　B. 她在泰国只有三天
C. 她没有泰国朋友　　　　D. 她没问李力

2. 听对话，选择正确答案

明月在农民黄树根(Huáng Shùgēn)家玩儿。黄树根有一个女儿，叫小梅(Xiǎoméi)，一个儿子叫小树(Xiǎoshù)。

明　月：小梅，你在学校学什么？

小　梅：我们学语文、数学、音乐和美术。

明　月：你最喜欢学什么？

小　梅：我都喜欢。

小　树：姐姐成绩最好。

明　月：那你呢？小树。

小　树：我喜欢美术。白老师教我们美术和音乐，他是从北京来的老师。

明　月：他是北京人吗？

树　根：不是，他是从我们村子到北京去读书的大学生，读完书回来当老师。

明　月：你们会不会说英语？

小　梅：我们会说一点儿英语。

小　树：我还会一点儿日语。

明　月：你们英语会说，日语也会说，多了不起啊！

树　根：哪里啊，来这里的外国人多，他们就跟他们学几句，"你好"、"谢谢"、"再见"……

树根太太：十二点了，吃饭吧。

树　根：明月小姐，跟我们一起吃饭吧？

明　月：不用了，我到外边吃。

小梅、小树：姐姐，在我们家吃吧。

明　月：那好吧，真是太麻烦你们了。

(1) 小梅在学校不学什么？
A. 语文　　　B. 数学　　　C. 音乐　　　D. 英语

(2) 谁教小树音乐?
    A. 外国人   B. 白老师   C. 一个北京人   D. 一个学生
(3) 下边的句子哪一个对?
    A. 白老师是北京人   B. 白老师是学生   C. 白老师是村里人   D. 白老师教数学
(4) 我们可以知道小梅和小树：
    A. 成绩都很好   B. 都会说英语和日语
    C. 常常和外国人说话   D. 想到北京读书
(5) 下边句子哪一个不对?
    A. 村里的人很了不起   B. 村里的人喜欢学习
    C. 村里的人很热情   D. 村里的人喜欢他们的家乡

3. 听后复述

(1) 男：飞机要起飞了。
    女：那你进去吧。到了给我打电话。
    男：我知道。你回吧。

(2) 女：一路平安,何娜。
    女：谢谢,明月。记得给我写邮件。
    女：一定,你也要给我写。

(3) 男：十点了,我该走了。
    女：还早呢,再坐一会吧。
    男：不了,我还要去张教授家送书。
    女：那就不留你了。

(4) 男：电梯来了,你们请回吧。
    女：好,我们不送了,有空儿常来玩儿。
    男：你们有时间也到我那里去玩儿。

第六课　洗干净手了吗

听力练习

 语音训练

1. 听后跟读音节

i a u

yī—yū　　è—ò　　yī—wū　　yè—yuè　　ēng—ōng　　yá—wá　　yín—yún

ēi—ōu　　yǎn—yuǎn

阿姨　土木　大度　衣服　大坝　突起　机器　细纱　驻扎

2. 找出你听到的词，然后跟读

盐分—<u>缘分</u>　　前部—<u>全部</u>　　你的—<u>女的</u>　　饿着—<u>卧着</u>　　闲着—<u>悬着</u>

梨子—<u>驴子</u>　　小写—<u>小雪</u>　　先尝—<u>宣传</u>　　起来—<u>取来</u>　　大学—<u>大鞋</u>

 听力训练

精　听

1. 听一遍会话课文，回答问题

(1) 男：十二点了，你做完作业了吗？
　　女：做完了。你洗好澡了？
　　男：洗好了，你去洗吧。洗完了，
　　　　记得关开关。
　　问题：女的洗澡了吗？

(2) 男：下雨了！伞！
　　女：哦，谢谢。我走了，你该打扫房间了。
　　男：我上午已经打扫干净房间了。
　　问题：男的上午做什么了？

(3) 男：七点了，你该做作业了。
　　女：我想先看完这个电影。
　　男：别忘了你明天要考试啊！
　　问题：女的做什么？

(4) 女：车来了！
　　男：那我走了，记得给我打电话。
　　女：你也记得给我写电子邮件。
　　问题：男的要做什么？

(5) 女：你今天该去买票了！
    男：没关系，明天去也能买到票。
    女：别忘了，现在是新年！
    问题：请用泰语回答女的的意思是什么？

(6) 孩子：妈妈，我走了。
    妈妈：今天考试，是吗？
    孩子：是。
    妈妈：别忘了带学生证。考试的时候，记得要看清楚问题。
    孩子：知道了。
    问题：妈妈告诉孩子什么？

2. 听句子，选择正确答案

(1) 我明天要工作，不能去参加小云的生日晚会，麻烦你告诉她，祝她生日快乐。
    问题："你"明天要做什么？
    A. 工作   B. 过生日 (ฉลองวันเกิด)   C. 参加生日晚会   D. 祝我生日快乐

(2) 从3月到5月，泰国榴梿很多，很好吃，可是现在是9月，所以叔叔这次来没吃到最好的榴梿。
    问题：为什么叔叔没吃到最好的榴梿：
    A. 叔叔没来泰国   B. 叔叔3月来
    C. 叔叔5月来   D. 叔叔9月来

(3) 你没买到飞机票？要坐汽车去吗？天气很冷，还是别去了。
    问题："你"去不去？
    A. 去   B. 不去   C. 不知道
    D. 有飞机票就去，没有就不去 (มีตั๋วเครื่องบินก็ไป ไม่มีตั๋วก็ไม่ไป)

(4) 陈老师在我们大学工作，他的办公室在三楼，他在学校外边的教师宿舍住，住在二楼。
    问题：晚上学生可能去哪里找陈老师？
    A. 学校里   B. 办公室三楼   C. 教师宿舍二楼   D. 学校外边

(5) 我们没看到那个电影。昨天晚上我们去电影院了，可是看电影的人很多，没票了。
    问题：这句话的意思是：
    A. 我们不想看那个电影   B. 我们没看电影，因为没买到票
    C. 看电影的人太多了   D. 我们没去看电影

3. 听短文，判断正误

何娜在北京住在留学生宿舍。在外边租房子住比较便宜，也比较舒服。可是，有很多外国学生住在宿舍里。他们从很多国家来，跟他们在一起，特别有意思。

这个月放假，何娜回曼谷。

何娜很爱吃,她特别喜欢吃蛋糕。小云到附近的一家面包店给她买椰子蛋糕,可是买蛋糕的人很多,她没买到。小云说何娜不应该吃蛋糕了,她胖了。

王美知道何娜很爱吃,就说她应该多锻炼。她请她一起去散步。何娜同意了。可是,何娜不是去散步,她想去买糖水喝。

(1) 住在外边的房子里比较有意思。□   (2) 留学生宿舍有很多外国人。□
(3) 上个月,何娜回曼谷。□   (4) 小云去买蛋糕,她特别爱吃。□
(5) 今天人太多,面包店不卖蛋糕。□   (6) 何娜胖了,不应该吃蛋糕。□
(7) 王美应该多锻炼。□   (8) 何娜是一个爱吃东西的人。□

泛　听

1. 听对话,选择正确答案

(1) 男:村子里有音乐,你听到了吗?
女:听到了,一定有人住在那里,我们过去看看吧。
问题:他们在哪里说话?
A. 村子外边　　　B. 电影院里　　　C. 家里　　　D. 商店里

(2) 男:妈妈别生气了,好吗?
女:你下次考试能拿到一个C,我就不生气。
问题:孩子这次考试可能拿到什么?
A. A　　　　　　B. B　　　　　　C. C　　　　　　D. F

(3) 女:明明,你的衣服没洗干净。妈妈不在,你又不会洗衣服,是吗?
男:不是没洗干净,是没洗。
问题:衣服为什么不干净?
A. 明明不会洗衣服　B. 妈妈不在　C. 明明没洗衣服　D. A和B

(4) 男:我昨天去超市,买了三只鸡,两斤牛肉,还有一个椰子蛋糕,才花了两百铢。
女:真的吗?
问题:男的没买什么?
A. 猪肉　　　　　B. 鸡　　　　　C. 牛肉　　　　　D. 蛋糕

2. 听短文,选择正确答案

记　得

我记得在幼儿园,第一次参加唱歌比赛,我唱错了。可是,我还是很高兴,因为小朋友们都笑了。

我记得在小学,第一次上课,老师请我回答问题,我回答对了。可是,老师不知道。因为我说话声音太小了,她没听清楚。

我记得小学毕业那天,我们全班一起去公园玩儿,在树林里吃饭,真快乐啊!吃完饭,我们一起在河边照相,那张照片一直放在我的桌子上。

我记得初中三年级的时候,我第一次喜欢一个人。她很漂亮,成绩也很好。我想,我也要好好学习,做好学生,她才能认识我。那一年考试的时候,我拿到我的第一个A。可是,她还是不认识我。

你看,我还记得很多事情,当然,也忘了很多事情。

(1) 为什么我唱错了,还很高兴?
  A. 因为我第一次唱歌　　　　　　B. 我记错了
  C. 因为我不知道我自己唱错了　　D. 因为小朋友都笑了
(2) 我回答对问题了吗?
  A. 回答对了　　B. 回答错了　　C. 不知道　　D. 不清楚
(3) 我和小学同学在哪里照相?
  A. 小学里　　B. 公园里　　C. 树林里　　D. 河边
(4) 我初中三年级为什么拿到A?
  A. 我好好学习　　B. 我喜欢一个人　　C. 我认识一个好学生　　D. 我一直是好学生
(5) 我不记得什么?
  A. 第一次参加唱歌比赛　　B. 第一次回答问题
  C. 第一次喜欢一个人　　　D. 第一次考试

3. 听后复述

(1) 男:天气冷了,多穿一件衣服。
　　女:请你拿一件给我,好吗?

(2) 男:该复习了!
　　女:还有两个星期才考试,不着急。
　　男:别忘了,你说你要拿A啊!

(3) 男:请注意听!
　　女:对不起,老师,我昨天晚上没睡觉。
　　男:上完课,你好好休息吧。

(4) 男:别忘了拿伞,今天有雨。
　　女:知道了。我听天气预报了。

第七课　我正在等你呢

听力练习

 语音训练

1. 听后跟读音节

一—椰　　移—爷　　椅—也　　意—夜　　乌—蛙　　无—娃
五—瓦　　雾—袜　　迁—冤　　鱼—圆　　雨—远　　遇—愿

2. 听后跟读

褒奖—表扬　跑步—漂泊　小猫—小苗　一般——边　小潘—小篇　满意—勉励
淡然—断然　一潭——团　很难—很暖　烂了—乱了　吸干—习惯　侃侃—款款

3. 划出你听到的字或词

<u>姐姐</u>—子了　　　　捏—<u>虐</u>　　　　蝎子—<u>靴子</u>　　<u>出列</u>—粗略
<u>太咸</u>—太悬　　　一千—<u>一圈</u>　　切口—<u>缺口</u>

 听力训练

精　听

1. 听一遍会话课文，回答问题

(1) 女：大为，你的作业呢？
　　男：我正在做呢。
　　女：上课的时候做作业，太不应该了！
　　问题：大为昨天晚上做作业了吗？

(2) 女：小林，你在做什么呢？
　　男：我小便呢。
　　女：这里不是厕所啊！你怎么能这样做呢？
　　问题：小林应该在哪里小便？

(3) 男：英子，该吃饭了！
　　女：我正在打电话呢。
　　男：你还在打电话？已经两个小时了！太过分了！
　　问题：一个小时以前，英子在做什么呢？

(4) 女：张正，昨天你复习了没有？
　　男：没有，我去看电影了。
　　女：你这样做是不对的。学生应该好好学习。
　　问题：张正是好学生吗？

(5) 男：你看到老师了吗？
　　女：看到了。
　　男：你怎么不向老师问好呢？
　　女：我想老师没看到我。
　　问题：谁看到谁了？

(6) 男：今天上课的时候，李老师又摸我的头了。
　　女：他怎么能这样做呢？太不应该了！
　　男：他是中国人，不知道泰国的习惯。
　　问题：以前，李老师摸"我"的头吗？

(7) 女：大为，你的作业呢？
　　男：对不起，老师，我下午交可以吗？
　　女：你怎么能不按时交作业呢？
　　男：我错了，老师，以后一定改正。
　　问题：大为应该什么时候交作业？

(8) 男：小林，你怎么能这样做呢？
　　女：爸爸，别生气了，好吗？我知道我错了，
　　　　以后一定改正。
　　问题：爸爸怎么样？

2. 听句子，选择正确答案

(1) 这里可以骑自行车，我也会骑自行车，可是我身体不好，不能骑。
　　问题："我"为什么不骑自行车？
　　A. 我不想骑　　B. 这里不能骑　　C. 我不会骑　　D. 我不能骑

(2) 你还没看完书啊？你应该先做作业，做完作业以后再看书。
　　问题：说话的人觉得"你"应该做什么？
　　A. 看书　　　　　　　　　　B. 做作业
　　C. 做完作业以后再看书　　　D. 看完书以后做作业

(3) 小云五点下课后去商店买东西，然后坐车回家。现在六点，应该到家了。
　　问题：小云坐车要多少时间？
　　A. 一个小时　　B. 一个多小时　　C. 一个小时左右　　D. 不用一个小时

(4) 上一次考试，他拿到C。这次考试，他好好复习了，应该能拿到A。
　　问题：这次考试他拿到什么了？
　　A. A　　　　　B. C　　　　　C. A或者C　　　　D. 还不知道

(5) 今天我要工作，不能跟你去看电影，明天我可以，可你要上课。那星期六怎么样？
　　问题：他们什么时候看电影？
　　A. 还不知道　　B. 今天　　　　C. 明天　　　　　D. 星期六

3. 听短文，判断正误

王美教一年级一班和二年级二班。她很喜欢她的学生，他们学习比较努力，成绩也不错。可是，二班的大为是一个奇怪的学生。上课的时候，他常常不听，他做什么呢？他有时做作业，有时看书，有时跟同学谈话。

今天,大为上课的时候睡觉,王美生气了。她对大为说:"下课以后,到我的办公室找我。"

大为到办公室找王美。他告诉王美,他喜欢学习汉语,常常在家里看汉语书,看中文电视。王美问他:"你觉得我们学习的课文太容易了,对吗?"

大为说:"对,你教的汉语我都懂了。"

王美说:"你不应该在这个班学习,你应该去四班。在那个班,你能学到你不懂的汉语。"

大为说:"现在还可以换班吗?"

王美说:"我去问问,应该可以。"

(1) 王美教一年级二班。□ (2) 大为是二年级的学生。□
(3) 王美的学生学习很努力。□ (4) 大为上课的时候常常睡觉。□
(5) 今天下课以前,大为去办公室找王美。□ (6) 大为常常看汉语书。□
(7) 王美教的汉语大为都懂。□ (8) 大为应该可以到四班学习。□

泛 听

1. 听对话,选择正确答案

(1) 女:我想跟你照一张照片,可惜没有照相机。
男:我的手机能照相,我去拿。
问题:说完话,男的做什么?
A. 他打电话　　B. 他拿手机　　C. 他照相　　D. 他拿照相机

(2) 男:他的汉语怎么样?能不能看懂中国电影?
女:当然能。他是翻译,翻译了好几本中文小说。
问题:他能看懂中文小说吗?
A. 当然能　　B. 不能　　C. 可能(อาจจะ)能　　D. 不知道

(3) 男:请问,这里可以抽烟吗?
女:对不起,先生,不行。您要抽烟,请到外边去。
问题:他们在哪里谈话?
A. 家里　　B. 教室里　　C. 商店里　　D. 飞机上

(4) 女:今天晚上我能住在小云家吗?我们一起做作业,然后看电视。
女:不行,你这个月已经去她家住了五个晚上了。
问题:说话的两个人是:
A. 老师和学生　　B. 朋友　　C. 妈妈和女儿　　D. 先生和太太

(5) 女：听天气预报了吗？明天天气怎么样？
  男：没听，不过我看今晚天气很好，明天天气也应该不错。
  问题：为什么男的说"明天天气应该不错"？
  A. 因为他听天气预报(yùbào)了 B. 因为他看天气预报了
  C. 因为今晚天气很好 D. 因为他希望明天天气好

2. 听短文，选择正确答案

倒　霉

昨天是陈天明最倒霉的一天。

早上，他正在喝咖啡，手机响了，他去拿手机，碰倒了咖啡，他的白衬衣上都是咖啡。他只好换一件衬衣。

中午，他正在用电脑写东西，电脑忽然死机了，他写好的东西都没有了。

下午，他在办公室大楼的下边跟同事谈话，忽然，他的头上都是水，下雨了吗？他看看，三楼的小姐正在浇花。

下班了，他在车站等车，忽然，有人来问他："到北京大学怎么走？"他告诉那个人。那个人谢谢他，走了。他的车来了，他上车以后买票，可是钱包呢？钱包没有了。

(1) 昨天，陈天明有多少件倒霉的事情？
  A. 三件 B. 四件 C. 五件 D. 六件
(2) 为什么陈天明要换衬衣？
  A. 因为他要拿手机 B. 因为他要去喝咖啡
  C. 因为他不喜欢 D. 因为衬衣上有咖啡
(3) 陈天明头上的水从哪里来？
  A. 下雨 B. 三楼 C. 办公室 D. 大楼外边
(4) 陈天明的钱包在哪里？
  A. 在办公室 B. 在车上 C. 不知道 D. 在问问题的那个人那里
(5) 哪一件是陈天明的倒霉事情？
  A. 喝咖啡 B. 浇花 C. 电脑死机 D. 一个人问他问题

3. 听后复述

(1) 女：儿子，你晚上不睡觉，早上不起床，对身体不好。
    男：我知道，我应该早睡觉、早起床。

(2) 女：你考试成绩怎么样？
    男：一个C，两个D。
    女：那么差？太不应该了！
    男：对不起，下学期我一定好好学习。

(3) 男：昨天我的电脑又死机了！
    女：你应该换一台新电脑。
    男：你能跟我一起去买吗？

(4) 男：她拿了我的词典，一直没还给我。
    女：她去年拿了我两本书，今年还没还呢。
    男：这人真是太过分了。

第八课　对这儿的气候习惯了吗

听力练习

 语音训练

1. 划出你听到的词

ai　ia

爱上—<u>压上</u>　　　<u>很矮</u>—很哑　　　鸭子—<u>矮子</u>　　　<u>来人</u>—俩人

ei　ie

背弃—<u>憋气</u>　　　陪一夜—<u>瞥一眼</u>　　　<u>灭火</u>—没火　　　<u>镊子</u>—妹子

ao　ua

爱好—<u>爱画</u>　　　招过来—<u>抓过来</u>　　　<u>耍人</u>—少人　　　哇哇叫—<u>嗷嗷叫</u>

ou　uo

<u>呕吐</u>—我吐　　　都吃—<u>多吃</u>　　　偷人—<u>拖人</u>　　　桌子—<u>舟子</u>

<u>不过</u>—不够　　　货车—<u>候车</u>

2. 听后跟读

海牙　　　来呀　　　哎呀　　　每夜　　　伟业

别背　　　好哇　　　笑话　　　抓到　　　筹措

喽啰　　　柔弱　　　走错　　　搜索　　　筹措

 听力训练

精　听

1. 听一遍会话课文，回答问题

（1）女：你在旅行吗？

　　　男：是啊。

　　　女：多久了？

　　　男：三个星期。

　　　女：你一个人旅行吗？

　　　男：不，我跟我女朋友一起。

　　　问题：男的在做什么？

(2) 男：你在泰国玩儿了多久了？
    女：三个月。
    男：三个月？！那么久？
    女：我们喜欢泰国，喜欢慢慢玩儿。
    男：你们对这里的气候习惯吗？
    女：开始觉得很热，现在习惯了。
    男：吃饭呢？
    女：习惯，泰国菜非常好吃。

    问题：① 为什么他们在泰国玩儿那么久？
          ② 开始的时候，他们对泰国的气候习惯吗？

(3) 男：你们国家有没有四季？
    女：没有。泰国有三个季节：热季、雨季和凉季。热季从3月到5月，雨季从6月到10月，凉季从11月到2月。
    男：雨季常常下雨吗？
    女：是啊。
    男：一年中最好的季节是什么？
    女：当然是凉季。

    问题：① 泰国的三个季节是什么？
          ② 从几月到几月是热季？几月到几月是雨季？几月到几月是凉季？

(4) 男：广东的气候怎么样？
    女：夏天很长，很热；春天常常下雨，很潮湿。
    男：冬天冷吗？
    女：对泰国人来说，也很冷，不过时间不长。
    男：冬天下雪吗？
    女：不下雪。
    男：什么季节去广东最好呢？
    女：秋天吧，天气凉快，也不下雨。

    问题：① 广东的夏天怎么样？春天呢？
          ② 对泰国人来说，广东的冬天冷吗？
          ③ 为什么秋天去广东最好？

(5) 男：北京天气怎么样？
    女：今天不刮风了，天气也暖和了。
    男：上个星期天气不好，对吗？
    女：是啊，一直刮大风，非常冷。
    男：那你一定很不习惯吧？

    问题：① 上星期北京天气怎么样？
          ② 今天呢？
          ③ 女的是北京人吗？

2. 听句子,选择正确答案

(1) 他对我说他对那本中文书很感兴趣。

　　问题:他对什么感兴趣?

　　A. 他　　　　　　B. 我　　　　　　C. 那本书　　　　D. 中文

(2) 现在榴梿有点儿贵,可是我们只买一点儿,不用很多钱。

　　问题:为什么不用很多钱?

　　A. 因为榴梿不贵　　　　　　　　B. 因为我们只买一点儿

　　C. 因为我们不买　　　　　　　　D. 因为我们有钱

(3) 太太早上要上班,习惯晚上十点左右睡觉,可是先生习惯晚上工作。

　　问题:先生和太太有什么问题?

　　A. 太太工作,先生不工作　　　　B. 太太习惯睡觉,先生不习惯睡觉

　　C. 太太睡觉,先生不睡觉　　　　D. 他们工作、休息的习惯不一样

(4) 我一直想去中国旅行。以前有时间,没钱;现在有钱了,可是没有时间了。

　　问题:我以前为什么不去中国?

　　A. "我"没时间　　　　　　　　B. "我"没钱

　　C. "我"有钱了　　　　　　　　D. "我"不想去

(5) 什么?去香港的机票七千株一张了?我应该上星期买。

　　问题:听到这句话以后,我们可以知道:

　　A. 机票以前比较贵　　　　　　　B. 机票以前比较便宜

　　C. "我"上星期买机票了　　　　　D. "我"不知道机票多少钱一张

泛　听

1. 听对话,选择正确答案

(1) 女:跟我们一起去唱卡拉OK吧,你最喜欢了。

　　男:十点了,我不去了。我明天要上班。

　　问题:他为什么不去?

　　A. 他现在要去上班　　B. 时间太晚了

　　C. 他不喜欢唱卡拉OK　　D. 他十点要上班

(2) 女:你觉得这条裙子好看吗?

　　男:嗯,颜色不错,不过,有点儿……咳,你别问我,我不懂这个。

　　问题:男的想说什么?

　　A. 裙子好看　　　　　B. 裙子不好看

　　C. 他不知道好看不好看　　D. 他喜欢裙子的颜色

(3) 男：你只吃了一点儿菜。这些菜太辣了,是吗？我们再要两个不辣的菜,好吗？
女：不用了,不用了,这些菜很好吃,我习惯吃辣的菜。我只是有点儿不舒服。
问题：女的为什么只吃一点儿菜？
A. 菜太辣了　　　　　　B. 菜不好吃
C. 她有点儿不习惯　　　D. 她有点儿不舒服

(4) 男：你对学校的老师都很熟悉吗？
女：我对我们系的老师很熟悉,对别的系的老师不熟悉。
问题："我"熟悉谁？
A. 我们学校的老师　　　B. 我们系的老师
C. 别的系的老师　　　　D. 我们学校

(5) 男：经理,您叫我吗？
女：是,今天有一个客人对我说,他来买鞋,可是你对他很不热情。
问题：这段对话发生在哪里？
A. 公司里　　B. 学校里　　C. 家里　　D. 商店里

2. 听短文,选择正确答案

不一样了

看看自己两年前的照片吧,两年只有730天,可是你已经不一样了。

那时你只有1米55高,40公斤重；现在你已经1米60了,体重也有45公斤了；那时你头发短短的,皮肤黑黑的；现在,你的头发长了,皮肤白了。

那时,你还是中学生,穿着宽宽的白衬衣,长长的蓝裙子,你也没化妆；现在,你是大学生了,穿的白衬衣窄了,裙子短了,也开始化妆了。

跟你一起照相的是小雅和大维。现在,小雅在美国了,大维也到南方去了。

还有你家的狗,她那时还是一条小狗,现在她已经是妈妈了。

大家都看到你的照片了,大家都说你漂亮了,你已经不是小姑娘了。

(1) "你"的什么不一样了？
　A. 皮肤　　　　B. 头发　　　　C. 衣服　　　　D. 以上全部
(2) 以前,"你"：
　A. 1.65m, 40kg　B. 1.55m, 45kg　C. 1.65m, 45kg　D. 1.55m, 40kg
(3) 现在,"你"穿：
　A. 长长的白衬衣,宽宽的黑裙子　　B. 短短的白衬衣,窄窄的黑裙子
　C. 宽宽的白衬衣,长长的黑裙子　　D. 窄窄的白衬衣,短短的黑裙子
(4) "窄"的意思是：
　A. 宽　　　　　B. 短　　　　　C. 不宽　　　　D. 不短

(5) 谁没跟"你"一起照相：

  A. 大为   B. 小雅   C. 狗   D. 妈妈

3. 听后复述

(1) 男：今天刮大风、下大雨，我们还是留在家里吧。

  女：是啊，哪儿也别去了。

(2) 男：你看见过下雪吗？

  女：没有，我们那里没下过雪呢。下雪的时候特别冷吗？

  男：不，下雪的时候不冷，下完雪特别冷。

(3) 男：上个星期已经暖和了，今天又冷了。

  女：这不奇怪，北京的春天常常这样。

  男：这就是"倒春寒"，对吗？

  女：没错！

(4) 男：现在是 10 月了，应该是秋天了。

  女：对啊，是秋天了。

  男：可是，天气还是很热。

  女："秋老虎"又来了。

第九课　唱唱歌，跳跳舞

听力练习

 语音训练

1. 划出你听到的词

ai　ei

很赖—<u>很累</u>　　<u>无奈</u>—五内　　稗子—<u>被子</u>　　<u>配对</u>—派对　　<u>给一点</u>—改一点

ao　ou

<u>凹凸</u>—呕吐　　<u>捞一把</u>—搂一把　　剖开—<u>抛开</u>　　高大—<u>勾搭</u>　　<u>气候</u>—几号

ia　ie

<u>压力</u>—夜里　　<u>姐姐</u>—家家　　下车—<u>卸车</u>　　恰恰—<u>切切</u>　　<u>假期</u>—届期

uo　ua

我族—<u>佤族</u>　　<u>过上</u>—挂上　　火车—<u>滑车</u>　　扩大—夸大　　<u>捉住</u>—抓住

2. 听后跟读

败北	徘徊	没买	卖煤	雷奈
老楼	好后	周遭	销售	早走
接洽	歇夏	嫁接	借鞋	写下
火花	瓜果	耍我	浊化	说话

 听力训练

精　听

1. 听一遍会话课文，回答问题

(1) 男：那个市场有什么？
　　女：水果、蔬菜、鱼、肉什么的。
　　问题：那个市场有没有鸡？

(2) 女：你假期过得怎么样？
　　男：睡睡觉、看看电视、听听音乐、上上网。
　　女：真舒服啊！
　　男：是无聊。
　　问题：男的有没有上学？

145

(3) 男：不上课的时候，你们在学校做什么？
女：有时在图书馆学习，有时运动，有时参加课外活动，有时在办公室帮老师工作……
问题：不上课的时候，他们在哪里学习？

(4) 男：你的中学同学现在怎么样了？
女：他们有的上大学了，有的工作了，有的结婚了。
问题：同学们都上大学了吗？

(5) 女：你知道吗？水莲有男朋友了。
男：真的吗？
女：真的，我见到那个男孩了。
问题：谁有男朋友了？

(6) 女：你考试得了A！
男：不可能吧？
女：不骗你，我看到成绩了。
问题：女的看到什么了？

(7) 男：我买到一张去美国的往返机票，500美元。
女：怎么可能那么便宜呢？
男：就是那么便宜！现在是旅游淡季。
问题：那张机票多少钱？

(8) 男：我学会开车了。
女：你骗谁啊？两天学会开车？
男：骗你是小狗，不信你可以问张明。
男：他真的学会了。
女：那么快？不会吧。
问题：他学会什么了？

2. 听句子，选择正确答案

(1) 他五点下班，六点应该能到。现在八点了，他不会来了。
问题：他应该几点来？
A. 五点　　　　B. 六点　　　C. 八点　　　　D. 不知道

(2) 这里每年冬天都会下雪，你想看雪就来吧，我还可以教你滑雪。
问题："你"想做什么？
A. 下雪　　　　B. 滑雪　　　C. 看雪　　　　D. 来这里

(3) 我问他们："你们喜欢男孩子还是女孩子？"他们说："男孩子或者女孩子我们都喜欢。"
问题：他们可能怎么样？
A. 准备结婚　　　　　　　　B. 要做爸爸妈妈
C. 找朋友　　　　　　　　　D. 等客人

(4) 他是最好的学生，每天都来上课，今天没来，会不会是身体不好？
问题：他今天怎么样？
A. 来上课了　　B. 没来上课　C. 身体不好　　D. 不是好学生了

(5) 她结婚了,每天做做饭、洗洗衣服、打扫打扫房间,觉得很没意思,想再找工作。

　　问题:她结婚以前:

　　A. 没工作　　　B. 想找工作　　　C. 有工作　　　D. 不知道结婚没意思

3. 听短文,判断正误

　　李力、何娜和明月是三个好朋友。

　　李力每天玩儿电子游戏,他每天都在电脑前边坐五六个小时。学泰语的时间不太多,认识何娜以前,他的泰语不太好。

　　何娜是一个安静的女孩,她不爱唱歌、跳舞。有空儿的时候,她喜欢看书、写信、写日记。不过,她也喜欢跟朋友聊天儿。她觉得每个朋友都是一本书,聊天也是看书。

　　明月是一个奇怪的女孩:她有时喜欢安静,一个人坐在桌子前边听音乐、看书,一天不说话;有时她喜欢热闹,跟朋友出去玩儿、喝酒、跳舞……晚上不睡觉。

(1) 李力学习泰语的时间不多。□　　(2) 李力特别喜欢电脑。□
(3) 李力的泰语一直不太好。□　　(4) 何娜也喜欢跟朋友唱歌。□
(5) 何娜的朋友都有一本书。□　　(6) 明月特别不爱热闹。□
(7) 明月有时喜欢安静,有时喜欢热闹。□　　(8) 明月是一个奇怪的女孩。□

泛　听

1. 听对话,选择正确答案

(1) 女:明天一定会刮风。

　　男:你怎么知道?

　　女:你看今天晚上的月亮,有月晕。

　　问题:明天会怎么样?

　　A. 刮风　　　B. 不知道　　　C. 有月亮　　　D. 有月晕

(2) 女:"To be or not to be, this is a question."用中文说,就是:"活着或者死去,这是一个问题。"

　　男:你用中文说或者用英文说,对我来说都一样,不懂。

　　问题:男的意思是:

　　A. 他不知道女的说中文还是英文　　　B. 他觉得英文和中文一样

　　C. 这个句子太难　　　D. 他不会说英文和中文

(3) 男:最近工作忙吗?找个时间见一面吧。

　　女:好啊,好久不见了。

　　问题:他们要做什么?

　　A. 工作　　　B. 找时间　　　C. 见面　　　D. 谈话

(4) 男：他为了听那个歌手的演唱会,到香港去了。
　　女：我知道,他最爱听那个歌手唱歌,他有他全部的CD。
　　问题：他是一个：
　　　A. 香港人　　　　B. 歌手　　　　C. 买CD的人　　　D. 歌迷(แฟนเพลง)

(5) 男：老师今天要请我们吃饭。
　　女：不会吧？我刚刚从老师那里来！
　　问题：女的的意思是：
　　　A. 老师请他吃饭了　　　　　　　B. 他从老师那里来
　　　C. 老师不会请他们吃饭　　　　　D. 老师说不请他们吃饭

2. 以下是两首中国民歌,边听边填空

在那遥远的地方

在那遥远的<u>地方</u>,有位好姑娘,<u>人们</u>经过了她的帐房,都要<u>回头</u>留恋地张望。
她那粉红的笑脸,好像红太阳;她那活泼动人的<u>眼睛</u>,好像晚上明媚的<u>月亮</u>。
我愿抛弃了财产,<u>跟她去放羊</u>;<u>每天</u>看着她粉红的<u>笑脸</u>,和那美丽金边的衣裳。
我愿做<u>一只小羊</u>,跟在她<u>身旁</u>;我愿她拿着<u>细细</u>的皮鞭,不断<u>轻轻</u>打在我<u>身上</u>。

茉莉花

好一朵茉莉花,好一朵茉莉花,满园花草,香也香不过它。我有心采一朵戴,又怕<u>看花的人</u>要将我骂。

好一朵茉莉花,好一朵茉莉花,<u>茉莉花开</u>,雪也白不过它。<u>我有心采一朵戴</u>,又怕旁人笑话。

好一朵茉莉花,好一朵茉莉花,满园花开,比也比不过它。我有心采一朵戴,<u>又怕来</u>年<u>不发芽</u>。

回答问题
唱歌的人还在学校吗？

3. 听后复述

(1) 男：朱老师四十岁了！
　　女：不会吧？他看起来像二十多岁。

(2) 男：我昨天买了一个新手机,才四千铢。
　　女：真的吗？在哪里？还有吗？

(3) 男：我哥哥认识贝克汉姆。
　　女：不可能吧？
　　男：真的,不信你可以去我家看他们的照片。
　　女：照片也不一定是真的！

(4) 女：我明天八点一定会来！
　　男：你别骗我啊。
　　女：骗你是小狗！

第十课　她可以放心地休息了

听力练习

 语音训练

1. 听后跟读

(1) 写生的学生没穿鞋子,穿着靴子。

(2) 很多人都在火车站的候车室里躲雨。

(3) 姐姐给我买了棉袄,恰恰爷爷也买了棉袄,谢谢姐姐和爷爷。

2. 找出你听到的句子

(1) A. 一夜北风紧　　　　B. 一月北风进

C. 一夜北风进　　　　D. 一月北风紧

(2) A. 我们都走在左道上　　B. 我们多走在左道上

C. 我们都坐在走道上　　D. 我们多坐在走道上

 听力训练

精　听

1. 听一遍会话课文,回答问题

(1) 男：你哪里不舒服？
女：我嗓子疼。
男：我看看……嗓子发炎。
　　给你开一点儿消炎药。
问题：病人哪里不舒服？

(2) 男：你怎么了？
女：我咳嗽
男：厉害吗？
女：比较厉害。
男：有痰吗？
女：没有。
问题：病人怎么了？

(3) 男：你好一点儿了吗？
女：好多了,谢谢你的关心。
男：还是要多休息啊。
问题：女的的病怎么样了？

(4) 男：你身体怎么样？
女：还是老样子,不太好。
男：你应该多休息、多锻炼,别多想。
问题：女的以前身体好吗？

(5) 女：你哪里不舒服？
　　男：呕吐、拉肚子。
　　女：拉了几次？
　　男：今天早上拉了三次。
　　女：肚子疼吗？
　　男：疼。很难受。
　　女：你吃了不干净的东西。要打针！
　　问题：病人有没有呕吐？

(6) 女：你考得怎么样？
　　男：还行。
　　女：你哥哥呢？
　　男：他当然考得很好。
　　问题：哥哥是个怎么样的学生？

(7) 女：考完试了吗？
　　男：今天刚考完。
　　女：考得好吗？
　　男：不错。
　　问题：今天男的做什么了？

2. 听句子，选择正确答案

(1) 我头不疼，嗓子不疼，肚子也不疼，就是很难受。
　　问题："我"怎么了？
　　A. "我"很难受　　B. "我"头疼　　C. "我"嗓子疼　　D. "我"拉肚子

(2) 他高兴地告诉我："我的女朋友去美国了，我们不在一起了。"
　　问题：他怎么了？
　　A. 女朋友走了，他不高兴　　　　B. 他想跟女朋友在一起
　　C. 女朋友走了，他很高兴　　　　D. 他要和女朋友一起去美国

(3) 我爸爸妈妈好像不爱我，他们只关心我考试考得好不好，不关心我每天过得高兴不高兴。
　　问题："我"爸爸妈妈怎么样？
　　A. 不关心"我"　　　　　　　　B. 不爱"我"
　　C. 太关心"我"考得怎么样　　　D. 过得很高兴

(4) 下星期三我准备陪张教授去大学看看，小云陪张太太去大皇宫参观，然后我们一起吃饭。
　　问题：下星期三"我"和谁一起吃饭？
　　A. 张教授　　　　　　　　　　B. 张教授和张太太
　　C. 张太太和小云　　　　　　　D. 小云、张教授和张太太

(5) 她脸色不好，好像病了。不过她的同学告诉我，她这几天复习考试，太累了。
　　问题：她怎么了？
　　A. 病了　　　　　　　　　　　B. 考得不好
　　C. 复习太累了　　　　　　　　D. 告诉我她没病

3. 听对话,判断正误

林太太：小美,你脸色不好,哪里不舒服?
王　美：我头疼,嗓子也疼,很难受。
林太太：我看看,哎呀,你还发烧。今天别去上班了,先去医院看病,然后回家休息。
王　美：不行啊,今天学生考试,我要去看看。
林太太：你这样能去吗?
王　美：我觉得我是感冒了。我有感冒药,吃几片就行。
林太太：还是先问问医生吧,药不能随便吃。
王　美：没关系,是小病,不用每次都去看病,自己吃一点儿药就行了。我们在中国常常这样。
林太太：是吗?可我还是不放心啊。
王　美：真的没关系,我身体很好,没问题。

(1) 王美嗓子疼,头也疼。□　　(2) 王美今天不想去上班了。□
(3) 王美今天要考试,一定要去上班。□　(4) 王美一定是感冒了。□
(5) 中国人觉得感冒是小病,都不去看病。□　(6) 王美要吃感冒药。□
(7) 林太太不放心王美的身体。□　(8) 王美今天身体很好。□

泛　听

1. 听对话,选择正确答案

(1) 女：我真受不了我妈妈!我说去中国她不放心,我说去清迈她还是不放心,每天在家里看着我,她就放心了。
　　男：别这么说,她也是关心你嘛。
　　问题："我"怎么样?
　　A. "我"妈妈不希望"我"去中国和清迈　B. "我"妈妈关心"我","我"也很关心她
　　C. "我"不爱妈妈,妈妈也不爱"我"　　D. "我"妈妈对"我"不放心,"我"很生气

(2) 男：我放在桌子上的钱包没有了。
　　女：哎呀,刚才有一个男孩子在教师办公室里,我进来的时候,看见他很快地把一个东西放进自己的书包里,然后就跑出去了。
　　问题：那个男孩子可能是：
　　A. 教师　　　　B. 小偷　　　　C. 学生　　　　D. 要钱的人

(3) 男：王老师,听声音,您好像感冒了?
    女：对,我感冒好几天了,嗓子发炎,前几天都不能讲课了。今天好一点儿了,才能来上班。
    问题：他们最可能在哪里说话?
    A. 医院里　　　　B. 教室里　　　　C. 电话里　　　　D. 家里

(4) 男：昨天晚上我肚子疼得厉害,呕吐,拉了十多次。
    女：我看,肯定是急性肠胃炎。你昨天晚饭吃什么了?
    问题："急性肠胃炎"可能是什么意思?
    A. 吃的东西　　　B. 一种病　　　　C. 很难受　　　　D. 一个医院

(5) 男：李梅,你的考试都完了吗?
    女：都完了。中午我去考试处拿试卷了。刚才看了一下,学生们考得都还不错。
    问题：李梅是谁?
    A. 学生　　　　　　　　　　　　　B. 老师
    C. 在考试处工作的人　　　　　　　D. 学生的父母

2. 听短文,选择正确答案

一封信

亲爱的：

　　好几天没给你写信了。你还好吗?

　　最近期中考试,工作很忙。我刚改完两个班的试卷,大部分学生考得都不错,可是有几个人考得不好,没及格。我有点担心。

　　我住到林家已经一个月了。他们对我很好,林太太特别关心我。昨天,我感冒了,早上起床很不舒服,下班回家就回房间睡觉。起来的时候,已经是晚上七点了,林太太为我做好晚饭,是我最爱吃的面条。她以前不会做中国北方菜,我来了以后,她开始学习做中国北方菜。面条也是她刚刚学会的。吃了面条,我觉得好多了。

　　病的时候,特别想念北京,想念爸爸妈妈,也想念你。今天,我觉得自己好了。

　　　　　　　　　　　　　　　　　　　　　　　　　　　　　　　　王美

(1) 王美的学生考得怎么样?
    A. 不错　　　B. 不好　　　C. 有几个考得不错　　　D. 有几个考得很好
(2) 王美担心什么?
    A. 考试　　　B. 那几个学生　C. 工作　　　　　　　　D. 身体
(3) 昨天王美下班以后做什么?
    A. 看试卷　　B. 做饭　　　C. 回房间　　　　　　　D. 睡觉

(4) 昨天晚上王美吃什么？
   A. 面条　　　B. 北方菜　　　C. 中国菜　　　　　　D. 中国北方菜
(5) 这封信王美写给谁？
   A. 北京人　　B. 爸爸妈妈　　C. 她的男朋友　　　　D. 不知道

3. 听后复述

(1) 男：你脸色很难看，哪里不舒服？
　　女：我也说不上来，哪里都难受。

(2) 男：听说你病了，好点儿了吗？
　　女：好多了，谢谢你的关心。
　　男：你还是要多注意身体。

(3) 女：哪里不舒服？
　　男：拉肚子。
　　女：拉得厉害吗？
　　男：很厉害，一个小时拉五六次。

(4) 男：小李肯定吃了不干净的东西。
　　女：他怎么了，拉肚子了？
　　男：对，还吐，今天吃的东西都吐出来了。
　　女：哎呀，快去医院看看吧！

第十一课　我们唱什么歌

1. 听后跟读音节

　　ai　　　阿+姨→哀
　　ei　　　蛇+移→谁
　　ao　　　啊+噢→傲
　　ou　　　噢+屋→欧

2. 听后跟读词

| 胃癌 | 爱好 | 海鸥 | 黑海 | 给稿 | 美眸 |
| 好厚 | 找谁 | 早走 | 周遭 | 白头 | 都背 |

3. 划出你听到的词

| 百变—北边 | 假寐—假卖 | 派对—配对 | 耐心—内心 |
| 罩子—肘子 | 抽出—超出 | 臊味—馊味 | 发愁—发潮 |

精　听

1. 听一遍会话课文,回答问题

　　(1) 男：明天我想找李教授,你可以带我去吗？
　　　　女：对不起,明天我没时间。
　　　　男：那怎么办？
　　　　女：你看这样行不行,我今天晚上先给他打个电话。
　　　　问题：今天晚上女的给谁打电话？

154

(2) 男：你去还是我去？
女：还是你去吧。
男：为什么我去，你不去？
女：你们最好一起去。
问题：女的和男的愿意去吗？

(3) 男：你们能不能不要看电视了？
女：不看电视做什么？
男：要不我们出去散散步吧？
问题：女的正在做什么？

(4) 女：我要去买菜，你想吃什么？
男：随便。
女："随便"是什么？我不懂，我看还是你自己去买吧。
男：要不我们别做饭了，出去吃吧。
女：你最好先看看我们银行里还有多少钱。
问题：女的为什么让男的看他们银行里有多少钱？

(5) 男：你每天要写一百个汉字，读二十页书。
女：不行啊，太累了！
男：你想毕业，就得那么努力。
问题：女的每天要做什么？

(6) 男：你得洗衣服、打扫房间了！
男：为什么我要做那么多事情，你什么也不用做？
男：因为你是儿子，我是爸爸。
问题：爸爸要做什么？儿子要做什么？

(7) 女：先生，请不要抽烟。
男：对不起，我不知道这里不能抽烟。
女：没关系。
问题：这里不能做什么？

(8) 男：六点半了，得出发了。
女：来了，来了。
男：你没穿袜子，我说了，一定要穿！
女：好，好，我去穿……行了。
男：到了那里，一定要微笑，一定要有礼貌。
问题：他们要去旅行，对吗？

2. 听句子,选择正确答案

(1) 李小姐,请你帮我打一个电话给林先生,再写一封给北京的汽车公司。还有,给我倒一杯茶。

问题:李小姐要做什么?

A. 打电话　　　　B. 写信　　　　C. 倒茶　　　　D. 以上全部

(2) 这里很大,也很舒服,还很便宜,租这里吧。

问题:这里是:

A. 住的地方　　　B. 教室　　　　C. 公园　　　　D. 汽车

(3) 爸爸妈妈每天对我说"不要这样"、"不要那样",可是我已经十八岁了。

问题:这个人的意思是:

A. 爸爸妈妈不要他

B. 爸爸妈妈说很多话

C. 我不是孩子了,爸爸妈妈不应该管我了

D. 我十八岁了,爸爸妈妈不知道我要做什么

(4) 我是一个英语老师,我的学生有亚洲人、有非洲人,也有南美洲人。

问题:"我"的学生中没有:

A. 亚洲人　　　　B. 北美洲人　　　C. 非洲人　　　D. 南美洲人

(5) 别着急,吃完饭先散散步,然后再开始做作业。

问题:什么时候做作业?

A. 着急的时候　　B. 吃完饭以后　　C. 散步以后　　D. 开始以后

3. 听短文,判断对错

中文系有一个汉语节目表演会,二年级二班的同学准备了一个唱歌节目。王美老师教他们唱一首中国民歌,叫《茉莉花》。大家觉得这首歌很好听。唱歌的同学有男生,也有女生,大家第一次一起唱歌,有很多问题。练习了很多次,还是觉得不太好听,有几个同学就着急了。有一个同学去四班,看到四班的同学也在准备节目,他们的节目是中国武术。可是,参加的同学里有一个不是四班的同学。大家觉得很奇怪,王美老师说:"不要管别人的事。"大家都同意先练习好唱歌,然后再去借几套中国传统的衣服。穿中国的衣服,唱中国的歌,这个节目一定很不错。

(1) 二班同学本来就会唱《茉莉花》。☐　(2)《茉莉花》是一首好听的民歌。☐

(3) 唱歌的同学都是二班的女同学。☐　(4) 大家第一次一起唱歌。☐

(5) 大家有很多问题问王美老师。☐　(6) 四班的节目是中国舞蹈。☐

(7) 大为不是四班的学生。☐　　　　(8) 同学们没有中国传统的衣服。☐

泛　听

1. 听对话,选择正确答案

（1）男：王老师呢？她说两点来教室教我们唱歌,可是还没来。
　　女：我刚刚还在办公室见到她呢,在不在宿舍？
　　问题：王老师在哪里？
　　A. 教室　　　　　　B. 办公室　　　　C. 宿舍　　D. 不知道

（2）男：你们要去北京？不是说你们准备去台北吗？
　　女：本来我们是要去台北,可是没买到机票,听说北京的秋天很漂亮,就改成去北京了。
　　问题：以下句子哪一个对？
　　A. 他们本来就要去北京　　　　　B. 以前他们想去台北
　　B. 他们没买到去北京的机票　　　D. 他们听说秋天很漂亮

（3）女：我们得走了,别人都已经到了。
　　男：别人？不是我们两个人吃饭吗？
　　问题：男的的意思是：
　　A. 他想两个人吃饭　　　　　　　B. 他想知道谁跟他们一起吃饭
　　C. 他不知道还有别人跟他们一起吃饭　D. 他和别人一起吃饭,不跟女的吃饭

（4）女：你不该穿这样的衣服,也不该说那样的话。
　　男：你别管我的事,好吗？
　　问题：男的现在：
　　A. 不高兴　　　　　B. 着急　　　　　C. 有问题　　D. 跟第一个人商量事情

（5）男：我的电脑坏了,小李说是软件问题,小林说是硬件问题。
　　女：我看你最好去问问小丽,她是电脑修理班第一名。
　　问题：电脑有问题应该去找谁？
　　A. 小李　　　　　　B. 小林　　　　　C. 小丽　　D. 第一名

2. 听歌曲,填空

甜蜜蜜

　　甜蜜蜜,你笑得甜蜜蜜,好像花儿开在春风里,开在春风里。在哪里,在哪里见过你,你的笑容多么熟悉,我一时想不起。啊,在梦里,梦里梦里见过你,甜蜜,笑得多甜蜜。是你,是你,梦见的就是你。在哪里,在哪里见过你,你的笑容多么熟悉,我一时想不起,啊,在梦里。

3. 听后复述

(1) 男：我们吃什么好呢？
　　女：吃日本菜，好吗？
　　男：日本菜很贵啊。
　　女：刚刚拿工资，没关系。

(2) 男：小姐，请不要拍照。
　　女：这里不能拍照吗？
　　男：对，那里写了。
　　女：哦，对不起，我没看见。

(3) 男：我们走了。
　　女：一定要再来啊！
　　男：好，回去吧！别送了。
　　女：慢慢走。

(4) 男：看电影还是去唱卡拉OK？
　　女：都想去。
　　男：可是，你得早回家，对吗？
　　女：那就看电影吧。

第十二课　她不让我抽烟

听力练习

一　语音训练

1. 听后跟读音节

ia　一+阿→压

ua　屋+阿→挖

uo　屋+喔→窝

2. 听后跟读词

佳节　恰切　瞎写　化解　节瓜　花鞋　花朵　跨过

懦弱　坐月子　多学　绝活　解决　确切　学写

3. 画出你听到的词

佳节—姐姐　<u>暑假</u>—秫秸　瞎写—<u>歇夏</u>　牵挂—<u>牵过</u>　夸奖—<u>扩张</u>

花苗—<u>火苗</u>　一夜—<u>一月</u>　绝食—<u>节食</u>　确实—切实

二　听力训练

精　听

1. 听一遍会话课文,回答问题

(1) 男：欸,是你啊！

女：怎么那么巧？你也来了。

问题：他们知道他们会见面吗？

(2) 男：小林,还认识我吗？

女：王白？真没想到会在这里见到你啊！

问题：他们常常见面,对吗？

(3) 男：张老师！

女：你是……哦,想起来了,林小平！你怎么在这里？

男：我是您的导游啊！

女：真是太巧了！

男：是啊,这个世界太小了。

问题：张老师在做什么？

(4) 男：王美,甘雅让你给她打电话。

女：知道了,谢谢。

问题：谁要给谁打电话？

(5) 男：老师叫我们下课以后去办公室。

女：什么事啊？

问题：老师为什么叫"我们"去办公室？

(6) 男：小雅,爸爸让我问你好。

女：他身体怎么样？

问题：谁问谁好？

(7) 男：明明让我转告你,他走了。

女：什么？他走了？他会给你打电话吗？

男：会啊。

女：请你转告他,下次回来我请他吃饭。

问题：谁走了？

(8) 男：他又抽烟了！

女：讨厌死了！

问题：他死了吗？

(9) 男：我的电脑总是坏,真烦人。

女：没有电脑头疼,有电脑也头疼。

问题：女的病了吗？

(10) 男：我隔壁房间那个人真让人讨厌。

女：怎么了？

男：他每天晚上听音乐,吵死了！

问题："我"每天跟隔壁房间的人吵,对不对？

2. 听句子,选择正确答案

(1) 丹来了,她叫我转告你,你爸爸让你给王老师打电话。

① 爸爸让谁打电话？

　A. 丹　　　B. "我"　　　C. 你　　　D. 王老师

② 打电话给谁？

　A. 丹　　　B. "我"　　　C. 你　　　D. 王老师

(2) 现在是春天,怎么那么热啊？

问题：这句话的意思是：

A. 很热　　　　　　　　　B. 为什么那么热

C. 春天不应该那么热　　　D. A 和 C

(3) 我想去看电影,没有好看的电影；我想看电视,没有好看的电视；只好回房间看书。

问题：什么好看？

A. 没有什么　　B. 电影　　C. 电视　　D. 书

(4) 我真的不知道明天考试，不然我一定不会去参加昨天的晚会。
    问题：他昨天做什么了？
    A. 不知道　　　B. 考试　　　C. 参加晚会　D. 准备考试

3. 听短文，判断正误

小白是李力的女朋友。她很爱李力，李力也很爱她。他们差不多每天都在一起。现在，李力的朋友也是小白的朋友。何娜和明月都是小白的朋友了。小白常常管李力，不让他抽烟，不让喝酒，李力也知道抽烟喝酒对身体不好，所以他觉得没关系。可是，小白还不让他一个人旅行，不让他睡懒觉，不让他用太多的钱……李力有时很不高兴，跟小白吵。何娜和明月觉得李力不是孩子了，小白不应该管那么多。但是，她们想一想：睡懒觉不是好习惯，花很多钱也不好。还有他为什么一个人旅行？为什么不跟女朋友一起旅行呢？看来，小白没有错。

(1) 小白差不多每天都跟李力的朋友在一起。□
(2) 何娜和明月先认识李力，然后认识小白。□　　(3) 小白爱管李力。□
(4) 李力知道抽烟对身体不好。□　　　　　　　　(5) 李力觉得不抽烟没关系□
(6) 李力常常跟小白吵。□
(7) 何娜和明月觉得小白不是小孩了。□
(8) 想一想以后，何娜和明月觉得小白应该管李力。□

泛　听

1. 听对话，选择正确答案

(1) 男：为什么每个人都说张医生的女儿又漂亮又聪明？我不觉得。
    女：那些人都要找张医生看病，你还不明白吗？
    问题：男的应该明白什么？
    A. 张医生的女儿真的漂亮、聪明　　B. 很多人找张医生看病
    C. 那些人想让张医生高兴　　　　　D. 那些人都有病

(2) 女：这本词典三十五块六，我给你一百块，你给我六十四块四。
    男：请你别那么着急，让我慢慢算……
    问题：男的应该做什么？
    A. 给女的六十四块四　　　　　B. 别着急
    C. 慢慢算　　　　　　　　　　D. 给女的一百块

(3) 男：明月，这是你的作文，写得很好，有几个汉字写错了。
    女：陈老师，真是太麻烦你了。
    问题：陈老师做什么了？
    A. 麻烦的事情　　　　　　　　B. 写作文
    C. 看明月的作文　　　　　　　D. 看明月写的汉字

(4) 女：这是菜单,想吃什么就点什么,别客气。
男：我和太太吃什么都可以,还是等孙经理来了以后再点吧。
问题：谁请客?
A. 女的　　　B. 男的　　　C. 男的和他太太　　　D. 孙经理

(5) 女：你不是跟李力他们去吃晚饭了吗?怎么刚回家又饿了?
男：我们光喝酒、聊天了,没吃什么东西。
问题：男的和李力一起做什么?
A. 吃晚饭　　B. 喝酒、聊天　　C. 没做什么　　　D. 回家

2. 边听顺口溜,边填空

(1) 树上结了四十四个涩柿子,
树下蹲着四十四只石狮子;
树下四十四只石狮子要吃树上四十四个涩柿子;
树上四十四个涩柿子不让树下四十四只石狮子吃它们四十四个涩柿子;
树下四十四只石狮子就是要吃树上四十四个涩柿子。

(2) 金钱花,十八朵,大姨妈,来接我,猪拿柴,鸡烧火,猫儿做饭笑死我。

(3) 佳佳买双鞋子,
姐姐买个匣子,
佳佳放下鞋子,
看姐姐的匣子。
姐姐要佳佳的鞋子,
佳佳要姐姐的匣子,
佳佳姐姐买鞋子又买匣子。

(4) 我和鹅,鹅和我,我鹅饿,喂我鹅,鹅饿喂我鹅,喂鹅鹅不饿。

3. 听后复述
再听一遍顺口溜2、3、4,听一句跟读一句。

4. 听后跟读
继续听诗歌的最后一段,听一句跟读一句
(3)
星期四的下午,风在吹,
白色的窗帘,轻轻地飘了起来。

是谁在窗外吹口哨呼唤我？
我想再做一个梦。

再听诗歌的第一段，说一说跟刚才听到的最后一段有什么不同？

(1)

星期三的下午，风在吹，
我睡着了。
白色的窗帘，轻轻地飘了起来。
毛毛兔来了，
在窗外吹口哨呼唤我。

第十三课　先往南走,然后往东走

听力练习

 语音训练

1. 听后跟读音节

iao
阿 凹 腰 摇 咬 要

iou
噢 欧 忧 油 揪 秋 修 球 有 又 九 朽 旧 锈

uai
阿 埃 歪 崴 外

uei
诶 喂 催 虽 隋 追 吹 垂 谁 嘴 最 璀 脆 碎 坠 睡 归 亏 辉 鬼 悔 贵 愧 会

2. 听后跟读

要有　外交　教委　久违　求快　外围　摔跤　怀旧　腰围　有为

 听力训练

精　听

1. 听一遍会话课文,回答问题

(1) 男：请问,洗手间在哪里？
　　女：一直走,然后往右。
　　问题：洗手间在哪里？

(2) 男：请问,图书馆怎么走？
　　女：你顺着这条路走大概五百米,就到了。在你的左手边。
　　问题：图书馆离他们说话的地方有多少米？

(3) 男：请问王府井怎么走？
　　女：看到那个红绿灯了吗？在那里向右拐，再过两个路口就到了。
　　问题：在哪里向右拐？

(4) 男：请问这里是美术馆吗？
　　女：不，这里是博物馆。
　　男：你知道美术馆在哪里吗？
　　女：对不起，我也不清楚，你们问问别人吧。
　　问题：这是哪里？

(5) 男：请问，白塔寺怎么走？
　　女：哎呀，我也不太清楚。我知道在西四附近。
　　男：西四在哪个方向？
　　女：你们往西一直走就到了。
　　问题：白塔寺在哪里？

(6) 男：对不起，请问，车站在哪里？
　　女：你们要去哪儿？
　　男：去火车站。
　　女：那你们要先过马路，过了马路，再走一会儿就是了。
　　男：远吗？
　　女：不远，走五分钟吧。
　　问题：怎么去车站？

(7) 男：对不起，我们想去最近的地铁站，应该怎么走？
　　女：顺着那条路一直走，在第三个路口往左拐。
　　男：就在路口附近吗？
　　女：得再走几分钟，就在天桥下边。
　　问题：在哪里往左拐？

2. 听句子，选择正确答案

(1) 我在东四向好几个人问路，有的说不知道，有的说向南，有的说向北。
　　问题："我"应该怎么走？
　　A. 向南　　B. 向北　　C. 向东　　D. 不知道

(2) 现在几点，八点了？还有十分钟考试就开始了。
　　问题：这句话是什么意思？
　　A. 现在几点　　　　　B. 考试什么时候开始
　　C. 考试十点开始　　　D. 考试八点十分开始

(3) 哎呀，你怎么还在看电影？他们就要到了，你快去穿好衣服？
　　问题：为什么要穿衣服？
　　A. 有人要来　　B. 他们要出去　　C. 他们要去看电影　　D. 他迟到了

(4) 我以为他就快来了,可是昨天他发邮件来说下个月来。
    问题:我可能以为他什么时候来?
    A. 下个月   B. 昨天   C. 上个月   D. 这个月
(5) 你一直向南走,到第一个路口往右拐就到了。图书馆在你的左手边。
    问题:不对的是:
    A. 你要先向南走   B. 你要去图书馆
    C. 你在第一个路口往左拐   D. 图书馆不太远

3. 听短文,判断对错

张教授买新房子了,他请何娜和明月去参观他的新家,在他家吃午饭。他的新家在回龙观小区,很大很好,可是不太方便,离学校比较远,离公共汽车站也比较远。何娜和明月早上十点从学校出发,路上堵车,十一点半才到回龙观车站。

有一个人告诉他们怎么去小区,可是他不愿意告诉她们哪边是南。因为他觉得她们自己可以找到南边,看看太阳就知道了,很容易。可是何娜和明月都从东南亚来,都不习惯这样找东南西北。

张教授后天就要去东南亚了。他和其他教授一起参观和访问别的大学。他觉得中国的大学应该向美国、英国的大学学习,也应该向东南亚的大学学习,因为每个地方的大学都有好的地方。

(1) 张教授住在新房子里。□   (2) 张教授家很好很方便。□
(3) 何娜和明月在车上一个小时。□   (4) 那个人觉得找到南边很容易。□
(5) 泰国和马来西亚都是东南亚国家。□
(6) 张教授去美国、英国和东南亚参观访问。□
(7) 张教授觉得中国的大学不好。□   (8) 张教授和其他教授一起去。□

泛　听

1. 听对话,选择正确答案

(1) 女:李太太,你好,我是王美。
    女:哎呀,你就是王老师吗?我以为你是学生呢。
    问:李太太:
    A. 觉得王美很漂亮   B. 不相信(เชื่อถือ ไว้ใจ)王美是老师
    C. 觉得王美很年轻(วัยรุ่น)   D. 不喜欢王美
(2) 男:英子,为什么小云每次考试都拿 A,你就不行?
    女:她聪明嘛。
    问:他们没说,但我们可以知道:

A. 小云很聪明 B. 英子觉得自己不聪明
C. 小云每次拿 A D. 英子不能每次拿 A

(3) 女：你又迟到了，你应该向小林学习学习。
男：你以为小林很准时吗？
问：他们的意思是：
A. 女的认为(เข้าใจว่า)小林很准时，男的不同意
B. 男的认为小林很准时，女的不同意
C. 他们都认为小林很准时
D. 他们都认为小林不准时

(4) 男：你觉得这次我们能得第一吗？
女：希望能吧，不过可能有问题。
问：女的觉得他们能得第一吗？
A. 可能行 B. 行 C. 不行 D. 可能不行

(5) 男：星野叫我们出门之前去叫小见。
女：小见？小见不是来接我们吗？
问：星野叫谁做什么？
A. 叫小见接我们 B. 叫我们叫小见
C. 叫小见叫我们 D. 叫我们接小见

2. 听短文，填空

快　了

朋友们都叫小见"快了"，为什么呢？

早上七点四十。小见还在床上，忽然他坐起来："哎呀，快上课了！"他洗脸刷牙穿衣服，然后往学校跑，还是迟到了。

中午十二点，小见要跟女朋友见面。十一点半，他还在图书馆听英语。忽然，他说："哎呀，就快十二点了，我得走了。"他跑到见面的地方，女朋友已经生气了。

小见的好朋友小再就要去美国学习了，小见要去机场送他。下午四点，小见在复习，忽然他大叫："哎呀，小再的飞机快起飞了。"他坐出租汽车到机场，小再已经走了。

小见很难受。女朋友让他把手表拨快一个小时。以后，早上七点四十，小见的手表是八点四十，别人的十一点是小见的十二点。

可是，朋友们还是叫小见"快了"，因为他的手表快了。

(1) 朋友们叫小见_____。
(2) 快_____了，小见还没起床。
(3) _____半，小见还在图书馆听英语。

(4) 小见的好朋友小再就要_____。

(5) 下午四点,飞机快_____。

(6) 小见的手表_____。

3. 听后跟读

(1) 男：请问教师宿舍楼离这里远吗？

女：不远,走路十分钟就到了。

(2) 男：经理办公室在哪儿？

女：在五层,出了电梯门向左拐,最后一个房间。

男：电梯在哪里？

女：一直走就是。

(3) 男：请问,怎么过马路？

女：你得往后走大概五十米,那里有一个天桥。

男：麻烦你了。

女：不客气。

(4) 男：请问,王府井到了吗？

女：没到呢。

男：到了请告诉我。

女：没问题。

男：下了车就是吗？

女：不,你还得走几步。

第十四课　他们踢得不错

听力练习

 语音训练

画出你听到的字和词,然后跟读

iou – iao

| 有人—<u>咬人</u> | <u>有钱</u>—要钱 | <u>由头</u>—摇头 | <u>女优</u>—女妖 |
| <u>持久</u>—赤脚 | 糗事—<u>巧事</u> | 休息—<u>消息</u> | |

uai – uei

<u>外遇</u>—卫浴	歪斜—<u>威胁</u>	<u>崴</u>—尾	<u>意外</u>—意味
揣着—<u>吹着</u>	摔倒—<u>谁到</u>	追出去—<u>拽出去</u>	
很贵—<u>很怪</u>	坏了—<u>会了</u>	<u>快烂了</u>—溃烂了	

 听力训练

精　听

1. 听一遍会话课文,回答问题

(1) 男:小云,你考试考得怎么样?
　　女:挺好的。
　　男:小冬呢?
　　女:他应该考得不错,我看他复习得很认真。
　　问题:小云知道小冬考得怎么样吗?

(2) 男:好久不见,这几年过得好吗?
　　女:过得很好。你呢?
　　男:马马虎虎,还是老样子。
　　问题:他们可能两年没见了,对吗?

(3) 女:大为,你汉语学得怎么样了?
　　男:还行,听和说的水平提高得比较快。
　　女:汉字很难吧?
　　男:是啊,我写汉字写得又慢又难看。
　　问题:听说读写中,大为的什么比较好?

(4) 男:你们上课上得怎么样?
　　女:不怎么样。
　　男:什么叫不怎么样?
　　女:老师解释语法解释得不太清楚。
　　问题:他们上课上得好吗?

(5) 女：小强有女朋友了。
　　男：真的吗？长得怎么样？
　　女：长得很可爱。
　　男：小强高兴得很吧？
　　女：不是高兴得很，是高兴极了！
　　问题：小强的女朋友长得怎么样？

(6) 男：昨天你们表演节目表演得成功不成功？
　　女：表演得不太成功。
　　男：为什么？
　　女：你知道，我们班的同学唱歌都唱得一般。
　　问题：他们表演什么节目？

2. 听句子，选择正确答案

(1) 我对英国很感兴趣，那里我有喜欢的足球运动员，比如贝克汉姆、欧文；还有我喜欢的演员，比如休·格兰特、爱玛·汤普森。
　　问题：欧文是：
　　A. 英国演员　　B. 英国运动员　　C. 英国足球运动员　　D. 英国足球演员

(2) 我不认识那个人，但他肯定是这个学校的老师，因为我看见他在教室给学生上课。
　　问题：为什么他肯定是这个学校的老师？
　　A. 因为我认识他　　　　　　B. 因为他告诉学生
　　C. 因为学生告诉我　　　　　D. 因为他在教室上课

(3) 我和男朋友很少见面，我们平时工作都太忙了，周末有点儿时间，又要跟父母和家人在一起。
　　问题："平时"是什么时候？
　　A. 工作的时候　　　　　　　B. 周末
　　C. 星期一到星期五　　　　　D. 有时间的时候

(4) 我觉得他应该去参加比赛，他身体很好，跑步跑得很快，而且他喜欢运动。
　　问题："我"知道：
　　A. 他想去参加比赛　　　　　B. 他喜欢运动
　　C. 他喜欢跑步　　　　　　　D. 他跑步跑得很快

(5) 我的英语听力水平提高得不快，因为我平时听得太少了。
　　问题："我"听什么听得太少了？
　　A. 课　　　B. 听力水平　　　C. 英语　　　D. 不知道

3. 听短文，判断对错

　　就要测验了，小冬准备得差不多了，但他还是有点儿担心。他觉得每次测验的内容都很多，时间太少。

　　昨天他遇到一个朋友，这个朋友大学的时候也学习汉语。他是个聪明、努力的学生，汉语学习得不错。现在他是导游。这个朋友告诉小冬，他常常听不懂中国客人说的汉语。因为那些中国人说汉语说得太快，而且说得不太标准。

　　小冬觉得自己的听力不太好，提高得很慢。今天小冬又遇到老师王美。王美老师告诉他提高听力水平的方法,要常常跟中国人在一起聊天儿。因为小云每天跟王美老师在一起,所以她的听力水平提高得那么快。但是小冬没有中国朋友,怎么办呢?王美老师说,他应该听中文广播和看中国的电视节目。

(1) 昨天测验了。□ (2) 小冬很担心,因为他没有准备。□
(3) 小冬有一个朋友是导游。□ (4) 小冬的朋友学习汉语学习得不好。□
(5) 一些中国客人说汉语说得太快。□
(6) 每个中国客人说汉语都说得不太标准。□
(7) 王美老师说应该常常跟中国人一起聊天儿。□
(8) 常常听中文广播和看中国电视,也是提高听力水平的好办法。□

泛 听

1. 听对话,选择正确答案

(1) 男:明天要考试了,小林昨天晚上复习,没有睡觉。
    女:平时他做什么呢?
    问题:女的的意思是什么?
    A. 小林平时做什么 B. 小林平时不努力学习
    C. 小林平时复习不复习 D. 小林平时睡觉不睡觉

(2) 男:他说十点给我打电话,可是一直到现在还没打。
    女:他肯定忘了。
    问题:现在可能是几点?
    A. 十一点 B. 差不多十点 C. 十点左右 D. 不知道

(3) 男:小云的爸爸喜欢书法,你知道吗?
    女:当然知道,我看过他写字,写得特别漂亮。
    问题:"书法"可能是什么?
    A. 一本书 B. 一种写字的方法(วิธีการ)?
    C. 一种学习的方法 D. 一种语言

(4) 男:你常常说你妈妈是最好的妈妈,她怎么好?
    女:比如,她在大学教汉语教得很好,在家里教育孩子也教育得很好。
    问题:女的的妈妈做什么工作?
    A. 教大学生汉语 B. 教孩子汉语 C. 教育(การศึกษา)孩子 D. A 和 C

(5) 男:我觉得那个老师说汉语说得很清楚,也很标准。
    女:可是,他说得太快了。
    问题:那个老师说汉语说得怎么样?
    A. 很清楚 B. 很标准 C. 太快了 D. 以上全部

2. 听短文,选择正确答案

没有人不喜欢小云。她长得很漂亮,特别是她的眼睛,美极了。她也很聪明,学习得很轻松,可是每次考试都考得很好。她在大学学习汉语,汉语说得很流利,而且英语说得也不错。还有,她弹钢琴弹得很好,跳舞也跳得很好。

每个人都喜欢小天。他长得很帅、很高。他在大学学习经济,每次考试都考得很好,他汉语说得不太好,可是英语说得流利极了。他还是运动员,跑步跑得很快,打篮球打得特别好。他不会弹琴,可是他唱歌唱得很好听。

一天下午,他们约会了。可是,他们谈得不太愉快。小云和小天都觉得那个下午过得很慢。他们都不愿意再约会了。

大家都说,他们真合适啊,只有他们不这样想。

(1) "没有人不喜欢小云"的意思是:
    A. 每个人都不喜欢小云　　　　B. 每个人都喜欢小云
    C. 谁喜欢小云　　　　　　　　D. 谁不喜欢小云

(2) 下边句子不对的是:
    A. 小云考试考得很好　　　　　B. 小云说汉语说得很流利
    C. 小云不会弹琴　　　　　　　D. 小云跳舞跳得很好

(3) 小天:
    A. 不会跳舞　　　　　　　　　B. 说英语说得很好
    C. 弹琴弹得很好　　　　　　　D. 游泳游得很快

(4) 小云和小天的约会:
    A. 很愉快　　　B. 很快　　　C. 很慢　　　D. 没意思

(5) 最后一句话的意思是:
    A. 大家都喜欢小云和小天　　　B. 大家觉得他们很合适
    C. 小云和小天觉得他们不合适　D. B 和 C

3. 听后复述

(1) 男:听说你爸爸住医院了。
    女:对,中风了。
    男:恢复得怎么样?
    女:还可以,现在能走路了。

(2) 男:你在美国生活得还好吗?
    女:还可以,你过得怎么样?
    男:不错,明年就毕业了。

(3) 男:昨天的音乐会好听不好听?
    女:乐队演奏得好极了。
    男:歌手唱得怎么样?
    女:唱得也很好。

(4) 男:听说你找到工作了。
    女:是啊,找得很累啊!
    男:上班上得怎么样?
    女:还行吧。

第十五课　大为的发言

听力练习

1. 以下每个词读两遍,听后指出你认为对的

jīngtiān	yīnwén	xiǎng jiē	xīwàng
今天	英文	想家	希望
fángjiān	móubǐ	yǒu piào	měi zhōu
房间	毛笔	有票	每周
shuǐpíng	qíng wèn	càidāng	dàxié
水平	请问	菜单	大学
qìshuǎi	yuèbǐng	yànyì	yúkuài
汽水	月饼	愿意	愉快

(注:按拼音读)

2. 听后跟读

司机　单人　开水　希望　钱包　学习　牛奶　平信
喜欢　本来　米粉　我要　蛋汤　练习　自己　电话

3. 画出你听到的词

生活——<u>生火</u>　　李花——梨花　　有雨——<u>游鱼</u>　　腐儒——<u>腐乳</u>

精　听

1. 听一遍会话课文,回答问题

(1) 男:怎么办,这次考试我只拿到C。
　　女:别难过,还有下一次呢。
　　问题:女的的意思是什么?

(2) 男：哎呀,我的钱包呢?
　　女：再找一下儿。
　　男：真的没有了,钱不多,可是我的护照在里面!
　　女：别着急,慢慢想办法。
　　问题：他们在找什么?

(3) 女：小春要跟我分手。
　　男：分手?没什么。我再给你介绍一个男朋友。
　　问题：小春是谁?

(4) 女：已经十二点了,妈妈还没回家呢。
　　男：别担心,她和朋友一起,不会有问题。
　　问题：女的担心谁?

(5) 男：车上人多,小心钱包。
　　女：知道了。你开车也要注意安全。
　　男：我会的。
　　问题：他们一起走,对吗?

(6) 男：你一个人旅行,要小心点儿。
　　女：我会的,你放心。
　　男：吃饭要注意卫生。
　　女：你在家也要注意身体。
　　问题：女的和谁去旅行?

(7) 男：今天是你毕业的日子,祝贺你!
　　女：谢谢,听说你在找工作,祝你成功。
　　问题：男的什么时候毕业?

(8) 女：张老师,听说你当爸爸了,祝贺你啊。
　　男：谢谢,什么时候到我家来看看我女儿?
　　女：我明天要去旅行,回来一定去。
　　男：好,祝你旅途愉快。
　　问题：学生为什么祝贺张老师?

(9) 女：你什么时候走?
　　男：后天。
　　女：祝你在泰国生活愉快。
　　男：谢谢。你姐姐结婚了,对吗?
　　女：对啊,上个星期结婚了。
　　男：那我没有时间去祝贺她了,代我祝她幸福。
　　问题：男的后天要去哪里?

2. 听句子,选择正确答案

(1) 昨天妈妈生哥哥的气了,姐姐问她生什么气?她不说。

问题:谁生气了?

A. 妈妈　　B. 哥哥　　C. 姐姐　　D. 她

(2) 十二点了,小月不敢一个人回家,我去送送她。

问题:从这句话,我们可以知道:

A. 现在是晚上　　　　　　B. "我"要送小月礼物

C. 小月要去旅行　　　　　D. "我"想和小月一起回家

(3) 老师要求同学们读两篇英语文章,还要用汉语写一篇文章。

问题:同学们要做什么?

A. 用英语写一篇文章

B. 读一篇英语文章

C. 读两篇汉语文章,写一篇英语文章

D. 用汉语写一篇文章,读两篇英语文章

(4) 林小平安排几个从北京来的客人坐火车去清迈。

问题:林小平可能要去哪里?

A. 飞机场　　B. 清迈　　C. 北京　　D. 火车站

(5) 丹的爸爸病了,丹现在不在曼谷,所以小云帮她去医院看爸爸。

问题:现在,谁在医院?

A. 丹和她的爸爸　　　　　B. 小云和丹的爸爸

C. 丹的爸爸和小云　　　　D. 小云的爸爸和丹

3. 听对话,判断正误

王　美:大为,你今天下午的发言说得很好。

大　为:谢谢老师。感谢老师叫我去四班。

王　美:你有汉语基础,应该去四班。

大　为:老师,你还生我的气吗?

王　美:生你的气?生什么气?

大　为:我上课的时候睡觉。

王　美:哦!我知道你为什么睡觉,就不生气了。

大　为:老师,现在二班的同学们学得怎么样?

王　美:他们学得不错,写汉字写得比较快,可是他们的口语和听力水平提高得比较慢。

大　为:因为他们没有中国朋友。

王　美:你的汉语说得很流利,应该多帮助他们。

(1) 王美觉得大为的发言很好。□　　(2) 王美生大为的气,所以叫他去四班。□
(3) 王美忘了大为上课睡觉的事情。□　　(4) 王美现在不生气了。□
(5) 二班的同学写汉字写得很快。□　　(6) 二班的同学说汉语说得比较慢。□
(7) 二班的同学的听力水平提高得不快。□　　(8) 王美请大为帮助二班的同学。□

泛　听

1. 听对话,选择正确答案

(1) 女:各位请在座位上坐好,飞机马上就要降落了。
　　男:小姐,请问我们什么时候能到曼谷?
　　问题:女的对谁说话?
　　A. 小姐　　　　B. 男的　　　　C. 飞机上的人　　D. 各位

(2) 男:请问怎么决定去基础班、中级班还是高级班学习呢?
　　女:如果你没有汉语基础或者只有一点儿基础,你就去基础班;如果你的基础一般,就去中级班;如果你的基础不错,就去高级班。
　　问题:小李在基础班学习,他可能:
　　A. 汉语基础一般　　　　　　　B. 没有汉语基础
　　C. 汉语基础不错　　　　　　　D. 有汉语基础

(3) 女:导游小姐,钱太太是我的朋友,你能不能安排我们住一个房间?
　　女:对不起,王太太,我不知道,我马上给你们重新安排。
　　问题:导游小姐不知道什么?
　　A. 谁是钱太太　　　　　　　　B. 王太太和钱太太是朋友
　　C. 王太太住哪个房间　　　　　D. 怎么安排房间

(4) 男:你知道王飞和李雨分手了吗?
　　女:真奇怪啊,上个月还听说他们要结婚了。他们分手的原因你知道吗?
　　问题:"我们"知道王飞和李雨:
　　A. 要结婚了　　B. 分手的原因　　C. 分手了　　　D. 都很奇怪

(5) 男:今天上英语课上得真紧张。我们先学生词、学课文,然后做练习。
　　女:最后还测验,对吗?我们班也是这样。
　　问题:他们上英语做什么了?
　　A. 学生词、学课文、做练习、测验　　　B. 学生词、学课文、做练习
　　C. 学课文、做练习、测验　　　　　　　D. 学生词、学课文、做测验

2. 听短文,选择正确答案

学 士 · 硕 士 · 博 士

中国的中学生想上大学,要参加一个考试,叫高考。如果学生拿到好成绩,就可以进入自己喜欢的大学,选择自己喜欢的专业。大学四年,如果考试和论文全部及格,就可以毕业,他得到学士学位。BA 是文学学士,BS 是理学学士。

大学毕业生想继续学习。他们还要参加一个考试。成绩好,就可以当硕士研究生。一般学习三年,如果考试和论文全部及格,这些学生就可以得到硕士学位。MA 是文学硕士,MS 是理学硕士。

如果还想学?那就再参加一个考试。成绩好,就可以当博士研究生。学习三到六年,如果博士论文通过了,就可以得到博士学位。

翻译成泰语

1. 学士(學士)　　xuéshì
2. 硕士(碩士)　　shuòshì
3. 博士(博士)　　bóshì
4. 学位(學位)　　xuéwèi
5. 文学(文學)　　wénxué
6. 理学(理學)　　lǐxué

(1) 一个历史系的大学毕业生应该是:
　　A. 学士　　　　B. 文学学士　　　C. 理学学士　　　D. 研究生
(2) 一个电脑系的硕士毕业生应该是:
　　A. 硕士　　　　B. 研究生　　　　C. 文学硕士　　　D. 理学硕士
(3) 一个大学生要拿到学位:
　　A. 要参加高考　B. 全部考试及格　C. 论文通过　　　D. B 和 C
(4) 硕士研究生一般学习:
　　A. 四年　　　　B. 三年　　　　　C. 三至六年　　　D. 三至四年
(5) 一个中文系的博士毕业生应该是:
　　A. 博士　　　　B. 文学博士　　　C. 理学博士　　　D. 博士研究生

3. 听后复述

(1) 男:这次考试我是全年级第一名。
　　女:祝贺你。希望你下学期还得第一。
(2) 男:当心,车!
　　女:这人怎么开车开得那么快?
　　男:可能喝酒喝得太多了。

(3) 男：各位同学请注意听。
女：别说话了,老师要讲考试内容了!
男：老师,请您说得慢一点。
男：别担心,我会说得很慢,很清楚!

(4) 男：我明天去北京,有什么事要我帮你办吗?
女：听说何娜拿到学位了,替我祝贺她。
男：是吗?我也要祝贺她。
女：好,祝你一路顺风。

国家对外汉语教学领导小组办公室规划教材
中国中山大学与泰国华侨崇圣大学合作项目
北大版新一代对外汉语教材·国别汉语教程系列

泰国人学汉语
คนไทยเรียนภาษาจีน

II
练习

徐霄鹰　周小兵　编著
อาจารย์ประพฤทธิ์ ศุกลรัตนเมธี　泰文审订

练习编写
陈淑梅　邓小宁　李英　朱其智
泰文翻译
陈慕贤　（อาจารย์ไพศาล ทองสัมฤทธิ์）
黄友华　（อาจารย์รัตนา จันทรสารโสภณ）
林长茂　（อาจารย์ประพฤทธิ์ ศุกลรัตนเมธี）
刘美春　（อาจารย์เพ็ญฤดี เหล่าปทุมโรจน์）
尹士伟　（อาจารย์ธเนศ อิ่มสำราญ）
张曼倩　（อาจารย์สายฝน วรรณสินธพ）
庄贻麟　（อาจารย์มันทนา จงมั่นสถาพร）

北京大学出版社
PEKING UNIVERSITY PRESS

目 录

第 一 课　我送你几本书 ………………………………………………… 1
第 二 课　我们坐汽车去普吉 …………………………………………… 11
第 三 课　你下午买礼物了吗 …………………………………………… 20
第 四 课　我爸爸妈妈身体很好 ………………………………………… 29
第 五 课　阳朔真是个好地方 …………………………………………… 38
第 六 课　洗干净手了吗 ………………………………………………… 47
第 七 课　我正在等你呢 ………………………………………………… 56
第 八 课　对这儿的气候习惯了吗 ……………………………………… 66
第 九 课　唱唱歌，跳跳舞 ……………………………………………… 76
第 十 课　她可以放心地休息了 ………………………………………… 86
第十一课　我们唱什么歌 ………………………………………………… 96
第十二课　她不让我抽烟 ………………………………………………… 105
第十三课　先往南走，然后往东走 ……………………………………… 115
第十四课　他们踢得不错 ………………………………………………… 123
第十五课　大为的发言 …………………………………………………… 132
词汇总表 …………………………………………………………………… 142

第一课　我送你几本书

词汇及语法练习
（แบบฝึกหัดคำศัพท์และไวยากรณ์）

1. 读一读（อ่านวลี）

大概三千个人	大概八点	大概九瓶	大概有十个同学
一点儿心意	我的心意		
中国文化	泰国文化		
没(有)意思	什么意思	这个词的意思	
给他一个电话	给朋友一本书	给妈妈礼物	给妈妈买礼物
给他打电话	给朋友发电子邮件		
听他们说	听老师说	我听她说	她听同学们说
真好看	好看的电影	好看的书	好看的杯子
很有用	没有用	有用的书	有用的人　有用的词典
不告诉我	我告诉他	告诉他一件事	告诉我明天要上课
马上走	马上来	马上上车	马上告诉他
不知道怎么办	告诉我怎么办	谁知道怎么办	不知道怎么办
一套酒杯	一套书	一瓶酒	
一千套课本	两瓶水	两万瓶可乐	
教英语	教我	教我英语	
教汉语	教我们	教我们汉语	
三斤多榴梿	四块多	十铢多	十万多人
三十多斤榴梿	十多块	二十多铢	十多万人
一百多万	两百多万	五百多万	
一千多万	两千多万	五千多万	
五天多	两年多	三个多月	
十多天	十多年	二十多个月	

2. **替换练习** (แบบฝึกแทนที่รูปประโยค)

(1) 这几本 书 对我很有用。

本	历史书	导游
套	词典	张老师
张	照片	那个记者
件	礼物	弟弟

(2) 妈妈给我一 本 书。

孩子	块	木瓜
妹妹	条	裙子
哥哥	杯	酒
姐姐	些	钱
弟弟	点儿	沙拉

(3) 下星期我给你打 电话。

写	信
买	礼物
看	照片
送	水果

(4) 这里有多少书？——大概有七八本。

照片	十多张
钱	一万多块
学生	十多万人
人	六千多万人

(5) 你喜欢吃 泰国菜吧？

看	电影
学习	历史
吃	水果
去	公园

(6) 李老师教我们汉语。

告诉	这件事情
送	两本书
给	几个本子
教	做中国菜

3. **根据课文判断正误** (จงใส่เครื่องหมาย ✓ หรือ × ตามเนื้อหาบทเรียน)

(1) 王美在北京和泰国一共有一千多本书。☐
(2) 林小平感谢王美的心意,她没有要王美的书。☐
(3) 林小平送王美一本《泰国历史》。☐
(4) 王美对泰国文化兴趣不大。☐
(5) 陈老师知道王美要住林小平家。☐
(6) 王美明天给陈老师打电话。☐
(7) 林小平的爸爸很喜欢喝酒。☐
(8) 王美想送林小平妈妈一套杯子,可是林小平说不用了。☐
(9) 林小平家有十多套杯子。☐
(10) 林小平请王美教她妈妈汉语。☐

4. **选择下列词语完成短文** (จงเลือกคำศัพท์เติมความเรียงขนาดสั้นให้สมบูรณ์)

文化　听说　跟　好看　对　漂亮

有一天,我和我的泰国朋友想去看一个中国电影。____那个电影很____。我的泰国朋友＿＿中国＿＿很感兴趣。

心意　现在　吗　就　告诉　给　几　那　送　意思　怎么办　感谢　说

王明下星期生日。我知道他喜欢喝酒,想＿＿他一瓶酒和＿＿个酒杯。我＿＿他打电话,问他喜欢喝什么酒。可是他＿＿我:"我以前喝很多酒,＿＿身体不好,不喝了。"我问他:"＿＿我送你一套书,好＿＿?"他＿＿我的＿＿,说不用客气了。我真不知道＿＿了。一个中国朋友告诉我＿＿,那是中国人的习惯(ความเคยชิน)。

5. 判断下列句子正误 (จงใส่เครื่องหมาย √ หรือ × ประโยคต่อไปนี้)
   (1) 下午我给书你。□　　　　　　　　(2) 你的妹妹真漂亮吧。□
   (3) 我吃了两个面包多。□　　　　　　(4) 那个学校的学生大概有四千人左右。□
   (5) 你哥哥知道不知道你以前的事情吧?□(6) 陈老师要教汉语给小王。□
   (7) 听说红毛丹很好吃,我要买几个。□(8) 下午三点多我要给妈妈打电话。□
   (9) 那三五本书都是泰文书。□　　　　(10) 晚上李美要对朋友写电子邮件。□

6. 把括号里的词语放在最合适的位置上 (จงนำคำศัพท์ที่อยู่ในวงเล็บวางในตำแหน่งที่เหมาะสมที่สุด)
   (1) 我们班有 A 二十 B 个 C 学生 D。(多)
   (2) 王小平要 A 送 B 几本 C 书 D。(小美)
   (3) 这几个 A 木瓜 B 有三 C 斤 D 吧?(左右)
   (4) 他哥哥 A 来泰国 B 两个 C 多月 D 了。(大概)
   (5) 这本书很便宜,八 A 块 B 钱 C 一 D 本。(多)
   (6) 张老师要 A 教 B 我 C 一点儿 D。(泰语)
   (7) 妈妈要买一个 A 五 B 公斤 C 的 D 大榴梿。(多)
   (8) A 这些 B 东西 C 我 D 很有用。(对)
   (9) A 年 B 以前 C 他还不是 D 记者。(几)
   (10) 曼谷有 A 六百 B 万 C 人 A?(多)

7. 用"给"和"对"填空 (ใช้ "给" หรือ "对" จงเติมช่องว่างให้เหมาะสม)
   (1) 妈妈(　)我说:"你去买一点儿水果。"
   (2) 妈妈(　)我买了一件生日礼物。
   (3) 我哥哥(　)中国文化很感兴趣。
   (4) 我哥哥(　)我一本很有趣的《中国文化》。
   (5) 我要(　)她打电话。
   (6) 我有一件事情要(　)她说。
   (7) 老师有一本书要(　)我。
   (8) 多力(　)王美发电子邮件。

8. 连词成句 (จงเรียงคำศัพท์ให้เป็นประโยค)
   (1) 买 明天 去 几 水果 我 斤 要
   (2) 裙子 一 那 多 钱 千 块 条
   (3) 这 榴梿 三 多 大概 百 个 几 铢
   (4) 心意 是 这 的 他 一点儿
   (5) 太 不 你 用 客气 了
   (6) 礼物 小王 生日 送 件 一 陈老师
   (7) 王美 朋友 泰国 有 三 个 在 四
   (8) 告诉 请 这 事 他 件 你

9. 造句 (แต่งประโยค)
   (1) 只：
   (2) 马上：
   (3) 怎么办：
   (4) 听说：

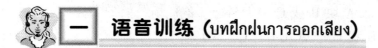

1. 听会话课文,回答问题 (ฟังบทสนทนาหนึ่งรอบแล้วตอบคำถาม)
   (1)
   (2)
   (3)
   (4)
   (5)
   (6)
   (7)

听后跟读

2. 听句子,选择正确答案 (จงฟังประโยคและเลือกคำตอบที่ถูกต้อง)

(1) A. 林小平　　　　B. 王美　　　　C. 王美的爸爸　　　　D. 林小平的爸爸

(2) A. 他教中国学生中国历史　　　　B. 他教泰国学生泰国历史
　　C. 他教中国学生泰国历史　　　　D. 他教中国学生和泰国学生中国历史

(3) A. 五百多块　　B. 一百块　　C. 六百块　　D. 六百多块

(4) A. 12am　　B. 11:50am　　C. 12:05pm　　D. B 和 C

(5) A. 想知道这个学校有多少学生　　　　B. 觉得学校很大
　　C. 想知道这个学校大不大　　　　D. 觉得学生很多

3. 听短文,判断正误 (จงฟังความเรียงขนาดสั้นและใส่เครื่องหมาย √ หรือ × ประโยคต่อไปนี้)

(1) 王美送林小平两本书。□　　　　(2) 那些书不是新书。□
(3) 王美在北京买毛笔。□　　　　(4) 林太太不喜欢中国丝绸。□
(5) 林先生和林太太有很多中国朋友。□　　　　(6) 林太太对汉语有一点儿兴趣。□
(7) 林太太教王美很多泰语。□

泛 听 (ฟัง)

1. 听对话,选择正确答案 (จงฟังบทสนทนาและเลือกคำตอบที่ถูกต้อง)

(1) A. 他正在学语法　　　　B. 这本书很有用
　　C. 这本书很好　　　　D. 他想送小李礼物

(2) A. 黑裙子　　B. 长裙子　　C. 白裙子　　D. 不知道

(3) A. 不来　　B. 九点半来　　C. 十点多来　　D. 不知道

(4) A. 小云给他打电话　　　　B. 小平给他打电话
　　C. 小云给他写信　　　　D. 小平给他写信

(5) A. 一年级英语　　　　B. 一年级汉语
　　C. 二年级英语　　　　D. 二年级汉语

(6) A. 7800　　B. 8700　　C. 4900　　D. 5100

2. 听短文,选择正确答案 (จงฟังความเรียงขนาดสั้นและเลือกคำตอบที่ถูกต้อง)

生词语 (คำศัพท์ใหม่)

1.	小时(小時)	(名)	xiǎoshí	ชั่วโมง
2.	堵车(堵車)		dǔ chē	รถติด
3.	租(租)	(动)	zū	เช่า
4.	平米(平米)	(量)	píngmǐ	ตารางเมตร
5.	房租(房租)	(名)	fángzū	ห้องเช่า

6. 吵(吵)	(形)	chǎo	อึกทึก
7. 情况(情况)	(名)	qíngkuàng	สภาพ
8. 决定(决定)	(动)	juédìng	ตกลงใจ

(1) A. 一个多小时　　B. 两个多小时　　C. 三个多小时　　D. 一两个小时

(2) A. 十平米多,房租一千三百铢　　B. 十多平米,房租一千八百铢
　　C. 十平米多,房租一千八百铢　　D. 十多平米,房租一千三百铢

(3) A. 十八平米多,洗手间六平米多　　B. 十八平米左右,洗手间六多平米
　　C. 十八平米多,洗手间六多平米　　D. 十八平米左右,洗手间六平米多

(4) A. 十多平米,房租两千一百铢　　B. 十平米多,房租两千七百铢
　　C. 十多平米,房租两千七百铢　　D. 十平米多,房租两千一百铢

(5) A. 爸爸　　　　　　　　　　　　B. 文才
　　C. 爸爸和妈妈　　　　　　　　　D. 文才和爸爸

3. 听后复述（จงฟังแล้วพูดซ้ำ）

注释语（หมายเหตุ）

1. 没什么(没什么)		méi shénme	说话人表示他送的东西很小,是一种谦虚和礼貌的说法。
2. 茶叶(茶葉)	(名)	cháyè	ใบชา
3. 圣诞(聖誕)	(名)	Shèngdàn	คริสมาสต์
4. 手套(手套)	(名)	shǒutào	ถุงมือ
5. 土特产(土特產)	(名)	tǔtèchǎn	ของพื้นเมือง
6. 颜色(顔色)	(名)	yánsè	สี
7. 样式(樣式)	(名)	yàngshì	รูปแบบ

读写练习 (แบบฝึกหัดการอ่านเขียน)

一 阅读理解 (อ่านทำความเข้าใจ)

阅读(一) (การอ่าน 1)

送什么礼物

到中国人家里做客,送什么礼物给主人呢?你可以送水果、糖果、糕点、茶叶。如果主人抽烟、喝酒,你还可以送烟和酒。如果你在节日的时候去中国人家,你可以送一些跟节日有关的礼物,比如中秋节送月饼,端午节送粽子。

如果你结婚了,你在春节的时候去中国南方人的家,除了带一些礼物外,还要准备一些红包给主人家的孩子。红包,就是红色的小小的纸包,你最少在里面放五块、十块钱,给朋友的孩子,是一种新年祝福。

如果你是泰国人,礼物最好送一些泰国的特产,比如好吃的泰国零食,像榴梿片、椰子糖等,还有漂亮的泰国工艺品,比如泰丝的围巾、木雕、木制的餐具等等。这些礼物很有泰国特色,主人一定喜欢。

生词语 (คำศัพท์ใหม่)

1.	做客(做客)		zuò kè	เป็นแขก
2.	主人(主人)	(名)	zhǔrén	เจ้าบ้าน
3.	烟(煙)	(名)	yān	บุหรี่
4.	节日(節日)	(名)	jiérì	เทศกาล
5.	准备(準備)	(动)	zhǔnbèi	เตรียม
6.	纸包(紙包)	(名)	zhǐbāo	กระดาษ
7.	放(放)	(动)	fàng	วาง
8.	祝福(祝福)	(名)	zhùfú	คำอวยพร
9.	零食(零食)	(名)	língshí	ของกินจุบจิบ
10.	工艺品(工藝品)	(名)	gōngyìpǐn	ผลิตภัณฑ์งานฝีมือ
11.	特色(特色)	(名)	tèsè	ลักษณะเฉพาะ
12.	一定(一定)	(副)	yídìng	แน่นอน

专名 (คำศัพท์เฉพาะ)

1. 中秋节(中秋節)　　Zhōngqiū Jié　　เทศกาลไหว้พระจันทร์
2. 端午节(端午節)　　Duānwǔ Jié　　เทศกาลไหว้บะจ่าง
3. 春节(春節)　　　　Chūn Jié　　　วันตรุษจีน

1. 下面哪种礼物在短文中没有出现 (ของขวัญต่างๆดังต่อไปนี้อย่างใดที่ไม่ปรากฏในความเรียง)

茶叶	鲜花	粽子	蛋糕	酒	饺子	榴梿糖
汽水	饼干	木雕	月饼	干果	红包	工艺品
书包	餐具	烟	毛巾	糕点	水果	

2. 选择正确答案 (จงเลือกคำตอบที่ถูกต้องที่สุด)

(1) 在中国,中秋节的时候人们常常送:
　　A. 茶叶　　B. 月饼　　C. 粽子　　D. 红包

(2) 春节的时候,李先生和李太太要到朋友家做客,他们可能要准备:
　　A. 月饼　　B. 红包　　C. 一些礼物　　D. B 和 C

(3) 关于春节的红包,正确的是:
　　A. 每个人都送红包　　　　　　B. 每个人都有红包
　　C. 南方结婚的人送红包给孩子　D. 红包里有很多钱

(4) 为什么主人一定喜欢榴梿片、椰子糖、泰丝的围巾等礼物?
　　A. 因为这些东西好吃　　　　　B. 因为这些东西漂亮
　　C. 因为这些东西有泰国特色　　D. A 和 B

3. 翻译 (แปล)

(1) 根据"吃饭"、"喝酒",翻译"抽烟"。(ตามที่ "吃饭"、"喝酒" แปล "抽烟")

(2) 根据"特色"的意思,试着翻译最后一段中"特产"的意思。(ตามความหมายของ "特色" ทดลองแปลความหมายของ "特产" ในตอนสุดท้าย)

阅读(二) (การอ่าน 2)

最喜欢的老师

　　我有三个最喜欢的老师。

　　第一个老师是我的小学老师。她姓戚,三十多岁。她很美丽,声音非常好听,她教我们中文。还常常给我们读课文,常常给我们讲一些有趣的故事,我们都很爱听。可是她身体不好,只教了我们半年。她走的时候,我们送她一些小礼物,她哭了,我们也哭了。

　　第二个老师也是我的小学老师。她姓王,六十岁左右,她教我们数学。那时,我对数学课不感兴趣,觉得数学很难,老师就告诉我一些有用的学习方法。后来,我喜欢上数学课,觉得数学不难了。她还送我一本书,叫《有趣的数学》。

第三个老师是我的中学老师。他姓温,大概四十岁。他也教我们中文。有一天,他对我说:"我很爱看你写的作文,你是班里最特别的学生。"在中国,老师是不常鼓励学生的,所以,我认为他给了我一个非常非常重要的礼物。

生词语（คำศัพท์ใหม่）

1.	最（最）	（副）	zuì	ที่สุด
2.	小学（小學）	（名）	xiǎoxué	ชั้นประถมศึกษา
3.	美丽（美麗）	（形）	měilì	สวย
4.	声音（聲音）	（名）	shēngyīn	เสียง
5.	非常（非常）	（副）	fēicháng	มาก
6.	哭（哭）	（动）	kū	ร้องไห้
7.	数学（數學）	（名）	shùxué	คณิตศาสตร์
8.	觉得（覺得）	（动）	juéde	รู้สึก
9.	方法（方法）	（名）	fāngfǎ	วิธี
10.	作文（作文）	（名）	zuòwén	ความเรียง
11.	特别（特別）	（形）	tèbié	เป็นพิเศษ
12.	鼓励（鼓勵）	（动）	gǔlì	ให้กำลังใจ
13.	重要（重要）	（形）	zhòngyào	สำคัญ

选择正确答案（จงเลือกคำตอบที่ถูกต้องที่สุด）

(1) 关于(เกี่ยวกับ)戚老师,不正确的是:
　　A. 她很美丽　　　B. 她的声音很好听　　C. 她二十多岁　　D. 她身体不好

(2) 关于王老师,正确的是:
　　A. 她是中学老师　　　　　　　　　　B. 她也教"我"中文
　　C. 她是小学数学老师　　　　　　　　D. 她是一个有趣的老师

(3) 关于温老师,"我们"不知道:
　　A. 他多少岁　　　　　　　　　　　　B. 他教"我"什么
　　C. 他喜欢不喜欢"我"　　　　　　　　D. 他身体怎么样

(4) 关于作者,我们知道:
　　A. 他/她不喜欢中文　　　　　　　　B. 他/她喜欢中文
　　C. 他/她不喜欢数学　　　　　　　　D. 他/她喜欢老师

二 写作 (เขียนเรียงความ)

1. 写一写你最喜欢的三件礼物。

2. 明天是你爸爸/妈妈/老师/男朋友/女朋友的生日,你想送什么礼物给他们?为什么?

第二课　我们坐汽车去普吉

词汇及语法练习
（แบบฝึกหัดคำศัพท์และไวยากรณ์）

1. 读一读（อ่านวลี）

坐飞机去北京	坐火车来曼谷	坐汽车去芭提雅	坐船到黎明寺	坐 BTS 去码头
用英语上课	用杯子喝酒	用泰语写信	用电脑(diànnǎo/คอมพิวเตอร์)看电影	
去学校参观	去学生宿舍玩儿	去电影院看电影	去餐厅吃饭	去那里参观
来我这儿吃饭	来泰国玩儿	来曼谷看朋友	来学校教汉语	来车站上车
离这儿很远	离曼谷五十公里	离我们这儿不远	离火车站太远了	
从北京到广州	从曼谷到芭提雅	从这里到那里	从办公室这儿到教室那儿	
到普吉去	到大城去	到码头去	到曼谷来	到泰国来
到学校来				
走吧	看电影吧	吃饭吧	休息吧	上课吧
下车吧				
有联系	没联系	我跟他联系	我们常常联系	我们不常联系

2. 替换练习（แบบฝึกแทนที่รูปประโยค）

(1) 还是<u>坐汽车</u>吧。

　　看电影
　　八点出发
　　写电子邮件
　　睡觉

(2) 普吉 离 曼谷 六百多公里。

芭提雅	曼谷	不远
我家	机场	很远
北京	广州	两千多公里
他家	火车站	太远了

11

(3) 我看还是坐汽车吧。
　　这个问题很容易
　　在这儿睡觉很舒服
　　参观那个地方没意思
　　就这样吧

(4) 我们去大皇宫　参观。
　　学校　　　　上课
　　机场　　　　坐飞机
　　中国　　　　学习汉语
　　朋友家　　　玩儿

(5) 他们坐汽车去普吉。
　　飞机　中国
　　火车　曼谷
　　汽车　吃饭
　　船　　潮州

(6) 从曼谷到普吉远不远？
　　学校　电影院
　　你家　机场
　　北京　广州
　　车站　那个餐厅

3. 根据课文判断正误 (จงใส่เครื่องหมาย √ หรือ × ตามเนื้อหาบทเรียน)
　(1) 林小平想坐飞机去普吉。□
　(2) 坐飞机从曼谷到普吉要三千铢。□
　(3) 在汽车上可以睡觉。□
　(4) 从曼谷到普吉的汽车不太舒服。□
　(5) 何娜觉得用汉语写信很不容易。□
　(6) 何娜的亲戚在广东。□
　(7) 何娜要坐汽车去潮州。□
　(8) 何娜的亲戚在火车站接她。□
　(9) 何娜常用汉语给潮州的亲戚写信。□
　(10) 去大皇宫以前，客人A想买点儿东西吃。□

4. 选择下列词语完成短文 (จงเลือกคำศัพท์เติมความเรียงขนาดสั้นให้สมบูรณ์)
　　火车　舒服　接　姐姐　然后　去　远　离
　　到　参观　亲戚　睡觉　坐　汽车

　　王小美想去清迈玩儿。她听说清迈_____曼谷很_____，不过，她想_____火车_____。在_____上可以_____，很_____。在清迈，小美有一个_____，是小美妈妈的妹妹，小美叫她阿姨(āyí/ น้า)。小美的阿姨要_____火车站去_____她。_____，她们一起去_____。

5. 判断下列句子正误 (จงใส่เครื่องหมาย √ หรือ× ประโยคต่อไปนี้)
　(1) 明天我去火车站坐汽车。□
　(2) 芭提雅从曼谷不远。□
　(3) 小美不想去玩儿，还是我们看电影吧。□
　(4) 我常对弟弟打电话。□
　(5) 这里不远离那里。□
　(6) 我看还是坐飞机舒服一点儿。□
　(7) 从这儿到曼谷有多远？□
　(8) 教室只有五百米离宿舍。□
　(9) 我想买吃东西。□
　(10) 下午我要接朋友去机场。□
　(11) 车站离码头有很远。□
　(12) 从北京到广州是两千多公里。□

6. 把括号里的词放在最合适的位置上（จงนำคำศัพท์ที่อยู่ในวงเล็บวางในตำแหน่งที่เหมาะสมที่สุด）
   (1) A 曼谷 B 这儿 C 很远，D 我们坐车去吧。（离）
   (2) A 坐飞机 B 太贵了，C 坐火车 D 去吧。（还是）
   (3) A 我 B 很想 C 喝酒，D 没带钱。（不过）
   (4) A 宿舍到 B 机场太远了，C 我 D 不想去。（从）
   (5) A 我 B 现在去大皇宫 C 参观，D 跟朋友一起去吃饭。（然后）
   (6) 我 A 还是先 B 睡觉吧，C 他 D 今天不会回来了。（看）
   (7) A 小美想 B 你 C 联系，我告诉她 D 你的电话号码。（跟）
   (8) 老师请我们 A 晚上 B 她宿舍 C 去 D 玩儿。（到）

7. 用括号里的动词完成句子（จงเลือกคำกริยาในวงเล็บเติมประโยคให้สมบูรณ์）
   (1) 我们下午＿＿＿＿＿＿。（去/参观）
   (2) 明天，他们＿＿＿＿＿＿？（来/上课）
   (3) 下个月，多力要＿＿＿＿＿＿。（到/看/来）
   (4) 上个星期，王老师＿＿＿＿＿＿。（回/休息）
   (5) 我和朋友不用＿＿＿＿＿＿。（去/买）
   (6) 我姐姐不想＿＿＿＿＿＿。（去/见面）
   (7) 小林要＿＿＿＿＿＿。（到/学习/去）
   (8) 我的亲戚＿＿＿＿＿＿。（来/接）

8. 连词成句（จงเรียงคำศัพท์ให้เป็นประโยค）
   (1) 家 那 远 我 太 餐厅 离 不 个
   (2) 星期六 参观 我们 去 要 到 大皇宫
   (3) 先 还是 东西 吧 一点儿 吃 我们 买
   (4) 就 吧 那 这样
   (5) 你 机场 明天 我 去 送 吧
   (6) 看 不用 我 吧 联系 跟 导游
   (7) 一 从 家 这儿 多 小时 你 到 用 要 个 吧
   (8) 离 学校 十八 公里 多 BANGNA

9. 造句（จงแต่งประโยค）
   (1) 离：
   (2) 还是：
   (3) 然后：
   (4) 不过：

听力练习（แบบฝึกหัดการฟัง）

一 语音训练（บทฝึกฝนการออกเสียง）

听后跟读（ฟังแล้วอ่านตาม）

二 听力训练（บทฝึกฝนการฟัง）

精 听（ฟังแล้วจับใจความ）

1. 听一遍会话课文，回答问题（จงฟังบทสนทนา 1 ครั้งแล้วตอบคำถาม）
    (1)
    (2)
    (3)
    (4)
    (5)
    (6)

生词语（คำศัพท์ใหม่）

1.	主意(主意)	（名）	zhǔyi	ข้อเสนอ
2.	这么(這么)	（代）	zhème	อย่างนี้
3.	觉得(覺得)	（动）	juéde	รู้สึก
4.	同意(同意)	（动）	tóngyì	เห็นด้วย
5.	如果(如果)	（连）	rúguǒ	ถ้าหากว่า
6.	宠(寵)	（动）	chǒng	ตามใจ

2. 听句子，选择正确答案（จงฟังประโยคและเลือกคำตอบที่ถูกต้อง）
    (1) A. 十多公里　　B. 十公里　　　C. 三十公里　　D. 四公里
    (2) A. 泰国人想去中国学习　　　　B. 泰国学生想去中国玩儿
    　　C. 几个泰国人想去中国学习？　D. 几个泰国学生想去中国玩儿？
    (3) A. 给小平吃　B. 给王美吃　C. 王美喜欢吃　D. 她喜欢吃
    (4) A. 坐 BTS 去　B. 坐公共汽车去　C. 坐小平的车去　D. A 和 B
    (5) A. 泰语　　　B. 英语　　　　　C. 泰语和英语　　D. 有趣的话

第 二 课

3. 听短文，选择正确答案 (จงฟังความเรียงขนาดสั้นและเลือกคำตอบที่ถูกต้อง)

(1) A. 上课　　　　B. 玩儿　　　　C. 回泰国　　　D. 到潮州去
(2) A. 十五号　　　B. 十四号　　　C. 十六号　　　D. 十七号
(3) A. 泰语　　　　B. 汉语　　　　C. 潮州话　　　D. 广东话
(4) A. 亲戚　　　　B. 爸爸　　　　C. 林小平　　　D. 王美
(5) A. 火车　　　　B. 飞机　　　　C. 汽车　　　　D. 船

泛　听 (ฟัง)

1. 听对话，选择正确答案 (จงฟังบทสนทนาและเลือกคำตอบที่ถูกต้อง)

(1) A. 做衣服　　　　B. 买衣服　　　　C. 送衣服　　　　D. 洗衣服
(2) A. 坐公共汽车　　B. 开车　　　　　C. 骑车　　　　　D. 不知道
(3) A. 去美国学习　　B. 到上海工作　　C. 在北京工作　　D. 还没决定
(4) A. 在车上听英语　B. 写英语日记　　C. 上英语课　　　D. 用英语写电子邮件
(5) A. 中国菜　　　　B. 每个国家的菜　C. 吃什么　　　　D. 看什么

2. 听短文，回答问题 (จงฟังความเรียงขนาดสั้นแล้วตอบคำถาม)

生词语 (คำศัพท์ใหม่)

1.	普通话（普通話）	（名）	pǔtōnghuà	ภาษาจีนกลาง
2.	谈话（談話）	（动）	tán huà	พูดคุย
3.	交流（交流）	（动）	jiāoliú	สื่อสาร
4.	重要（重要）	（形）	zhòngyào	สำคัญ
5.	口音（口音）	（名）	kǒuyīn	สำเนียง
6.	一样（一樣）	（形）	yíyàng	เหมือนกัน
7.	重（重）	（形）	zhòng	หนัก

用汉语回答 (จงใช้ภาษาจีนตอบ)

(1) 我们现在学习的是什么话？
(2) "北京话"、"上海话"是什么？
(3) 不会普通话的中国人怎么交流？
(4) 广州人在家喜欢说什么话？
(5) 潮州人说普通话和广州人说普通话一样吗？
(6) 一个外国人听不懂一个中国人说的汉语，可能是因为什么？

用泰语回答 (จงใช้ภาษาไทยตอบ)

什么是方言？

3. 听后复述 (จงฟังแล้วพูดซ้ำ)

生词语 (คำศัพท์ใหม่)

1.	美国(美國)	Měiguó	สหรัฐอเมริกา
2.	欧洲(歐洲)	Ōuzhōu	ทวีปยุโรป
3.	亚洲(亞洲)	Yàzhōu	ทวีปเอเชีย

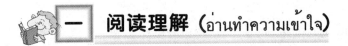

阅读(一) (อ่าน 1)

市区好还是郊区好

在哪里住？很多城市人都在想这个问题。

在市区很方便：坐公共汽车上班下班、买东西吃、找朋友玩儿……不管是白天还是晚上，都很容易。不过也有不方便的时候，比如休息的时候想找个地方散步，就很不容易。市区的房子都比较小，很贵、很吵，而且市区空气不太好。

郊区空气很好，郊区的房子比较大，很便宜、很安静。郊区有很多树林和草地，累的时候可以在那里散步休息。现在，市区的房子越来越贵，有车的人越来越多，所以越来越多的人到郊区住。大家每天开两三个小时的车上班下班，每天这样生活，真累啊！

有些人想了一个办法，他们在市区租一个小房间，星期一到星期四住在市区里，星期五下班以后，他们就回郊区的家，星期一早上他们再回到市区去。

生词语 (คำศัพท์ใหม่)

1.	市区(市區)	(名)	shìqū	เขตตัวเมือง
2.	郊区(郊區)	(名)	jiāoqū	เขตปริมณฑล
3.	不管(不管)	(连)	bùguǎn	ไม่สนใจ ไม่ว่า
4.	散步(散步)	(动)	sàn bù	เดินเล่น

5. 房子(房子)	(名)	fángzi	ห้อง	
6. 吵(吵)	(形)	chǎo	อึกทึก	
7. 空气(空氣)	(名)	kōngqì	บรรยากาศ	
8. 所以(所以)	(连)	suǒyǐ	ดังนั้น	
9. 越来越(越來越)		yuèláiyuè	ยิ่ง......ยิ่ง......	
10. 开(车)(開(車))	(动)	kāi(chē)	ขับรถ	
11. 租(租)	(动)	zū	เช่า	

1. 选择正确答案（จงเลือกคำตอบที่ถูกต้องที่สุด）

(1) 在市区做什么不容易？
   A. 上班　　　B. 买东西　　　C. 散步　　　D. 找朋友

(2) 市区的房子：
   A. 比较小，很安静　　　B. 比较大，很贵
   C. 比较大，很吵　　　　D. 比较小，很贵

(3) 郊区的房子：
   A. 比较大，很安静　　　B. 比较小，很便宜
   C. 比较大，很贵　　　　D. 比较小，很安静

(4) 为什么越来越多的人住郊区？
   A. 郊区的房子越来越贵　　B. 市区的房子越来越贵
   C. 有车的人越来越多　　　D. B 和 C

(5) 住郊区为什么很累？
   A. 没有休息的地方　　　B. 上下班要用很多时间(shíjiān)
   C. 每天要开车　　　　　D. 没有休息的时间

2. 翻译（แปล）

根据(ตามที่)"市区的房子都比较小，很贵、很吵"翻译(แปล)"郊区的房子比较大，很便宜、很安静"中的（ใน）"安静"。

阅读（二）(อ่าน 2)

跟我去丹麦

语言：丹麦语。很多丹麦人会讲英语。

公共汽车：从早上5点半到晚上12点半都有公共汽车。

火车：从哥本哈根到其他欧洲国家的首都，每天都有火车。

自行车：在丹麦，你可以骑自行车旅行。丹麦每个地方都有自行车道。从一个城市到另一个城市，也有自行车道。在很多城镇，你每天可以用35—60克朗租自行车。再付一点钱，你就

可以带自行车上火车和船。

买东西：丹麦的商店星期天都不开门。周一到周五的营业时间一般从上午9点到下午6点，周末一般从上午10点到下午2点。

海关：到丹麦去的游客，可以带20包免税烟和2公升免税酒。

钱：你可以用1美元换5.5—7.1克朗。

小费：你不用给服务员小费。

生词语（คำศัพท์ใหม่）

1.	首都(首都)	（名）	shǒudū	เมืองหลวง
2.	旅行(旅行)	（动）	lǚxíng	ท่องเที่ยว
3.	道(路)(道(路))	（名）	dào(lù)	ทาง
4.	城镇(城鎮)	（名）	chéngzhèn	นคร
5.	付(付)	（动）	fù	จ่าย
6.	游客(游客)	（名）	yóukè	นักท่องเที่ยว
7.	换(換)	（动）	huàn	แลก
8.	小费(小費)	（名）	xiǎofèi	ทิป
9.	服务员(服務員)	（名）	fúwùyuán	บริกร

专名（คำศัพท์เฉพาะ）

1.	丹麦(丹麥)	Dānmài	เดนมาร์ก
2.	哥本哈根(哥本哈根)	Gēběnhāgēn	โคเปนเฮเกน
3.	欧洲(歐洲)	Ōuzhōu	ยุโรป

■ **判断正误**（จงเลือกคำตอบ √ หรือ ✗）

(1) 在丹麦，你可以用英语跟很多人谈话(คุย)。☐

(2) 早上6点，哥本哈根还没有公共汽车。☐

(3) 我们可以坐火车从哥本哈根到巴黎(Paris)。☐

(4) 丹麦人喜欢骑自行车。☐

(5) 星期天，丹麦的商店不工作。☐

(6) 从星期一到星期五的上午9点到下午6点，你都可以买东西。☐

(7) 星期六下午4点，你还可以买东西。☐

(8) 在丹麦租一天自行车，大概要20美元。☐

(9) 在丹麦，要给火车上或船上的服务员付小费。☐

(10) 游客到丹麦去，不能(ไม่ได้)带烟和酒。☐

二 写作 (เขียนเรียงความ)

1. 介绍你和家人或朋友去旅行的行程。(การเดินทาง)

2. 写五句话,介绍你最喜欢的电影、小说或者(หรือ)歌曲。

第三课　你下午买礼物了吗

词汇及语法练习
（แบบฝึกหัดคำศัพท์และไวยากรณ์）

1. 读一读 (อ่านวลี)

准备明天的课	准备晚饭	准备礼物	准备出发	准备做饭	准备上课
放好	收拾好	准备好	想好	写好	做好　买好
写好电子邮件	放好护照	收拾好房间	准备好礼物	睡好觉	
地铁很快	飞机很快	火车很快	说话很快	吃饭很快	
快告诉我吧	快找	快来	快准备	快看	快上车吧
差不多半个小时	差不多一个星期		差不多三十个学生		
差不多一百块钱					
收拾衣服	收拾房间	收拾我的书	收拾东西	收拾一下儿	
有时间	没时间	时间很长	多少时间		

补充词汇 (คำศัพท์เสริม)

1.	衣服(衣服)	（名）	yīfu	เสื้อ
2.	外衣(外衣)	（名）	wàiyī	เสื้อนอก
3.	大衣(大衣)	（名）	dàyī	เสื้อนอก
4.	上衣(上衣)	（名）	shàngyī	เสื้อ
5.	裤子(褲子)	（名）	kùzi	กางเกง
6.	衬衣(襯衣)	（名）	chènyī	เสื้อเชิ้ต
7.	毛衣(毛衣)	（名）	máoyī	เสื้อไหมพรม
8.	T恤(T恤)	（名）	tìxù	เสื้อยืด
9.	鞋子(鞋子)	（名）	xiézi	รองเท้า
10.	袜子(襪子)	（名）	wàzi	ถุงเท้า

2. **替换练习** (แบบฝึกแทนที่รูปประโยค)

(1) 你看<u>我的头发</u>怎么样？
　　这件衣服
　　这张照片
　　我买的木瓜
　　八点出发

(2) 我<u>收拾</u>好<u>衣服</u>了。
　　放　　　钱
　　准备　　礼物
　　写　　　名字
　　睡　　　觉

(3) 他还没(有)<u>准备好</u>。
　　给我
　　回国
　　去机场
　　洗澡

(4) 我下午<u>去理发</u>了。
　　做作业
　　上英语课
　　去看电影
　　去接朋友

(5) 我下午没<u>买礼物</u>。
　　跟她见面
　　去办公室
　　上课
　　穿那件衣服

(6) 你下午<u>买礼物</u>了吗/没有？
　　去看电影
　　打电话
　　收拾房间
　　去找他

(7) 我们<u>坐地铁</u>还是<u>坐出租汽车</u>？
　　——<u>地铁</u>或者<u>出租汽车</u>都行。
　　早上去　　晚上去
　　晚上看　　早上看
　　要热水　　要冷水
　　在这里见面　在那里见面

(8) 星期六我<u>看电影</u>或者<u>跟朋友玩儿</u>。
　　在家休息　去买东西
　　拿护照　　理发
　　去看朋友　去公园玩儿
　　学习　　　看电视

3. **根据课文判断正误** (จงใส่เครื่องหมาย √ หรือ ✗ ประโยคต่อไปนี้ตามเนื้อหาในบทเรียน)

(1) 明月下午没买礼物。☐　　　　(2) 何娜到广州买礼物了。☐
(3) 明月觉得何娜的家人喜欢家乡的东西。☐　(4) 何娜明天要穿床上的衣服。☐
(5) 两位客人在车站吃饭了。☐　　(6) 李小姐很快就可以准备好。☐
(7) 他们可以坐出租车或者地铁去车站。☐　(8) 林小平中午回家拿车票了。☐

4. **选择下列词语完成短文** (จงเลือกคำศัพท์เติมความเรียงขนาดสั้นให้สมบูรณ์)

错　收拾　放　送　准备　时间　堵车　方便　出租汽车　差不多　小时

　　何娜要回国了。她的衣服都_____好了，护照也_____好了。下午五点半，李力来了，问她："你_____什么时候出发？我_____你去车站。"何娜问："从这里到车站要多长_____？"李力说："坐地铁_____半个_____。"何娜问："坐_____呢？"林小平说："现在是下班时间，_____，大概要一个小时。"何娜说："还是坐地铁_____。"林小平说："没_____。我们坐地铁吧。"

5. 判断下列句子正误 (จงใส่เครื่องหมาย √ หรือ × ประโยคต่อไปนี้)
   (1) 我想外国人喜欢这种寺庙。□　　(2) 你去商店没有了？□
   (3) 妈妈准备晚饭好了。□　　　　(4) 我还没洗澡呢。□
   (5) 我收拾房间好了。□　　　　　(6) 今天他们上英语课了。□
   (7) 何小姐准备还没好。□　　　　(8) 小林昨天在食堂吃饭。□
   (9) 你先洗澡或者我先洗澡？□　　(10) 在这里，你可以用泰铢还是人民币。□
   (11) 上星期我们没见面。□　　　　(12) 在这里买东西很方便。□

6. 把括号里的词语放在最合适的位置上 (จงนำคำในช่องว่างมาใส่ในตำแหน่งที่ถูกต้อง)
   (1) 他回 A 家 B 拿 C 火车票 D。(了)
   (2) 他 A 现在 B 没有 C 下班 D 呢。(还)
   (3) 你 A 身体 B 不好，C 休息 D 一下吧。(快)
   (4) 我 A 昨天 B 晚上 C 喝酒 D。(没有)
   (5) 你 A 做 B 作业 C 了 D 吗？(好)
   (6) 你们 A 去 B 接 C 张先生了 D？(没有)
   (7) 王美 A 想 B 买那条裙子，可是钱不够，她 C 买那条裙子 D。(没有)
   (8) 小云的 A 朋友放 B 护照和钱了，现在她要 C 收拾 D 衣服。(好)

7. 完成问题并回答问题 (จงเติมคำลงในช่องว่างและตอบคำถาม)
   (1) 你买好(　　　)了没有？　　　　(2) 妈妈收拾好(　　　)了吗？
   (3) 他放好(　　　)了没有？　　　　(4) 你们吃好(　　　)了吗？
   (5) 昨天，同学们都写好(　　　)了吗？(6) 大家准备好(　　　)了吗？

8. 用"或者"、"还是"填空 (จงใช้ "或者" หรือ "还是" เติมคำลงในช่องว่าง)
   妈妈说："你们去买今天晚上吃的菜，好吗？"我问："我去(　　　　)姐姐去？""你(　　　　)姐姐，都可以。"妈妈说。
   "我去吧，买鱼(　　　　)买肉？"
   "你喜欢吃鱼(　　　　)吃肉？"
   "我想吃鱼(　　　　)豆腐。"
   "那就买鱼和豆腐，再买一斤(　　　　)两斤鸡蛋。"

9. 连词成句 (จงนำคำต่อไปนี้มาเรียงเป็นประโยคที่สมบูรณ์)
   (1) 没有 超市 了 去 你 下午
   (2) 我 电子邮件 你 的 吗 了 收到
   (3) 事情 没有 她 告诉 还 件 我们 这
   (4) 个 怎么样 你 房间 这 看
   (5) 晚会 昨天 没有 晚上 参加 王美
   (6) 的 放 你 钱 好
   (7) 跟 吃饭 了 一起 我 甘雅 今天
   (8) 或者 日本 中国 错 电视 的 的 不 都

10. 造句 (จงแต่งประโยค)
    (1) V 好：
    (2) 了：
    (3) 没有 V：
    (4) 还没有 V：

一 语音训练 (บทฝึกฝนการออกเสียง)

1. 听后跟读 (จงฟังแล้วอ่านตาม)

2. 找出你听到的词 (จงหาคำที่ได้ยิน)
   sh—x
   (1) A. shàng shù   B. xiàngshù   (2) A. shōushi   B. xiūxi
   (3) A. xiǎoxuě   B. shǎo xuě   (4) A. shìzhì   B. xìzhì
   sh—s
   (1) A. shīrén   B. sīrén   (2) A. shíjì   B. síjì
   (3) A. shìshí   B. sìshí   (4) A. sǎole   B. shǎole
   s—x
   (1) A. sì fú   B. xīfú   (2) A. sǎ shuǐ   B. xià shuǐ
   (3) A. sānkè   B. xiānkè   (4) A. sāngyè   B. xiāngyè

 听力训练（บทฝึกฝนการฟัง）

精 听 (ฟังแล้วจับใจความ)

1. 分段听一遍阅读课文，回答问题 (จงฟังการอ่านบทเรียนหลักหนึ่งครั้ง และตอบคำถาม)

生词语 (คำศัพท์ใหม่)

1. 采访(采訪)	（动）	cǎifǎng	สัมภาษณ์
2. 被采访人(被採訪人)	（名）	bèicǎifǎngrén	ผู้ที่ได้รับสัมภาษณ์
3. 求婚(求婚)	（动）	qiúhūn	ขอแต่งงาน(การแต่งงาน)

(1)

(2)

(3)

(4)

(5)

(6)

2. 听句子，选择正确答案 (จงฟังประโยคและเลือกคำตอบที่ถูกต้อง)

(1) A. 写信　　　B. 写好　　　C. 上课　　　D. 写

(2) A. 曼谷好不好　　　　　　B. 去曼谷好不好
　　C. 曼谷十一月好不好　　　D. 十一月去曼谷好不好

(3) A. "你"　　B. "我"　　C. "你"和"我"　　D. 没有人

(4) A. 你　　　B. 我　　　C. 爸爸　　　D. "我"和爸爸

(5) A. 小林去不去理发　　　　B. 小林的头发好看不好看
　　C. 小林的头发不好看　　　D. 小林的头发很好看

3. 听短文，判断对错 (จงฟังความเรียงขนาดสั้นและใส่เครื่องหมาย √ หรือ × ประโยคต่อไปนี้)

(1) 明月二十号从香港到马来西亚。□　　(2) 明月没买礼物。□

(3) 明月告诉老师和朋友她九月回北京。□　　(4) 明月回家看 VCD。□

(5) 今天，明月跟何娜一起吃饭。□　　(6) 何娜东西很多，所以明月去送她。□

(7) 何娜想去马来西亚看明月。□　　(8) 林小平跟何娜一起去马来西亚。□

第 三 课

泛 听 (ฟัง)

1. 听对话,选择正确答案 (จงฟังบทสนทนาและเลือกคำตอบที่ถูกต้อง)

(1) A. 他很慢,你很快　　　B. 他不慢,你很快
　　C. 他不慢,你不快　　　D. 他很慢,你不快

(2) A. 不知道　　　B. 她不吃　　　C. 十点　　　D. 晚上

(3) A. 她结婚(jiéhūn/แต่งงาน),不好
　　B. 她不告诉爸爸妈妈她要结婚,不好
　　C. 她结婚,没错
　　D. 她不告诉爸爸妈妈她要结婚,没错

(4) A. 和女的一起吃饭　　　B. 去吃饭　　　C. 不知道　　　D. 做客

(5) A. 男的不用问他　　　B. 她不知道为什么男的问她
　　C. 男的应该去北京　　　D. A 和 C

2. 听对话,选择正确答案 (จงฟังบทสนทนา จงเลือกคำตอบที่ถูกต้อง)

生词语 (คำศัพท์ใหม่)

1. 名片(名片)	(名)	míngpiàn	นามบัตร
2. 箱子(箱子)	(名)	xiāngzi	หีบ, กระเป๋า, ลัง
3. 万一(萬一)	(连)	wànyī	หนึ่งในหมื่นส่วน มีความหมายแสดงว่าส่วนที่น้อยมาก
4. 市区(市區)	(名)	shìqū	เขตตัวเมือง

(1) A. 看东西　　　B. 放东西　　　C. 穿衣服　　　D. 去坐飞机
(2) A. 北京　　　B. 公司　　　C. 市区　　　D. 不知道
(3) A. 三千　　　B. 一千　　　C. 四千　　　D. 两千
(4) A. 放好护照　　　B. 放好名片　　　C. 放好钱　　　D. 放好机票
(5) A. 不去接小明　　　B. 没去接小明　　　C. 没有名片　　　D. 要去接小明

3. 听后复述 (จงฟังแล้วพูดซ้ำ)

注释语 (หมายเหตุ)

1. 放学(放學)	(动)	fàng xué	เลิกเรียน
2. 出差(出差)	(动)	chū chāi	ออกไปทำงานนอกสถานที่, ออกปฏิบัติหน้าที่นอกสถานที่
3. 接(接)	(动)	jiē	ได้รับ

25

读写练习 (แบบฝึกหัดการอ่านเขียน)

阅读(一)(การอ่าน 1)

课文中出现了六位年轻人,请在他们的名字和职业/身份之间画线 (ในบทเรียนจะมี คนหนุ่มสาว 6 คน ให้โยงเส้นชื่อและอาชีพของพวกเขา)

小玲　　　服务员
阿毛　　　秘书
梅　　　　公司职员
英子　　　电脑程序员
小强　　　大学生
汉林　　　教师

你和你的情人做什么了

昨天是2月14日情人节。在中国,越来越多的年轻人喜欢过这个西方节日。今天,记者在街上采访了几位年轻人,记者的问题是:"昨天你和你的情人做什么了?"

小强,男,23岁,服务员
我要工作,所以我们昨天没有过情人节。不过,我送女朋友花了。

阿毛,男,25岁,电脑程序员
我上个星期跟女朋友分手了。可是,我的女同事送我不少巧克力,我都吃了。

小玲,女,22岁,大学生
我和男朋友吃饭了,他还送我99朵玫瑰花,特别漂亮。

梅,女,28岁,教师
我男朋友来我家了。他送我一个戒指!什么戒指?他向我求婚了!

汉林,男,26岁,公司职员
我们昨天一起看电影了。不过,我们不过情人节,对我们来说,每天都是情人节。

英子,女,27岁,秘书
昨天是情人节吗?我忘了。

生词语 (คำศัพท์ใหม่)

1.	越来越(越來越)		yuèláiyuè	ยิ่ง...ยิ่ง
2.	年轻人(年輕人)	(名)	niánqīngrén	คนหนุ่มสาว
3.	西方(西方)	(名)	xīfāng	ตะวันตก
4.	采访(採訪)	(动)	cǎifǎng	สัมภาษณ์
5.	情人(情人)	(名)	qíngrén	คนรัก
6.	过(過)	(动)	guò	ฉลอง
7.	花(花)	(名)	huā	ดอกไม้
8.	分手(分手)	(动)	fēn shǒu	เลิกลา
9.	同事(同事)	(名)	tóngshì	เพื่อนร่วมงาน
10.	朵(朵)	(量)	duǒ	(ลักษณะนามของดอกไม้) ดอก, ช่อ
11.	求婚(求婚)	(动)	qiú hūn	ขอแต่งงาน
12.	忘(忘)	(动)	wàng	ลืม

1. 用泰语回答问题(不能查字典) (จงใช้ภาษาไทยตอบคำถามต่อไปนี้(ไม่อนุญาตให้เปิดพจนานุกรม))
   (1) "巧克力"是什么？ (2) "玫瑰花"是什么？
   (3) "戒指"是什么？ (4) "不过,我们不过情人节",两个"不过"是什么意思？

2. 讨论题 (หัวข้อสัมมนา)
   "我们(昨天)没有过情人节"和"我们不过情人节",两句话意思有什么不同？

阅读(二) (การอ่าน 2)

教孩子两种语言好不好

　　洛莉·法雷利是一位西班牙妇女,她跟一位英国商人结婚,住在伦敦。在她的两个孩子小时候,她总是跟她们讲西班牙语。现在这两个孩子已经20多岁了,他们会讲两种语言——英语和西班牙语。现在,这两个年轻人对英国和西班牙文化都非常了解,他们在两个国家都可以找到很好的工作。

　　很多爸爸妈妈认为,孩子小的时候学习两种语言对他们不好,但是科学家说:"大脑可以吸收的东西没有限度。学习两种语言,开始的时候会有些问题,孩子说话比较慢,常常说错。但是,孩子们很快就能解决这些问题。"

(据《参考消息》2004 年 4 月 17 日《双语娃娃视野宽阔》)

生词语 (คำศัพท์ใหม่)

1.	语言(語言)	(名)	yǔyán	ภาษา
2.	小时候(小時候)		xiǎo shíhou	วัยเด็ก, วัยเยาว์
3.	文化(文化)	(名)	wénhuà	วัฒนธรรม
4.	了解(了解)	(动)	liǎojiě	เข้าใจ
5.	认为(認爲)	(动)	rènwéi	คิดว่า
6.	科学家(科學家)	(名)	kēxuéjiā	นักวิทยาศาสตร์
7.	大脑(大腦)	(名)	dànǎo	สมอง
8.	吸收(吸收)	(动)	xīshōu	รับ, รับเอา
9.	限度(限度)	(名)	xiàndù	ข้อจำกัด
10.	慢(慢)	(形)	màn	ช้า
11.	解决(解決)	(动)	jiějué	ตัดสิน

专名 (คำศัพท์เฉพาะ)

1.	西班牙(西班牙)	Xībānyá	สเปน
2.	伦敦(倫敦)	Lúndūn	ลอนดอน

■ 选择正确答案 (จงเลือกคำตอบที่ถูกต้อง)

(1) 关于洛莉·法雷利,正确的是 (เกี่ยวกับ "洛莉·法雷利" คำตอบที่ถูกต้องก็คือ):
  A. 她是商人　　B. 她是英国人　　C. 她有两个孩子　　D. 她会英语和西班牙语

(2) 洛莉·法雷利的孩子:
  A. 很小　　B. 会两种语言　　C. 在英国工作　　D. 住在伦敦

(3) 很多爸爸妈妈认为:
  A. 孩子学两种语言很快　　B. 孩子学两种语言很慢
  C. 孩子学两种语言很好　　D. 孩子学两种语言不好

(4) 科学家说:
  A. 孩子学两种语言不难　　B. 孩子学两种语言不好
  C. 孩子学两种语言很慢　　D. 孩子学两种语言有很多问题

二　写作 (เขียนเรียงความ)

■ 写一写你昨天或上一个周末做什么了。

第四课　我爸爸妈妈身体很好

词汇及语法练习
(แบบฝึกหัดคำศัพท์และไวยากรณ์)

1. 读一读 (อ่านวล)

多奇怪啊	多有意思啊	多漂亮啊	多高兴啊	多好啊
多好吃啊	多忙啊	多便宜啊	多热啊	多冷啊
多热啊	多可爱啊	多容易啊	多舒服啊	多顺利啊
太饱了	太抱歉了	太对不起了	太久了	太不舒服了	太感谢了
太好看了	太合适了	太可爱了	太累了	太奇怪了	太远了
考一次试	考一下试	考什么试
介绍一下	介绍情况	介绍他们认识
上次	下次	这次	每次
回家	回国	回来	回去
很多生词	很多中学生	很多课文	很多亲戚	很多阿姨

2. 替换练习 (แบบฝึกหัดแทนที่รูปประโยค)

(1) 我们从 <u>17 号</u>到 <u>19 号</u>考试。

　　星期三　星期五
　　今天　　后天
　　2 号　　5 号
　　九点　　十一点半

(2) 现在离<u>考试</u>还有两天。

　　我的生日
　　新年
　　放假
　　回国

(3) 你<u>学习</u>怎么样？

　　身体
　　工作
　　生意

(4) <u>桂林</u>我没去。

　　泰国
　　北京
　　大皇宫
　　黎明寺
　　普吉

(5) 放假你打算去什么地方旅行？
　　　跟谁一起旅行
　　　去哪儿参观
　　　什么时候回国
　　　哪一天回学校

(6) 阳朔是桂林的一个地方。
广州	中国	城市
玉佛寺	曼谷	寺庙
他	我们班	学生
小张	我	朋友

3. 连词成句 (จงเรียงประโยค)
　(1) 多 看 人 很 喜欢 电视
　(2) 去年 从 没 一直 我们 到 现在 见面
　(3) 离 现在 还 十天 有 放假
　(4) 啊 多 天气 热 这儿
　(5) 一 给 个 他 我 女朋友 介绍
　(6) 很 妈妈 爸爸 忙 生意
　(7) 普吉 还 去 我 没 了 去 清迈
　(8) 他 你 问 工作 和 怎么样 身体

4. 选词填空 (จงเลือกคำเติมในช่องว่าง)
　(1) 这儿的水果多便宜_____。（了/啊）
　(2) 我们好_____没见面了。（久/长）
　(3) 从早上_____晚上，他一直在复习生词。（离/到）
　(4) 现在_____上课还有半小时。（离/到）
　(5) 我们在_____地方坐地铁？（哪儿/什么）
　(6) 你_____他介绍一个女朋友吧。（给/跟）
　(7) 明天你_____去哪儿买水果？（看来/打算）
　(8) 泰国的天气太热_____。（了/啊）

5. 判断下列句子正误 (จงวิเคราะห์ประโยคด้านล่างว่าถูกหรือผิด)
　(1) 他都在教室上课从九点到十二点。□
　(2) 离新年还有几天。□
　(3) 身体爸爸妈妈很好。□
　(4) 有很多外国人喜欢去北京玩儿。□
　(5) 从昨天离今天他一直在等朋友的电话。□
　(6) 公园风景太漂亮了。□
　(7) 很多同学在教室复习。□
　(8) 何娜打算30岁结婚跟小平。□

6. 选择下列词语完成短文 (จงเลือกคำด้านล่างเติมบทความให้สมบูรณ์)

| 看来 看见 打算 离 很 太 是 一直 一起 到 去 |

_____考试还有五天，考试从7月2号_____7月4号，一共三天。这两天，我_____在教室复习。上次考试，很多同学都是A，_____，考试不难。放假我_____去国外旅行。

放假了,我跟朋友_____到日本旅行,日本风景_____美了。

祝　合适　当然　参加　参观　介绍　给　跟　常常

小强一直没有_____的女朋友,何娜给他_____了一个,他很喜欢那个女孩子。他们_____一起出去吃饭、看电影。最近他们结婚了,很多人_____了他们的婚礼(需要加注泰语),_____他们送很多礼物,大家都_____他们快乐。最高兴的人是谁?_____是何娜。

7. 用"从……到……"或者"离……"完成句子或对话 (จงใช้ "从……到……" หรือ "离……" ทำบทสนทนาให้สมบูรณ์ทำให้เป็นประโยค)

(1) 泰国新年是四月十三号,今天三月十三号了,_____。
(2) A:你今天什么时候在办公室?我想去找你。
　　B:_____。
(3) 我们十点出发,现在八点,_____,我们还有时间去吃早饭。
(4) 老师说,每天晚上_____我们都要在教室复习,一共两个小时。
(5) _____,妈妈开始做晚饭了,爸爸回家马上就可以吃饭。
(6) 他_____都在图书馆学习。
(7) A:你知道吗?明月下个星期一生日。
　　B:今天星期六,_____,我们快去买礼物吧。
(8) A:_____。
　　B:一个月吗?她告诉我她两个月以后结婚。

8. 造句 (จงแต่งประโยค)

(1) 一直:
(2) 看来:
(3) 从……到……:
(4) 多……啊:
(5) ……离……:

9. 根据课文回答问题 (จงตอบคำถามตามเนื้อหาที่เรียน)

(1) 谁到广州机场接何娜?
(2) 何娜上次回广州是哪一年?
(3) 何娜的男朋友是谁?
(4) 小雨什么时候考试?
(5) 小雨怎么复习?
(6) 放假以后小雨打算去哪儿旅游?
(7) 明月觉得哪儿风景很漂亮?
(8) 小雨觉得什么事很奇怪?

听力练习 (แบบฝึกหัดการฟัง)

一 语音训练 (บทฝึกฝนการออกเสียง)

1. 听后跟读 (จงฟังแล้วอ่านตาม)

2. 找出你听到的词 (ฟังแล้วขีดเส้นใต้คำที่ได้ยิน)

(1) A. lìrùn   B. lìlùn   (2) A. tiānrán   B. tiānlán

(3) A. lónghuá   B. rónghuá   (4) A. rùkǒu   B. lùkǒu

(5) A. chūrù   B. chūlù   (6) A. lóngyán   B. róngyán

(7) A. zhēnglóng   B. zhēngróng   (8) A. rèle   B. lèle

二 听力训练 (บทฝึกฝนการฟัง)

精 听 (ฟังแล้วจับใจความ)

1. 听一遍会话课文, 回答问题 (ฟังบทสนทนาในบทเรียนหนึ่งครั้งแล้วตอบคำถาม)

(1)

(2)

(3)

(4)

(5)

(6)

(7)

(8)

2. 听句子, 选择正确答案 (ฟังประโยค แล้วเลือกคำตอบที่ถูกต้องที่สุด)

(1) A. 普吉   B. 清迈   C. 北京   D. 曼谷

(2) A. 买东西不方便   B. 开车的时间   C. 商店很远   D. 别(อย่า)去买东西

(3) A. 十天   B. 十二天   C. 三十多天   D. 二十九天

(4) A. "我"   B. "我"的问题   C. 这本书   D. 看书

(5) A. 曼谷   B. 商店   C. 寺庙   D. 车和人

3. **听短文,判断对错** (ฟังบทความสั้น จงวิเคราะห์ถูกผิด)
   (1) 何发财的爸爸是何娜的爷爷。☐
   (2) 何发财的儿子在中学工作。☐
   (3) 何发财的亲戚在泰国。☐
   (4) 何发财和他的泰国亲戚二十年没有联系。☐
   (5) 1980年,何发财的家里有洗手间,没有电视。☐
   (6) 何娜的爸爸送何发财一台电视机。☐
   (7) 今年,何娜送叔叔一台新电视机。☐
   (8) 何发财送何娜爸爸妈妈很多礼物。☐

泛 听 (ฟัง)

1. **听对话,选择正确答案** (ฟังบทสนทนา แล้วเลือกคำตอบที่ถูกต้องที่สุด)
   (1) A. 这两本小说　　　　　　　B. 好看的英文小说
       C. 好看的中文小说　　　　　D. 不知道
   (2) A. 他现在不想去旅行　　　　B. 他喜欢旅行
       C. 他去很多地方旅行　　　　D. 旅行的人太多了
   (3) A. 买礼物　　B. 找王太太　　C. 结婚　　D. 认识王子明
   (4) A. 吃饭　　　B. 开会　　　　C. 休息　　D. 见老张
   (5) A. 学习不好　B. 工作太忙　　C. 身体不好　D. 朋友不多

2. **听短文,选择正确答案** (ฟังบทความสั้น และเลือกคำตอบที่ถูกต้อง)

生词语 (คำศัพท์ใหม่)

1.	退休(退休)	(动)	tuìxiū	ปลดเกษียณ
2.	一定(一定)	(形)	yídìng	แน่นอน
3.	毕业(畢業)	(动)	bìyè	จบการศึกษา
4.	寒暄(寒暄)	(动)	hánxuān	ทักทายปราศรัย
5.	夏天(夏天)	(名)	xiàtiān	ฤดูร้อน
6.	笑(笑)	(动)	xiào	หัวเราะ

   (1) A. 他们退休了　　　　　　　B. 他们好久不见
       C. 他们想念老同学　　　　　D. A 和 B
   (2) A. 三十五年以前　B. 四十年以前　C. 1965年　　D. 1960年
   (3) A. 他不认识她　　　　　　　B. 他们好久不见
       C. 他们不是老同学　　　　　D. 他太老了

(4) A. 知道 　　　　　　　　　　　B. 不知道
　　C. 短文(บทความสั้น)没有说　　　D. 可能(อาจจะ)知道,也可能不知道

回答问题（จงตอบคำถาม）
那位太太为什么笑了？

3. 听后复述（ฟังแล้วพูดซ้ำ）

注释语（หมายเหตุ）

1.	哪里(哪里)	（代）	nǎli	哪里,哪里：客气地表示"不是那样的"。 (ที่ไหนกัน,ที่ไหนกัน แสดงว่าไม่ใช่อย่างนั้น อย่างเกรงใจ)
2.	应该的(應該的)		yīnggāide	这个短语的意思是：我们做了"应该做的"事情,因此,你不用感谢我们或感到不安。 (สมควรแล้ว ความหมายของวลีนี้คือ พวกเราทำในเรื่องที่ควรทำ ด้วยเหตุนี้ เธอไม่ต้องขอบคุณพวกเรา)
3.	老样子(老樣子)	（形）	lǎoyàngzi	เหมือนอย่างเดิม
4.	加(加)	（动）	jiā	เพิ่ม
5.	婚礼(婚禮)	（名）	hūnlǐ	พิธีแต่งงาน

读写练习（แบบฝึกหัดการอ่านเขียน）

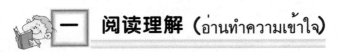
一 阅读理解（อ่านทำความเข้าใจ）

阅读（一）（การอ่าน 1）

小美家的大房子（一）

小美的父母有四个女儿,她是老三。她告诉我们她家的故事。

一百多年以前,小美的爷爷的爸爸——她的曾祖父,还是个年轻人,他从中国广东到印度尼西亚去,他在一个商店工作。很多年以后,他有了自己的商店和公司。他的商店和公司越来越多,在印度尼西亚、日本和中国香港、广东都有。曾祖父有两个太太和四个女儿、五个儿子。

二十年以后,曾祖父回到他的家乡——广东的一个小村子,造了很大很漂亮的房子。他希望有一天,他的九个孩子和孩子的孩子都能回家去住。

但是,他很快就去世了。他的孩子有的留在印度尼西亚,有的去中国香港,有的去日本……

小美的爷爷是最小的儿子。他知道父亲的希望,大学毕业以后,回到父亲留给他们的大房子里。小美的爷爷有五个孩子:三个儿子,两个女儿。他们一家人都住在大房子里,住了很多年。

生词语 (คำศัพท์ใหม่)

1.	父母(父母)	(名)	fùmǔ	พ่อแม่
2.	女儿(女兒)	(名)	nǚ'ér	ลูกสาว
3.	以前(以前)	(名)	yǐqián	(สมัย)ก่อน
4.	以后(以後)	(名)	yǐhòu	หลังจาก
5.	儿子(兒子)	(名)	érzi	ลูกชาย
6.	村子(村子)	(名)	cūnzi	หมู่บ้าน
7.	造(造)	(动)	zào	สร้าง
8.	希望(希望)	(动)	xīwàng	หวัง ความหวัง
9.	去世(去世)	(动)	qù shì	เสียชีวิต
10.	毕业(畢業)	(动)	bì yè	จบการศึกษา
11.	留(留)	(动)	liú	เตรียมไว้ให้ เก็บไว้ให้

专名 (คำศัพท์เฉพาะ)

1.	印度尼西亚(印度尼西亞)	Yìndùníxīyà	ประเทศอินโดนีเซีย
2.	香港(香港)	Xiānggǎng	ฮ่องกง

■ 选择正确答案 (จงเลือกคำตอบที่ถูกต้องที่สุด)

(1) 曾祖父是:
　　A. 父亲　　　B. 父亲的父亲　　C. 父亲的爷爷　　D. 爷爷

(2) 小美的曾祖父还是孩子的时候住在:
　　A. 广东　　　B. 香港　　　　　C. 印度尼西亚　　D. 广州

(3) 哪里没有小美的曾祖父的商店或者公司:
　　A. 中国香港　B. 日本　　　　　C. 他的家乡　　　D. 印度尼西亚

(4) 关于(เกี่ยวกับ)曾祖父,不正确的说法是(ที่ไม่ถูกต้องคือ):
　　A. 他有很多钱　　　　　　　　B. 他喜欢家乡
　　C. 他有很多孩子　　　　　　　D. 他在印度尼西亚去世

(5) 小美的曾祖父造大房子是因为:
　　A. 他希望孩子都在那里住　　　B. 大房子漂亮
　　C. 他有很多孩子　　　　　　　D. A 和 C

(6) 关于小美的爷爷,正确的说法是 (ที่ถูกต้องคือ):
   A. 他是父母的第五个孩子　　　B. 他一直在家乡
   C. 他知道父亲的希望　　　　　D. 他有三个女儿、两个儿子

阅读(二) (อ่าน 2)

小美家的大房子(二)

大概十年以前,小美的爷爷也去世了。那时,爷爷的两个女儿和小儿子都走了。小女儿去美国了,大女儿和小儿子去香港了。只有老大——小美的爸爸和老二——小美的叔叔两家人留在大房子里。

后来,小美的大姐也到广州去了;然后,是二姐和小美;最后,是她的小妹妹。小美的堂兄弟——她叔叔的儿子们也到广州去了。

前年,小美的大姐在广州结婚了,她和她的丈夫买房子,接小美的爸爸妈妈去广州住。现在,小美一家人都在广州了。

现在,曾祖父的大房子里只有两个人了。

小美常常对朋友们说:"房子真大啊,有六十多个房间。房子真漂亮啊,前边有美丽的河,后边有美丽的山。"可是,她不想回去,她每天学习英语,希望有一天能去外国工作。

生词语 (คำศัพท์ใหม่)

1. 走(走)　　(动)　　zǒu　　　　ไป
2. 后来(後來)　(名)　　hòulái　　　ต่อมา
3. 然后(然後)　(连)　　ránhòu　　　หลังจากนั้น

1. 选择正确答案 (จงเลือกคำตอบที่ถูกต้องที่สุด)
   (1) 小美的爷爷去世的时候,谁在大房子里住?
       A. 爷爷的大女儿　B. 爷爷的大儿子　C. 爷爷的二女儿　D. 爷爷的小儿子
   (2) 谁最先去广州?
       A. 小美的大姐　　B. 小美的二姐　　C. 小美　　　　　D. 小美的妹妹
   (3) 小美的堂兄弟是谁?
       A. 小美叔叔的孩子 B. 小美叔叔的儿子 C. 小美叔叔的女儿 D. 小美的哥哥弟弟
   (4) 现在,谁在房子里住?
       A. 小美的爷爷　　　　　　　　B. 小美的爸爸妈妈
       C. 小美的叔叔和叔叔的太太　　D. 两个人
   (5) 关于(เกี่ยวกับ)小美家的大房子,正确的说法是(ที่ถูกต้องคือ):
       A. 有八十多个房间　　　　　　B. 是八十多年以前造的房子
       C. 一直都有很多人　　　　　　D. 是小美的爷爷造的房子

2. 用泰语讨论 (ใช้ภาษาไทยอภิปราย)

(1) 你认为还有人会回大房子住吗？为什么？(คุณคิดว่าจะมีคนกลับไปอยู่ที่บ้านหลังใหญ่ไหม เพราะเหตุใด)

(2) 读了这个故事,你对中国人有什么看法？(อ่านเรื่องนี้แล้ว คุณมีทัศนะต่อคนจีนอย่างไร)

二 写作 (เขียนเรียงความ)

1. 以下是甘雅的简历,根据这份简历写一篇介绍她的文章。(ข้อความต่อไปนี้คือประวัติย่อของกัญยา จงเขียนความเรียงเกี่ยวกับตัวของเขาเรื่องประวัติย่อดังต่อไปนี้)

1976 出生

出生地：泰国普吉

1982—1988 年,皇后小学的学生

1985—1988 年,光华华文补习学校 (**โรงเรียนสอนพิเศษ**)(每天下午五点到六点)

1988 年—1994 年,国王中学的学生

1993—1995 年,国际英语补习学校(星期六、星期天上午八点到十二点)

1994 年—1998 年,朱拉隆功大学学生

1999 年—现在,曼谷《国际报》记者

2. 写一篇文章介绍你的家人或朋友,注意最少用五个主题句。(จงเขียนความเรียงแนะนำครอบครัวหรือเพื่อนของท่าน ให้ระวังด้วยว่า อย่างน้อยใช้ประโยคที่ sp ทำหน้าที่เป็นภาคแสดง 5 ประโยค)

第五课　阳朔真是个好地方

词汇及语法练习
（แบบฝึกหัดคำศัพท์และไวยากรณ์）

1. 选择填空（จงเลือกคำเติมลงในช่องว่าง）

| 多 | 知道 | 方便 | 好看 | 告诉 | 认识 | 觉得 | 顺利 | 左右 |
| 说 | 看 | 漂亮 | 联系 | 看来 | 打算 | 准备 | 参观 | 参加 |

(1) 请你_____他这件事。
(2) 李小平有很多杯子,大概二十个_____。
(3) 我_____他,他是我朋友的老师,不过,我不_____他。
(4) 我们下午要_____大皇宫。
(5) 上个星期我和王美去看电影,那个电影很_____。
(6) 他_____这个问题很简单。
(7) 我觉得坐汽车不太_____,还是坐地铁吧。
(8) 考完试我再跟你_____吧。
(9) 放假你有什么_____?
(10) 差不多八点了,小李还没有回来,_____是堵车了。

2. 给句子后边的词语找一个合适的位置（จงนำคำศัพท์ที่อยู่ในวงเล็บวางในตำแหน่งที่เหมาะสม）

(1) A 小云 B 有 C 二十 D 岁左右。（只）
(2) 八点 A 出发,李小平还没有来,B 你 C 给他 D 打个电话吧。（马上）
(3) A 现在 B 放假 C 还有 D 一个多月呢。（离）
(4) A 甘雅很想 B 结婚,C 可是 D 没有合适的人。（一直）
(5) 小王 A 最近去 B 英国 C 旅行,他 D 有护照。（打算）
(6) A 回家乡 B,李力 C 要 D 去理个发。（以前）
(7) A 你 B 洗澡,C 收拾一下儿,爸爸马上 D 就回家。（快）
(8) 请 A 等 B 一下儿,我还没有穿 C 衣服 D 呢。（好）

(9) 妈妈两天 A 前回家乡,要住 B 一个 C 月 D。(多)
(10) A 小平每天 B 复习课文 C,D 记生词。(然后)

3. 改错 (จงเติมให้สมบูรณ์)
   (1) 留学生上课从早上八点到十二点。
   (2) 这件衣服多很漂亮啊!
   (3) 这儿从普吉远不远?
   (4) 妈妈教写信给孩子。
   (5) 这个月我要用几千铢左右。
   (6) 我吃饭完,做练习。
   (7) 他看,这件衣服非常漂亮。
   (8) 有很多朋友说桂林的风景很好。
   (9) 我介绍你一个女朋友。
   (10) 这条路堵车,那条路吧?

4. 把下列句子翻译成汉语 (จงแปลประโยคเป็นภาษาจีน)
   (1) นี่คือน้ำใจเล็กน้อยของฉัน
   (2) เขาต้องไปปักกิ่งทำงาน
   (3) ไม่มีปัญหา ก็แบบนี้แหละ
   (4) ไม่ได้เจอกันนาน ช่วงนี้การค้ายุ่งไหม
   (5) ระหว่างทางฉันราบรื่นมาก รถไม่ติด
   (6) คุณเตรียมหนังสือเดินทางเรียบร้อยแล้วใช่ไหม
   (7) ตอนนี้ยังห่างจากการปิดภาคการศึกษาครึ่งเดือน
   (8) ฉันขอกลับก่อนนะ
   (9) สองสามวันนี้อากาศร้อนจริงๆนะ
   (10) เห่อน่าพรุ่งนี้เชิญคุณไปร่วมงานวันเกิดของเขา

5. 连词成句 (จงเรียงคำศัพท์ให้เป็นประโยค)
   (1) 王美　了　结婚　听说
   (2) 送　张　林小平　我　电影　一　票
   (3) 骑　旅行　李力　自行车　去
   (4) 农村　热情　人　非常
   (5) 离　只　星期　现在　一个　有　考试
   (6) 爸爸　电话　快　给　打　个
   (7) 去年　泰国　都　现在　她　从　到　在　一直
   (8) 时间　没有　呢　下班　到　还

(9) 风景 熟悉 那儿 非常 的 我
(10) 又 妈妈 回 了 去年 家乡

6. 完型填空 (จงเติมให้สมบูรณ์)

　　丹是泰国人,她____中国文化非常感兴趣。听说中国人对外国人很____,她____考____试去中国旅行:先____曼谷坐飞机____广州。在广州,丹有____亲戚。亲戚们____丹要来,都很高兴,他们打电话____丹去他们家玩儿。丹在广州玩儿几天____,还要坐飞机去桂林。桂林____广州很远。丹____在桂林租一辆自行车,她喜欢骑自行车去农村走走,可以看看那儿美丽的____,跟中国人说说汉语,回来可以给朋友们____中国的情况。

7. 快速回答问题 (จงตอบคำถามอย่างเร็ว)
　　(1) 他来曼谷做什么?
　　(2) 老师去不去清迈旅行?
　　(3) 你做好作业了没有?
　　(4) 弟弟放好护照了吗?
　　(5) 朋友对你说什么?
　　(6) 从现在到考试还有多长时间?
　　(7) 离你的生日还有多少个月?
　　(8) 晚上,你给不给好朋友打电话?
　　(9) 你对那本书感兴趣,对不对?
　　(10) 他给你一本书,对吗?

听力练习 (แบบฝึกหัดการฟัง)

一 语音训练 (บทฝึกฝนการออกเสียง)

1. 听后跟读 (ฟังแล้วอ่านตาม)

2. 画出你听到的句子 (ขีดเส้นใต้ประโยคที่ได้ยิน)
　　(1) A. 我在四十室。　　　　　B. 我在十四室。
　　　　C. 我在四十师。　　　　　D. 我在十四师。
　　(2) A. 入口有鸡。　　　　　　B. 路口有"七"。
　　　　C. 入口有"七"。　　　　　D. 路口有鸡。

第 五 课

二　听力训练 (บทฝึกฝนการฟัง)

精　听 (ฟังแล้วจับใจความ)

1. 听一遍阅读一,回答问题 (ฟังการอ่าน 1 ตอบคำถาม)

(1)

生词语 (คำศัพท์ใหม่)

打(打)　　(动)　　dǎ　　　　ตี

问题:

(2)

生词语 (คำศัพท์ใหม่)

1. 去世(去世)　　qù shì　　　เสียชีวิต
2. 祖母(祖母) (名)　zǔmǔ　　　ย่า

问题:

(3)

生词语 (คำศัพท์ใหม่)

1. 丢(丢)　　(动)　　diū　　　หาย
2. 亮(亮)　　(形)　　liàng　　สว่าง

问题:
①
②

2. 听句子,选择正确答案 (ฟังประโยค เลือกคำตอบที่ถูกต้องที่สุด)

(1) A. 桂林　　　　B. 阳朔　　　　C. 桂林和阳朔　　　　D. 不知道

(2) A. 小王买的那些衣服　　　　B. 小王
　　C. 衣服　　　　　　　　　　D. 妈妈穿那些衣服

(3) A. 坐大车要十个小时　　　　B. 我们没有时间
　　C. 我们要去那个村子　　　　D. 小车比较快

(4) A. 陈老师给孩子日汉词典　　B. 他在家学习汉语
　　C. 张教授给孩子日汉词典　　D. 那个孩子在学校学习日语

(5) A. 看衣服　　B. 买衣服　　C. 比较(ค่อนข้าง)衣服　　D. 穿衣服

泰国人学汉语 II

3. 听以下对话，判断正误（ฟังบทสนทนาด้านล่าง วิเคราะห์ถูกผิด）

(1) 明月和马克都喜欢在一个餐厅吃饭。☐ (2) 明月不知道马克今天要走。☐
(3) 马克坐九点的车去昆明。☐ (4) 马克早上去昆明。☐
(5) 明月今天骑车玩儿。☐ (6) 立龙村马克去了。☐
(7) 马克八点半上车。☐ (8) 明月要给马克写电子邮件。☐

泛　听（ฟัง）

1. 听对话，选择正确答案（ฟังประโยค เลือกคำตอบที่ถูกต้องที่สุด）

(1) A. 菜　　　　　　B. 老板　　　　　C. 客人　　　　　D. 时间
(2) A. *Zhǐhuánwáng* II　　B. *Hēikèdìguó* II
　　C. *Zhǐhuánwáng* III　　D. *Hēikèdìguó* III
(3) A. 小张请美丽　　　B. 小张的妈妈请美丽
　　C. 美丽妈妈请小张　D. 美丽请小张和他妈妈
(4) A. 明月　　　　　　B. 女的　　　　　C. 男的　　　　　D. 他们两个
(5) A. 她没去泰国　　　B. 她在泰国只有三天
　　C. 她没有泰国朋友　D. 她没问李力

2. 听对话，选择正确答案（ฟังทสนทนาจงเลือกคำตอบที่ถูกต้องที่สุด）

明月在农民黄树根(Huáng Shùgēn)家玩儿。黄树根有一个女儿，叫小梅(Xiǎoméi)，一个儿子叫小树(Xiǎoshù)。

生词语 （คำศัพท์ใหม่）

1.	语文(語文)	（名）	yǔwén	ภาษาและวรรณคดี
2.	数学(數學)	（名）	shùxué	คณิตศาสตร์
3.	音乐(音樂)	（名）	yīnyuè	ดนตรี
4.	美术(美術)	（名）	měishù	จิตรกรรม
5.	成绩(成績)	（名）	chéngjì	ผลงาน
6.	读书(讀書)	（动）	dú shū	เรียนหนังสือ
7.	当(當)	（动）	dāng	เป็น (ประกอบอาชีพ)
8.	了不起(了不起)	（形）	liǎobuqǐ	เก่ง
9.	麻烦(麻煩)	（形）	máfan	ลำบาก ยุ่งยาก

(1) A. 语文　　　　B. 数学　　　　C. 音乐　　　　D. 英语
(2) A. 外国人　　　B. 白老师　　　C. 一个北京人　D. 一个学生

(3) A. 白老师是北京人　　　　B. 白老师是学生
　　C. 白老师是村里人　　　　D. 白老师教数学
(4) A. 成绩都很好　　　　　　B. 都会说英语和日语
　　C. 常常和外国人说话　　　D. 想到北京读书
(5) A. 村里的人很了不起　　　B. 村里的人喜欢学习
　　C. 村里的人很热情　　　　D. 村里的人喜欢他们的家乡

3. 听后复述 (ฟังแล้วพูดซ้ำ)

注释语 (หมายเหตุ)

1. 起飞(起飛)　　　　(动)　　　qǐfēi　　　　เครื่องบินขึ้น
2. 进去(進去)　　　　(动)　　　jìnqu　　　　เข้าไป
3. 还早呢(還早呢)　　　　　　　hái zǎo ne　ยังเช้าอยู่นะ
4. 再(再)　　　　　　(副)　　　zài　　　　　แล้วค่อย
5. 电梯(電梯)　　　　(名)　　　diàntī　　　บันไดเลื่อน ลิฟท์

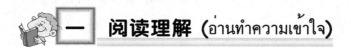

阅读(一) (การอ่าน 1)

读三个小故事,选择正确答案 (จงอ่านนิทาน 3 เรื่องแล้วเลือกคำตอบที่ถูกต้องที่สุด)

为什么打我

妈妈打孩子。一边打,一边说:"你为什么打同学?我告诉你很多次,打人不对,不能打人,你为什么还打？"

孩子一边哭一边问:"那你为什么打我？"

生词语 (คำศัพท์ใหม่)

1. 打(打)　　　　(动)　　　dǎ　　　　ตี
2. 能（能）　　　(能愿)　　néng　　　สามารถ
3. 一边(一邊)　　(连)　　　yībiān　　...ไปพลาง...ไปพลาง

(1) 妈妈告诉孩子什么？
　　A. 很多次　　　B. 不能打人　　C. 打人不对　　D. B 和 C
(2) 这个故事主要告诉我们：
　　A. 打人不对　　B. 孩子不好　　C. 妈妈不好　　D. 妈妈爱孩子

三个祖母

　　一个职员对经理说："经理，明天我不能来上班，我祖母去世了。"经理听了，很生气，他说："前年，你说你祖母去世了，不能来工作；去年，你又说你祖母去世了，不能来上班；现在，是第三次。你祖母死了三次吗？"

　　"我祖父有三个太太，这不是我的错，对吗？"

生词语 (คำศัพท์ใหม่)

1.	职员（職員）	（名）	zhíyuán	เจ้าหน้าที่
2.	经理（經理）	（名）	jīnglǐ	ผู้จัดการ
3.	生气（生氣）	（形）	shēngqì	โกรธ
4.	去世（去世）	（动）	qù shì	เสียชีวิต
5.	祖母（祖母）	（名）	zǔmǔ	ย่า

(1) 为什么经理生气了？
　　A. 因为职员常常不能来工作　　B. 因为他认为职员在骗他
　　C. 因为职员的奶奶去世三次　　D. 因为职员有三个奶奶
(2) 祖父是谁？
　　A. 爷爷　　　B. 爸爸　　　C. 经理　　　D. 不知道
(3) "死"的意思是：
　　A. 说　　　　B. 上班　　　C. 有　　　　D. 去世

找钥匙

　　晚上，一个人在地上找钥匙。他的朋友也来帮助他。朋友问那个人："你在哪里丢了钥匙？"那个人指一下旁边说："那里。"朋友很奇怪，他问："那你为什么在这里找？"那个人说："因为这里比较亮。"

（据 2004 年 4 月 26 日《广州日报》）

生词语 (คำศัพท์ใหม่)

1. 钥匙(鑰匙)　　　　(名)　　yàoshi　　　ลูกกุญแจ
2. 帮助(幫助)　　　　(动)　　bāngzhù　　ช่วยเหลือ
3. 丢(丢)　　　　　　(动)　　diū　　　　หาย
4. 亮(亮)　　　　　　(形)　　liàng　　　สว่าง

(1) 为什么那个人在这里找钥匙？
　　A. 因为他不知道在哪里丢了钥匙　　B. 因为他在这里丢了钥匙
　　C. 因为这里比较亮　　　　　　　　D. 因为他想在亮的地方能找到钥匙

(2) 这三个小故事里，谁可能比较聪明？
　　A. 妈妈　　B. 经理　　C. 职员　　D. 找钥匙的人

阅读(二) (การอ่าน 2)

公鸡新郎

1933年冬天的一天，我十六岁的祖母坐花轿到丈夫家。可是很奇怪，在她对面的不是新郎，而是新郎的妹妹，她穿新郎的衣服，手上有一只漂亮的公鸡。公鸡代替新郎，和新娘一起拜天地、拜父母……

婚礼后，曾祖父告诉祖母，娶她是为了给在印尼的祖父"冲喜(chōng xǐ)"。祖父身体不好，总是有很多病。以前的中国人都相信结婚是大喜事，可以让有病的人身体健康。这就是传统的"冲喜"。

结婚的第一个晚上，祖母和那只公鸡一起过。祖母很生气，她一边哭一边打那只公鸡。好几年以后，祖父从印尼回来，祖母才有了真的丈夫。

生词语 (คำศัพท์ใหม่)

1. 花轿(花轎)　　　　(名)　　huājiào　　เกี้ยวที่เจ้าสาวนั่ง
2. 丈夫(丈夫)　　　　(名)　　zhàngfu　　สามี
3. 新郎(新郎)　　　　(名)　　xīnláng　　เจ้าบ่าว
4. 公鸡(公鷄)　　　　(名)　　gōngjī　　 ไก่ตัวผู้
5. 代替(代替)　　　　(动)　　dàitì　　　ทำแทน
6. 新娘(新娘)　　　　(名)　　xīnniáng　 เจ้าสาว
7. 拜(拜)　　　　　　(动)　　bài　　　　ไหว้
8. 天地(天地)　　　　(名)　　tiāndì　　 ฟ้าดิน
9. 父母(父母)　　　　(名)　　fùmǔ　　 พ่อแม่

10. 娶(娶)	（动）	qǔ		แต่งภรรยา
11. 冲喜(衝喜)	（动）	chōngxǐ		สมัยก่อน คนจีนเมื่อมีคนในครอบครัวป่วยหนัก บางทีจะจัดเรื่องมงคล เช่นแต่งงาน มาไล่โชคร้าย เพื่อช่วยชีวิตผู้ป่วย
11. 病(病)	（名）	bìng		ป่วย
12. 喜事(喜事)	（名）	xǐshì		เรื่องเป็นมงคล

专名 (คำศัพท์เฉพาะ)

印尼　　　　　　　　　　　Yìnní　　　　　ประเทศอินโดนีเซีย

填空 (จงเติมในช่องว่าง)

(1) 新娘坐_____去新郎家。
(2) 新娘的丈夫就是_____。
(3) 婚礼上，新郎要和新娘一起拜_____和_____。
(4) 曾祖父是祖父的_____。
(5) 婚礼的时候，祖父在_____。

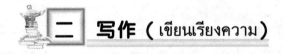 写作（เขียนเรียงความ）

一次旅行。

第六课　洗干净手了吗

词汇及语法练习
（แบบฝึกหัดคำศัพท์และไวยากรณ์）

1. 读一读 (อ่านวลี)

别唱了	别做了	别走了	别改了	别喝了	别找了
别拿了	别玩了	别想了			
别收拾了	别睡觉了	别说了	别休息了	别客气了	别参观了
别出去了	别回来了				
买到东西	吃到妈妈做的菜		喝到好酒	接到亲戚	拿到筷子
收到电子邮件					
找到朋友	看到照片	听到老师说的话		见到他	请到教授
住在宿舍里	放在桌子上	坐在车上	写在本子上	拿在手里	忘在家里
散一下儿步	散半小时步	散一次步	跟朋友一起散步		
有办法	没办法	办法很多	想办法	有什么办法	找到办法

2. 替换练习 (แบบฝึกหัดแทนที่รูปประโยค)

(1) 你说 对了。

做	对
写	对
看	错
记	错
听	错

(2) 我还没改 完 作业呢。

做	完	作业
看	完	书
听	完	音乐
吃	完	饭
洗	干净	衣服
打扫	干净	教室

(3) 菜我都做好了。
衣服　穿好
电话　打完
礼物　买好
小说　看完

(4) 麻烦你给我。
去开门
送老师去机场
告诉我
跟我一起去
给我买一瓶水

(5) 我们今天吃鸡还是吃猪肉？
看电影　　去公园玩儿
八点上课　九点上课
去买榴梿　去买红毛丹
喝茶　　　喝咖啡

(6) 我买到蛋糕了。
看　寺庙
吃　沙拉
接　朋友
见　亲戚

3. 连词成句 (จงเรียงคำศัพท์ให้เป็นประโยค)

(1) 呢 看 这 没 完 还 本 我 书
(2) 大学 学习 在 小云 华侨 汉语
(3) 在 宿舍 住 学生 他
(4) 了 个 字 错 写 这 王美
(5) 那 到 书店 她 词典 买 在 了 本
(6) 洗 我 菜 你 帮 来
(7) 没有 电话 你 完 了 打
(8) 忘 了 手机 拿 他

4. 用直线将相关的词组连接起来 (จงโยงเส้นคำที่สัมพันธ์กัน)

喝到　　　车上
收到　　　朋友
找到　　　楼上
坐在　　　可乐
住在　　　信上
写在　　　信

5. 造句 (จงแต่งประโยค)

(1) ……还是……：
(2) 麻烦你：
(3) 觉得：
(4) 应该：

第 六 课

6. 判断下列句子正误 (จงใส่เครื่องหมาย √ หรือ ✕ ประโยคต่อไปนี้)
　(1) 他们吃完饭了没有？☐　　　　　　(2) 小云看没到那家面包店。☐
　(3) 林太太说话完了。☐　　　　　　　(4) 练习我都做好了。☐
　(5) 王老师租房子住。☐　　　　　　　(6) 我住在里学生宿舍。☐
　(7) 他学习在中山大学。☐　　　　　　(8) 汉字写在黑板(กระดานดำ)上。☐

7. 选择下列词语完成短文 (จงเลือกคำศัพท์เติมความเรียงขนาดสั้นให้สมบูรณ์)

| 到 | 去 | 觉得 | 看 | 来 | 完 | 应该 | 可以 | 一点儿 | 一下儿 | 在 | 完 | 好 |

　　何娜住____学生宿舍。她写____作业以后，就去商店买蛋糕。蛋糕已经卖____了，何娜没有买____蛋糕，很不高兴地回来了。王美____何娜太胖了，就对何娜说："没有蛋糕吃，你____高兴啊。"可是何娜说："我太爱吃了，胖____没关系。"

| 错 | 别 | 不 | 完 | 到 | 会 |

　　小李是中国人，他在泰国一个大学教汉语。他____说一点儿泰语，可是常常说____。有时候，他还没说____，他的学生就对他说："李老师，你____说泰语了，还是说汉语吧。"

8. 根据课文判断正误 (จงใส่เครื่องหมาย √ หรือ ✕ ประโยคต่อไปนี้ตามเนื้อหาในบทเรียน)
　(1) 林太太叫王美改作业。☐　　　　　(2) 王美忘了洗手。☐
　(3) 他们今天吃鸡和猪肉。☐　　　　　(4) 王美做菜了。☐
　(5) 王美觉得用筷子吃饭很麻烦。☐　　(6) 何娜住在学生宿舍。☐
　(7) 小云没去买蛋糕。☐　　　　　　　(8) 何娜想买牛奶喝。☐

9. 快速回答问题，一遍肯定，一遍否定 (จงตอบคำถามต่อไปนี้โดยทันที โดยใช้ประโยคตอบรับและประโยคปฏิเสธ)
　(1) 你吃完饭了吗？　　　　　　　　　(2) 你放好护照了吗？
　(3) 你洗完澡了吗？　　　　　　　　　(4) 你洗干净衣服了吗？
　(5) 他写错字了，对吗？　　　　　　　(6) 你看到老师了吗？
　(7) 老人记住你的名字了吗？　　　　　(8) 你散完步了吗？
　(9) 你买到票了吗？　　　　　　　　　(10) 你写好电子邮件了吗？

10. 根据括号里的词组，用结果补语完成句子或对话 (จงเติมประโยคและบทสนทนาด้วยคำเสริมผล ตามวลีที่ให้ไว้ในวงเล็บ)
　(1) 我们今天十一点_____。(上课)
　(2) 你没_____。(听那句话)
　(3) 弟弟_____了。(洗衣服)
　(4) 老师_____了。(写我的名字)
　(5) 昨天我去晚了，没_____。(吃木瓜沙拉)
　(6) 妈妈_____了。(做晚饭)

(7) 何娜先_____（收衣服），然后去散步。_____，她去洗澡。

(8) 你应该_____。（放钱）

(9) A："กินข้าวเสร็จแล้ว" 汉语怎么说？

　　B：吃饭完了。

　　A：你_____（说）了,应该是_____。

(10) A：你จงจำได้ ล้างมือให้สะอาด汉语怎么说吗？

　　B：我记得"ล้างมือให้สะอาด"。

　　C：_____。（记）

听力练习 (แบบฝึกหัดการฟัง)

一 语音训练 (บทฝึกฝนการออกเสียง)

1. 听后跟读音节 (จงฟังแล้วอ่านพยางค์เสียง)

　　i　a　u

　　yi—yū　　è—ò　　yī—wū　　yè—yuè　　ēng—ōng　　yá—wá　　yín—yūn

　　ēi—ōu　　yǎn—yuǎn

　　āyí　　tǔmù　　dàdù　　yīfu　　dàbà　　tūqǐ　　jīqì　　xǐshā　　zhùzhā

2. 找出你听到的词，然后跟读 (จงหาคำที่ได้ยินและอ่านตาม)

　　yánfèn—yuánfèn　　qiánbù—quánbù　　nǐde—nǔde　　èzhe—wòzhe

　　xiánzhe—xuánzhe　　lízi—lǔzi　　xiǎoxiě—xiǎoxuě　　xiān cháng—xuānchuán

　　qǐlái—qǔlái　　dàxué—dàxiě

二 听力训练 (บทฝึกฝนการฟัง)

精　听 (ฟังแล้วจับใจความ)

1. 听一遍会话课文，回答问题 (จงฟังบทสนทนาหนึ่งรอบ และตอบคำถาม)

　　(1)

　　(2)

　　(3)

　　(4)

　　(5)

　　(6)

生词语 (คำศัพท์ใหม่)

1. 打扫(打掃)　　　　(动)　　　dǎsǎo　　　　ปัดกวาด
2. 带(帶)　　　　　　(动)　　　dài　　　　　นำ, พา

2. 听句子,选择正确答案 (ฟังประโยค จงเลือกคำตอบที่ถูกต้อง)

(1) A. 工作　　　　B. 过生日(ฉลองวันเกิด)　　C. 参加生日晚会　　D. 祝"我"生日快乐

(2) A. 叔叔没来泰国　　　　　　　　　B. 叔叔 3 月来
　　C. 叔叔 5 月来　　　　　　　　　　D. 叔叔 9 月来

(3) A. 去　　　　　B. 不去　　　　　C. 不知道
　　D. 有飞机票就去,没有就不去 (มีตั๋วเครื่องบินก็ไป ไม่มีตั๋วก็ไม่ไป)

(4) A. 学校里　　　B. 办公室三楼　　C. 教师宿舍二楼　　D. 学校外边

(5) A. 我们不想看那个电影　　　　　　B. 我们没看电影,因为没买到票
　　C. 看电影的人太多了　　　　　　　D. 我们没去看电影

3. 听短文,判断正误 (จงฟังความเรียงขนาดสั้น และใส่เครื่องหมาย √ หรือ × ประโยคต่อไปนี้)

(1) 住在外边的房子里比较有意思。□　　(2) 留学生宿舍有很多外国人。□
(3) 上个月,何娜回曼谷。□　　　　　　(4) 小云去买蛋糕,她特别爱吃。□
(5) 今天人太多,面包店不卖蛋糕。□　　(6) 何娜胖了,不应该吃蛋糕。□
(7) 王美应该多锻炼。□　　　　　　　　(8) 何娜是一个爱吃东西的人。□

泛 听 (ฟัง)

1. 听对话,选择正确答案 (จงฟังบทสนทนาและเลือกคำตอบที่ถูกต้อง)

(1) A. 村子外边　　　B. 在电影院里　　C. 家里　　　　　D. 商店里
(2) A. A　　　　　　B. B　　　　　　C. C　　　　　　　D. F
(3) A. 明明不会洗衣服　B. 妈妈不在　　C. 明明没洗衣服　D. A 和 B
(4) A. 猪肉　　　　　B. 鸡　　　　　　C. 牛肉　　　　　D. 蛋糕

2. 听短文,选择正确答案 (จงฟังความเรียงขนาดสั้น และเลือกคำตอบที่ถูกต้อง)

生词语 (คำศัพท์ใหม่)

1. 幼儿园(幼兒園)　　(名)　　yòu'éryuán　　โรงเรียนอนุบาล
2. 唱歌(唱歌)　　　　(动)　　chàng gē　　　ร้องเพลง
3. 比赛(比賽)　　　　(名)　　bǐsài　　　　　การแข่งขัน

4. 回答(回答)	(动)	huídá	ตอบ
5. 声音(聲音)	(名)	shēngyīn	เสียง
6. 毕业(畢業)	(动)	bìyè	สำเร็จการศึกษา
7. 初中(初中)	(名)	chūzhōng	มัธยมศึกษาตอนต้น

(1) A. 因为我第一次唱歌　　　　B. 我记错了
　　C. 因为我不知道我自己唱错了　D. 因为小朋友都笑了

(2) A. 回答对了　B. 回答错了　C. 不知道　D. 不清楚

(3) A. 小学里　B. 公园里　C. 树林里　D. 河边

(4) A. 我好好学习　　　　B. 我喜欢一个人
　　C. 我认识一个好学生　D. 我一直是好学生

(5) A. 第一次参加唱歌比赛　B. 第一次回答问题
　　C. 第一次喜欢一个人　　D. 第一次考试

3. 听后复述 (จงฟังแล้วพูดซ้ำ)

注释语 (หมายเหตุ)

1. 着急(着急)	(形)	zháojí	เร่งรีบ
2. 注意(注意)	(动)	zhùyì	ข้อควรระวัง
3. 伞(傘)	(名)	sǎn	ร่ม
4. 雨(雨)	(名)	yǔ	ฝน
5. 预报(預報)	(名)	yùbào	พยากรณ์อากาศ

读写练习 (แบบฝึกหัดการอ่านเขียน)

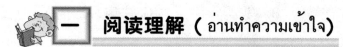

一 阅读理解 (อ่านทำความเข้าใจ)

阅读(一) (การอ่าน 1)

怎么考试

每个学生都要考试。有些同学学习很努力,可是考试成绩常常不太好。为什么? 因为不懂怎么考试。

第 六 课

考试之前的晚上,复习一下最重要的东西,但是别复习太长时间。复习完<u>重点</u>,一定要收拾好你的书包,放好考试要用的东西,然后早一点儿睡觉。好好休息很重要。

考试的早上,应该早一点儿出门。有些同学迟到或者差点儿迟到,很紧张,会影响考试。

考试的时候,记住以下几条:

1. 拿到试卷,先写好你的名字。
2. 看清楚题目。
3. 想好答案再写。一定要写清楚。
4. 遇到不懂的题目,别多想。先做其他题目,做完其他题目后,如果还有时间再想。如果还是不懂,也要选择一个答案或写一点东西。ABCD 四个选择,你<u>随便</u>选一个,还是有 25% 的<u>可能性</u>选对了。
5. 如果其他同学做完了你还没做完,别紧张,慢慢做。
6. 做完全部题目后,要检查。改正肯定做错了的地方,但是如果你不敢肯定,就别改。

考完试,别问同学或老师答案。如果你知道自己做错了很多题目,你就会不高兴,这会影响你明天的考试。

生词语 (คำศัพท์ใหม่)

	词	词性	拼音	意思
1.	懂(懂)	(动)	dǒng	เข้าใจ
2.	重要(重要)	(形)	zhòngyào	สำคัญ
3.	迟到(遲到)	(动)	chídào	สาย
4.	紧张(緊張)	(形)	jǐnzhāng	ตื่นเต้น
5.	影响(影響)	(名)	yǐngxiǎng	ส่งผลกระทบ(ต่อความคิดหรือการกระทำของผู้อื่น)
6.	试卷(試卷)	(名)	shìjuàn	ข้อสอบ
7.	题目(題目)	(名)	tímù	หัวข้อ
8.	答案(答案)	(名)	dá'àn	คำตอบ
9.	遇到(遇到)	(动)	yùdào	พบ, ประสบ, เจอ
10.	其他(其他)	(代)	qítā	อื่นๆ
11.	选择(選擇)	(动)	xuǎnzé	เลือก
12.	检查(檢查)	(动)	jiǎnchá	ตรวจ, ตรวจสอบ
13.	改正(改正)	(动)	gǎizhèng	แก้ไข
14.	肯定(肯定)	(形)	kěndìng	แน่ใจ แน่นอน

1. 按时间发生的顺序把以下动作排序 (จงเรียงลำดับเหตุการณ์ต่อไปนี้)

( ) 想清楚答案

( ) 拿到试卷

( ) 做完不懂的题目

（　　）复习完重点
（　　）做完懂的题目
（　　）收拾好书包
（　　）看清楚题目
（　　）检查
（　　）写好名字
（　　）做完全部题目
（　　）改正做错了的地方

2. 回答问题 (จงตอบคำถามต่อไปนี้)
(1) 你能在第二段里找到"重点"的解释吗？
(2) 用泰语说一下"随便"和"可能性"是什么意思？（ใช้ภาษาไทยอธิบายความหมายคำว่า "随便" และ "可能性"）

阅读(二) (การอ่าน 2)

人人都减肥

　　差不多每个女人都在说："我要减肥。"你想让一个女人高兴，只要说一句："你最近瘦了。"你想让一个女人不高兴，只要说一句："你最近胖了。"

　　清清是一个漂亮、苗条的姑娘。可她还是觉得自己太胖了。她只吃早饭，不吃午饭。晚饭吃不吃？我们都不知道。她越来越瘦了，我们都有点担心她的身体。

　　报纸、杂志、电视节目都在教女人怎么减肥，或者说怎么瘦身：不吃肉，不吃米饭，不吃面条，也不吃甜的东西，比如糖、冰淇淋、蛋糕……都不吃。要多吃蔬菜、水果，可以吃一点儿鱼。锻炼也很重要，每个星期要锻炼三次，每次两个小时。吃完饭不能马上坐，要站半个小时。睡觉前三个小时不能吃东西，也不能喝水。

　　看看这些，就觉得很累、很饿，对吗？可是有什么办法呢？想要漂亮，就要这样。减肥跟做其他事情一样，没有简单而且容易的办法。

　　一起努力减肥吧！

生词语 (คำศัพท์ใหม่)

1.	让(讓)	(动)	ràng	ทำให้
2.	苗条(苗條)	(形)	miáotiao	(ร่างกายของผู้หญิง)อรชร, อ้อนแอ้น
3.	越来越(越來越)		yuèláiyuè	ยิ่งมายิ่ง
4.	担心(擔心)	(动)	dānxīn	กังวลใจ
5.	报纸(報紙)	(名)	bàozhǐ	หนังสือพิมพ์
6.	杂志(雜誌)	(名)	zázhì	นิตยสาร

7. 冰淇淋(冰淇淋)	(名)	bīngqílín	ไอศครีม
8. 重要(重要)	(形)	zhòngyào	สำคัญ
9. 站(站)	(动)	zhàn	ยืน
10. 跟…一样(跟…一樣)		gēn…yíyàng	เหมือน…เช่นกัน
11. 其他(其他)	(代)	qítā	อื่นๆ
12. 努力(努力)	(形)	nǔlì	ขยัน

1. 翻译（การแปล）

   (1) "瘦"是什么意思？

   (2) "减肥"是什么意思？"瘦身"呢？

2. 选择正确答案（จงเลือกคำตอบที่ถูกต้องที่สุด）

   (1) 你说什么话女人会不高兴：
      A. 你瘦了　　B. 你应该减肥了　　C. 你苗条了　　D. 你减肥了

   (2) 清清不吃什么？
      A. 早饭　　B. 米饭　　C. 午饭　　D. 晚饭

   (3) 什么没有教女人怎么减肥？
      A. 电视节目　　B. 报纸　　C. 杂志　　D. 课本

   (4) 什么不是甜的东西？
      A. 米饭　　B. 糖　　C. 冰淇淋　　D. 蛋糕

   (5) 如果你十二点睡觉，十点不能做什么：
      A. 站　　B. 坐　　C. 看电视　　D. 吃东西

   (6) 减肥和做其他事情一样，都：
      A. 简单　　B. 容易　　C. 要努力　　D. 很累、很饿

二 写作（เขียนเรียงความ）

1. 一次考试。

2. 减肥的好办法。

第七课　我正在等你呢

词汇及语法练习
(แบบฝึกหัดคำศัพท์และไวยากรณ์)

1. 读一读 (อ่านวล)

应该睡觉	应该锻炼	应该记得	应该准备	应该参加
应该介绍	应该休息			
可以毕业	可以出发	可以参观	可以进来	可以见面
可以结婚				
不能毕业	不能出发	不能参观	不能进来	不能见面
不能结婚				
能回来	能找到	能洗干净	能写完	能买到
特别快	特别慢	特别胖	特别饱	很特别
特别的人	特别的事情	特别的面包		
谈话	谈一次话	谈一下儿话	谈很多话	跟他谈话
谈完话				
开一次会	开一下儿会	开很多会	跟他们开会	开完会
开开会				
小学毕业	中学毕业	大学毕业	从北京大学毕业	去年毕业
在北京大学毕业				
开玩笑	别开玩笑	开一下儿玩笑	跟我开玩笑	开开玩笑

2. 替换练习 (แบบฝึกหัดแทนที่รูปประโยค)

(1) 他正在开会呢。
　　打电话
　　听音乐
　　上课
　　看电影
　　散步

(2) 我上大学以前就这样。
　　工作
　　来中国
　　结婚
　　回泰国

(3) 下课以后我可以再来。
　　吃饭
　　参观
　　放假
　　考试
　　晚会

(4) 我 问问 服务员。
　　看看　　朋友
　　锻炼锻炼　身体
　　骑骑　　自行车
　　收拾收拾　房间
　　找找　　照片

(5) 可以不可以给我们换一张大桌子。
　　买一张飞机票
　　介绍一下
　　写信
　　发电子邮件
　　翻译他说的话

(6) 六点半以前应该能到。
　　下课
　　回来
　　出发
　　要车
　　做完

3. 选择下列词语完成短文 (จงเลือกคำศัพท์เติมความเรียงขนาดสั้นให้สมบูรณ์)

　　一定　一直　应该　以前　可以　可是　还是

大为是王老师的学生,他很聪明,_____学好汉语,_____他学习不认真。有时上课睡觉,有时忘了写作业。他也知道他错了,不_____这样做。王老师找他谈话,他说他上大学_____就是这样,王老师说,现在是大学生了,_____要改正。

　　能　可以　行　以后　以前　正在　要　应该

妮娜的爷爷是中国人,小李老师觉得妮娜_____会说汉语,可是妮娜一句也不说。李老师问为什么,妮娜回答说:"我_____学英语呢,学好英语_____,再学汉语。"李老师说:"现在学不_____吗?"

4. 连词成句 (จงเรียงคำศัพท์ให้เป็นประโยค)

(1) 旅游　放假　以后　去　我们
(2) 呢　课文　在　复习　甘雅　教室
(3) 我们　就　大学　认识　以前　上

(4) 能 信用 小林 写 汉语
(5) 高兴 我 谈谈 你 特别 跟 事情 想 这件 的
(6) 能 玩笑 那 用 我 个 的 喜欢 老师 开 英语
(7) 时候 进去 他 睡觉 在 我们 的 呢
(8) 去年 你 什么 呢 做 的 今天

5. 把括号里的字放在最合适的位置上 (จงนำคำศัพท์ที่อยู่ในวงเล็บวางในตำแหน่งที่เหมาะสมที่สุด)
   (1) 他 10 号 A 以前 B 能 C 到 D 曼谷。(应该)
   (2) A 她 B 三天 C 再去商店 D 买衣服。(以后)
   (3) 甘雅 A 教室 B 跟同学 C 一起 D 唱歌呢。(在)
   (4) 昨天我们 A 到 B 他 C 宿舍的时候,他 D 写信呢。(正在)
   (5) A 放假以后我 B 可以 C 去 D 旅行。(再)
   (6) 小马 A 和小王 B 用日语 C 写 D 小说。(能)
   (7) 他 A 能 B 跟同学 C 一起 D 去旅行。(不)

6. 判断下列句子正误 (จงใส่เครื่องหมาย √ หรือ × ของประโยคต่อไปนี้)
   (1) 我参观一参观你们的学校。□   (2) 他在食堂在吃饭呢。□
   (3) 今天我想跟你谈话谈话。□   (4) 我们没有见过面毕业以后。□
   (5) 我正在电影院门口等你呢。□   (6) 他能用泰语翻译这本小说。□
   (7) 那个漂亮的女生正在散步了。□   (8) 在图书馆,我们不可以谈话。□
   (9) 你能不能来一下儿?□   (10) 他 10 号以前应该能到那儿。□

7. 用能愿动词填空,注意它们的否定形式 (จงใช้คำกริยาช่วยเติมลงในช่องว่าง ระวังรูปประโยคปฏิเสธของคำด้วย)
   能 会
   (1) 我今年二十五岁,在一个公司工作。我在中学和大学都学习汉语。我(　)说汉语。可是,我在办公室不(　)说汉语,因为我的同事都不(　)说汉语。
   (2) A:你(　)做泰国菜吗?
       B:当然(　),我是泰国人。
       A:你(　)不(　)做给我们吃?
       B:对不起,不(　),北京没有泰国的调料 (เครื่องปรุงรส)。
   (3) A:请问,我(　)进去吗?
       B:不(　),你不是老师,不(　)进去。
   要 想
   (1) A:我们(　)去散步,你(　)跟我们一起去吗?
       B:我很(　)去,可是,我(　)做作业,不能去。

(2) A：听说你明天（　　）去接小王。
　　B：是啊。
(3) A：星期六你们（　　）上班吗？
　　B：不（　　），我休息。
　　A：你（　　）跟我们一起去看亲戚吗？
　　B：好啊，我（　　）买什么礼物吗？
　　A：不（　　），我们买了。

8. **能愿动词完型填空** (จงเติมคำกริยาช่วยให้สมบูรณ์)

　　想　要　应该　能　可以　会　不用　不行

　　我上大学四年级，学习汉语。我很（　　）去北京学习，可是去北京（　　）用很多钱。爸爸说我（　　）先工作，有钱了，就（　　）去北京了。

　　这个星期六，我们（　　）上课，我去找工作。在一个公司，我跟经理见面。他问我（　　）不（　　）说汉语和英语，我说我都（　　）。他很高兴，给我那个工作。一个月八千铢。

　　回家我告诉爸爸这件事情，他也很高兴。他说："两年以后，你（　　）有十多万了。"我问爸爸："我（　　）不（　　）先买车？"他说："（　　）！你不（　　）去北京了吗？"

9. **造句** (จงแต่งประโยค)
(1) ……以前：
(2) ……以后：
(3) 开玩笑：
(4) 正在……呢：

10. **根据课文回答问题** (จงตอบคำถามตามบทเรียน)
(1) 大为早上上课的时候在做什么？
(2) 昨天晚上大为做什么了？
(3) 王老师和大为的谈话谈完了吗？为什么？
(4) 大为的作业怎么样？
(5) 何娜为什么喜欢她的英文老师？
(6) 那个英文老师现在可能做什么呢？
(7) 小平什么时候能到？
(8) 何娜和甘雅在哪儿谈话？

 (แบบฝึกหัดการฟัง)

一 语音训练 (บทฝึกฝนการออกเสียง)

1. 听后跟读音节 (จงฟังเสียงพยางค์แล้วอ่านตาม)

   yí—yē   yí—yé   yǐ—yě   yì—yè   wū—wā   wú—wá
   wǔ—wǎ   wù—wà   yū—yuān   yú—yuán   yǔ—yuǎn   yù—yuàn

2. 听后跟读词 (จงฟังคำศัพท์แล้วอ่านตาม)

   bāojiǎng—biǎoyáng   pǎo bù—piāobó   xiǎomāo—xiǎomiáo
   yìbān—yìbiān   Xiǎo Pān—xiǎo piān mǎnyì—miǎnlì
   dànrán—duànrán   yì tán—yì tuán   hěn nán—hěn nuǎn
   lànle—luànle   xīgān—xíguàn   kǎnkǎn—kuǎnkuǎn

3. 划出你听到的字或词 (จงขีดเส้นใต้ตัวอักษร หรือ คำที่คุณได้ยิน)

   jiějie—jiéjué   niē—nüè   xiēzi—xuēzi   chū liè—cūlüè
   tàixián—tàixuán   yìqiān—yì quān   qiēkǒu—quēkǒu

二 听力训练 (บทฝึกฝนการฟัง)

精 听 (ฟังแล้วจับใจความ)

1. 听一遍会话课文,回答问题 (จงฟังบทสนทนา 1 รอบ แล้วตอบคำถาม)

   (1)
   (2)
   (3)
   (4)
   (5)
   (6)
   (7)
   (8)

第 七 课

生词语 (คำศัพท์ใหม่)

1.	厕所(厠所)	(名)	cèsuǒ	ห้องน้ำ
2.	摸(摸)	(动)	mō	ลูบ คลำ
3.	头(頭)	(名)	tóu	ศีรษะ
4.	交(交)	(动)	jiāo	ส่ง (การบ้าน)

2. 听句子,选择正确答案 (จงฟังประโยคแล้วเลือกคำตอบที่ถูกต้อง)

(1) A. 我不想骑　　　B. 这里不能骑　　　C. 我不会骑　　　D. 我不能骑
(2) A. 看书　　　　　B. 做作业　　　　　C. 做完作业以后再看书　　D. 看完书以后做作业
(3) A. 一个小时　　　B. 一个多小时　　　C. 一个小时左右　　D. 不用一个小时
(4) A. A　　　　　　B. C　　　　　　　　C. A 或者 C　　　　D. 还不知道
(5) A. 还不知道　　　B. 今天　　　　　　C. 明天　　　　　　D. 星期六

3. 听短文,判断正误 (จงฟังความเรียงขนาดสั้น แล้วใส่เครื่องหมาย √ หรือ ×)

(1) 王美教一年级二班。□　　　　　　(2) 大为是二年级的学生。□
(3) 王美的学生学习很努力。□　　　　(4) 大为上课的时候常常睡觉。□
(5) 今天下课以前,大为去办公室找王美。□　　(6) 大为常常看汉语书。□
(7) 王美教的汉语大为都懂。□　　　　(8) 大为应该可以到四班学习。□

泛 听 (ฟัง)

1. 听对话,选择正确答案 (จงฟังบทสนทนา แล้วเลือกคำตอบที่ถูกต้อง)

(1) A. 他打电话　　　B. 他拿手机　　　C. 他照相　　　　D. 他拿照相机
(2) A. 当然能　　　　B. 不能　　　　　C. 可能(อาจจะ)能　D. 不知道
(3) A. 家里　　　　　B. 教室里　　　　C. 商店里　　　　D. 飞机上
(4) A. 老师和学生　　B. 朋友　　　　　C. 妈妈和女儿　　D. 先生和太太
(5) A. 因为他听天气预报(yùbào)了　　　B. 因为他看天气预报了
　　C. 因为今晚天气很好　　　　　　　D. 因为他希望明天天气好

2. 听短文,选择正确答案 (จงฟังความเรียงขนาดสั้น แล้วเลือกคำตอบที่ถูกต้อง)

生词语 (คำศัพท์ใหม่)

1.	倒霉(倒霉)	(形)	dǎoméi	โชคร้าย
2.	咖啡(咖啡)	(名)	kāfēi	กาแฟ

3.	衬衣(襯衣)	（名）	chènyī	เสื้อเชิ้ต
4.	电脑(電腦)	（名）	diànnǎo	คอมพิวเตอร์
5.	死机(死機)		sǐ jī	เครื่องเสีย
6.	下雨(下雨)		xià yǔ	ฝนตก
7.	浇花(澆花)		jiāo huā	รดน้ำต้นไม้
8.	钱包(錢包)	（名）	qiánbāo	กระเป๋าสตางค์

(1) A. 三件　　　B. 四件　　　C. 五件　　　D. 六件
(2) A. 因为他要拿手机　　　B. 因为他要去喝咖啡
　　C. 因为他不喜欢　　　　D. 因为衬衣上有咖啡
(3) A. 下雨　　　B. 三楼　　　C. 办公室　　　D. 大楼外边
(4) A. 在办公室　　B. 在车上　　C. 不知道　　D. 在问问题的那个人那里
(5) A. 喝咖啡　　　B. 浇花　　　C. 电脑死机　　D. 一个人问他问题

3. 听后复述 (จงฟังแล้วพูดซ้ำ)

注释语 (หมายเหตุ)

1.	起床(起床)	（动）	qǐ chuáng	ตื่นนอน
2.	成绩(成績)	（名）	chéngjì	ผลงาน
3.	差(差)	（形）	chà	ขาดไป หาย
4.	还(還)	（动）	huán	ยัง
5.	过分(過分)	（形）	guòfèn	มากเกินไป

读写练习 (แบบฝึกหัดการอ่านเขียน)

一　阅读理解 (อ่านทำความเข้าใจ)

阅读(一) (การอ่าน 1)

我在做梦

　　现在是早上六点，我在床上做最后一个梦呢。我梦到你在问我：你在做什么呢？
　　现在是早上八点半，我在车站等车呢。人真多啊！你正在做什么？你正在洗澡吧？还是正在穿那件黄色的衬衣？

现在是上午十点,我上课呢。教室里,每个人都在认真地听。你在做什么呢?你正在打开你的电脑准备工作,对吗?

现在是中午十二点,我在餐厅吃午饭呢。天气很好,大家都很快乐。你做什么呢?你还在工作吗?该吃饭了。

现在是下午四点,我在图书馆看书。多安静啊!你正在做什么?我知道,你在收发电子邮件呢。你还记得我的地址吗?

现在是晚上七点,我吃完晚饭,在房间里听音乐呢。你告诉我什么时候应该听blues。你在做什么呢?你在跟朋友一起吃饭,是吗?又是一个刚认识的朋友吗?

现在是晚上十二点,我在床上做第一个梦呢。我梦到你在问我:你在做什么呢?

生词语 (คำศัพท์ใหม่)

1. (做)梦(〈做〉夢) （名） (zuò)mèng ฝัน
2. 最后(最後) （名） zuìhòu สุดท้าย
3. 梦到(夢到) （动） mèngdào ฝันถึง
4. 认真(認真) （形） rènzhēn ตั้งใจ
5. 打开(打開) （动） dǎ kāi เปิด
6. 电脑(電腦) （名） diànnǎo คอมพิวเตอร์
7. 安静(安靜) （形） ānjìng เงียบสงบ
8. 发(电子邮件)(發〈電子郵件〉) （动） fā (diànzǐ yóujiàn) ส่ง (อีเมล)
9. 地址(地址) （名） dìzhǐ ที่อยู่
10. 刚(剛) （副） gāng เพิ่งจะ

1. 填表 (จงเติมตาราง)

	我	你
早上八点半		
	上课	
中午十二点		
		在上网
	听音乐	

2. 用汉语回答问题 (จงใช้ภาษาจีนตอบคำถาม)
(1) "我"怎么去学校?
(2) "你"用什么工作?
(3) "地址"是什么"地址"?
(4) "我"听什么音乐?

3. 用泰语回答问题（จงใช้ภาษาไทยตอบคำถาม）
   (1) 你认为这篇文章写什么？
   (2) 你认为作者的心情怎么样？

阅读（二）（การอ่าน 2）

摸摸你的头

在中国，长辈常常摸晚辈的头。你的老师、父母、祖父母或者年纪比你大的人都是你的长辈，你就是他们的晚辈。长辈摸晚辈的头表示什么？

一个妈妈摸摸孩子的头，说："你高了。"——这表示爱。

一个祖父摸摸孙子的头，说："这次考试，一定能拿到A。"——这表示信任。

一个老师摸摸学生的头，说："以后一定要努力学习，上课别睡觉了！"——这表示鼓励。

在中国，朋友们可以互相摸头。

一个女人摸摸她朋友的头，说："看你，该理发了。"

一个男人摸摸他朋友的头，说："你在想什么呢？"

……

这些都表示亲密和关心。

生词语（คำศัพท์ใหม่）

1.	表示(表示)	(动)	biǎoshì	หมายถึง
2.	信任(信任)	(名)	xìnrèn	เชื่อมั่น
3.	鼓励(鼓勵)	(动)	gǔlì	ให้กำลังใจ
4.	互相(互相)	(副)	hùxiāng	ซึ่งกันและกัน
5.	亲密(親密)	(形)	qīnmì	สนิทสนม
6.	关心(關心)	(形)	guānxīn	เป็นห่วง

1. 选择正确答案（จงเลือกคำตอบที่ถูกต้องที่สุด）
   (1) 谁不是你的长辈？
       A. 老师　　　B. 弟弟　　　C. 叔叔　　　D. 爷爷
   (2) 谁是你爸爸的晚辈？
       A. 你　　　　B. 你妈妈　　C. 你叔叔　　D. 你爷爷
   (3) 长辈摸晚辈的头不表示：
       A. 爱　　　　B. 信任　　　C. 鼓励　　　D. 亲密
   (4) 文章没有说，但是我们可以推测（ในบทความไม่ได้กล่าว　แต่เราสามารถคาดเดาได้）：
       A. 爷爷可以摸孙子的头　　　B. 朋友可以摸朋友的头
       C. 老师可以摸学生的头　　　D. 晚辈可能不能摸长辈的头

2. 翻译（แปล）
   （1）摸：
   （2）孙子：

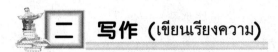 写作（เขียนเรียงความ）

1. 去年的今天。

2. 写一篇短文，至少使用五个不同的能愿动词。（จงเขียนบทความเรียงขนาดสั้น อย่างน้อยใช้ 能愿动词 ที่ไม่เหมือนกัน 5 คำ)

第八课　对这儿的气候习惯了吗

词汇及语法练习
(แบบฝึกหัดคำศัพท์และไวยากรณ์)

1. 读一读 (อ่านวลี)

想家	想妈妈	想爸爸	想朋友	
生活习惯	喝咖啡的习惯	锻炼身体的习惯	每天复习的习惯	
习惯喝咖啡	习惯每天复习	习惯这儿的天气	习惯这儿的生活	习惯锻炼身体
吃一点儿水果	看一点儿书	说一点儿汉语	买一点儿东西	给一点儿钱
有点儿难	有点儿麻烦	有点儿冷	有点儿慢	有点儿不高兴
有点儿累	有点儿不习惯			
在泰国买裙子	在泰国买的裙子			
他认识中国人	他认识的中国人			
同学参加晚会	参加晚会的同学			
小林照照片	小林照的照片			
妈妈做衣服	妈妈做的衣服			

2. 替换练习 (แบบฝึกหัดแทนที่รูปประโยค)

(1) 来泰国多久了？
　　去中国
　　认识他
　　毕业
　　电影开始

(2) 林太太做的菜　　特别好吃。
　　她买的衣服　　　非常好看
　　喜欢王老师的同学　很多
　　他送我的礼物　　　太漂亮了
　　在泰国认识的朋友　都很热情

(3) 你对这儿的气候习惯了吗？
　　这儿的天气
　　这儿的生活
　　泰国菜
　　这种工作

(4) 中国人习惯吃月饼。
　　我　　很晚睡觉
　　小林　一个人吃饭
　　李云　每天喝一点儿酒
　　他　　每天下午锻炼身体。

(5) 中国人有　吃月饼的习惯。
　　她哥哥　　很晚睡觉
　　我的朋友　每天散步
　　何娜　　　每天复习
　　王林　　　喝咖啡

(6) 我不去了。
　　不来上课
　　能说汉语
　　是导游
　　有钱

(7) 天气　　冷了。
　　木瓜　　便宜
　　身体　　好
　　房间　　干净
　　她　　　漂亮
　　我哥哥　不忙

(8) 今天　　星期四了。
　　今天　　二十号
　　我　　　十八岁
　　苹果　　三块钱一斤
　　现在　　八点

(9) 你在　复习汉语吗？
——我没复习汉语，我在看小说呢。
　　吃饭　　学习
　　上课　　看电影
　　做饭　　收拾房间
　　喝酒　　喝咖啡

(10) 她对什么感兴趣？
——她对汉语感兴趣。
　　英语
　　美国电影
　　去中国学习汉语
　　教授写的那本书

3. 根据课文判断正误 (จงใส่เครื่องหมาย √ หรือ × ตามเนื้อหาบทเรียน)
(1) 王老师来泰国三个月了。☐
(2) 王老师习惯了泰国的气候。☐
(3) 王老师现在还不习惯吃泰国菜。☐
(4) 泰国和中国的生活习惯不一样。☐
(5) 王老师现在常想家。☐
(6) 中秋节的时候北京有点儿冷。☐
(7) 天气暖和了，心情也好了，所以王老师最喜欢春天。☐
(8) 中秋节中国人都习惯吃月饼。☐

4. 选择下列词语填空 (จงเลือกกลุ่มคำข้างล่างเติมลงในช่องว่าง)
　　结束　季节　开始　一样　气候　心情　夏天　暖和　冬天　凉快　所以

　　北京的＿＿＿跟泰国不太＿＿＿。在北京，＿＿＿很热，＿＿＿很冷。春天很＿＿＿，可是常常有大风。九月，夏天＿＿＿，秋天＿＿＿了，秋天不热也不冷，天气＿＿＿了，我的＿＿＿也好了。＿＿＿我最喜欢的＿＿＿是秋天。

　　一点儿　有点儿　月亮　习惯

　　中秋节的时候，一家人在一起吃＿＿＿月饼，看看＿＿＿，是中国人的＿＿＿。这时候，离家很远的人都会＿＿＿想家。

5. 判断下列句子正误 (จงใส่เครื่องหมาย √ หรือ × หน้าประโยคข้างล่าง)

(1) 我昨天看电影很有意思。☐　　(2) 我想看看你在公园照的照片。☐
(3) 回国以前,王老师要买有点儿礼物。☐　　(4) 夏天来了,天气热了。☐
(5) 他不舒服一点儿,没去上课。☐　　(6) 中国人有吃月饼习惯。☐
(7) 我有点儿累,想休息。☐　　(8) 他跟新工作不太习惯。☐
(9) 中国人觉得这个菜辣一点儿。☐　　(10) 一个好老师一定跟学生们很热情。☐
(11) 上星期苹果三块钱一斤,现在苹果三块五一斤了。☐
(12) "你在看书吗?" "我不看书,我看电视呢。" ☐

6. 把括号里的词语放在最合适的位置上 (จงนำคำศัพท์ที่อยู่ในวงเล็บวางในตำแหน่งที่เหมาะสมที่สุด)

(1) A 他哥哥 B 每天下午锻炼 C 身体 D。(习惯)
(2) 去 A 参观 B 同学在学校 C 门口坐 D 车。(的)
(3) A 你 B 中国的生活 C 习惯 D 吗?(对)
(4) 小美明天不坐 A 飞机 B 去 C 北京 D。(了)
(5) 我喜欢 A 吃 B 他 C 做 D 饭。(的)
(6) 机场 A 远 B,我们要很 C 早 D 就出发。(有点儿)
(7) 我妈妈 A 有 B 睡觉以前喝一点酒 C 的 D。(习惯)
(8) 那个老师 A 学生 B 很好 C,常常 D 告诉他们什么对,什么不对。(对)

7. 连词成句 (จงเรียงคำศัพท์ให้เป็นประโยค)

(1) 喜欢　你　礼物　我　很　的　买
(2) 王美　气候　不　泰国　的　太　对　习惯
(3) 外边　习惯　这个　在　孩子　吃饭
(4) 有点儿　觉得　我　今天　热
(5) 星期　今天　几　了
(6) 衣服　的　她　漂亮　穿　很
(7) 有　吃　月饼　没　我们　的　习惯　那里
(8) 对　感兴趣　早饭　吃　他　跟　你　不

8. 找出句子的主语 (จงขีดเส้นใต้ประธานของประโยค)

(1) 林小平写电子邮件。
(2) 林小平写的电子邮件很长。
(3) 妈妈今天做的菜很好吃。
(4) 妈妈今天做菜。
(5) 我昨天买的衣服很贵。
(6) 我昨天买衣服了。

（7）小林送我的书在那里。
（8）小林送我书。

9. 根据画线部分提问（ตั้งคำถามตามส่วนที่ขีดเส้นใต้）
   （1）我习惯<u>早上</u>洗澡。
   （2）我有<u>早上洗澡</u>的习惯。
   （3）我喜欢吃<u>那个餐厅做</u>的月饼。
   （4）我每天吃<u>那个餐厅做</u>的月饼。
   （5）我觉得<u>他买</u>的车很漂亮。
   （6）他买<u>很漂亮</u>的车。

10. 造句（จงแต่งประโยค）
    （1）习惯：
    （2）有点儿：
    （3）对（介词）：

听力练习（แบบฝึกหัดการฟัง）

一 语音训练（บทฝึกฝนการออกเสียง）

1. 划出你听到的词（จงขีดเส้นใต้คำที่ได้ยิน）

   ai　ia
   ài shàng—yā shàng　　hěn ǎi—hěn yǎ　　yāzi—ǎizi　　lái rén—liǎ rén
   ei　ie
   bēiqì—biēqì　　péi yí yè—piē yì yǎn　　miè huǒ—méi huǒ　　nièzi—mèizi
   ao　ua
   àihào—ài huà　　zhāo guolai—zhuā guolai　　shuǎ rén—shǎo rén　　wāwā jiào—áoáo jiào
   ou　uo
   ǒutù—wǒ tǔ　　dōu chī—duō chī　　tōu rén—tuō rén　　zhuōzi—zhōuzi
   búguò—bú gòu　　huǒchē—hòu chē

2. 听后跟读

二 听力训练（บทฝึกฝนการฟัง）

精 听（ฟังแล้วจับใจความ）

1. 听一遍会话课文，回答问题（ฟังบทเรียนบทสนทนา 1 เที่ยว แล้วตอบคำถาม）
   - (1) ① 为什么他们在泰国玩那么久？
     ② 开始的时候，他们对泰国的气候习惯吗？
   - (2) ① 泰国的三个季节是什么？
     ② 从几月到几月是热季？几月到几月是雨季？几月到几月是凉季？
   - (3) ① 广东的夏天怎么样？春天呢？
     ② 对泰国人来说，广东的冬天冷吗？
     ③ 为什么秋天去广东最好？
   - (4) ① 上星期北京天气怎么样？
     ② 今天呢？
     ③ 女的是北京人吗？

生词语（คำศัพท์ใหม่）

1.	慢(慢)	（形）	màn	ช้า
2.	潮湿(潮濕)	（形）	cháoshī	เปียกชื้น
3.	对…来说(對…來說)		duì ...láishuō	สำหรับ.....แล้ว
4.	刮(颳)	（动）	guā	(ลม)พัด
5.	风(風)	（名）	fēng	ลม

2. 听句子，选择正确答案（ฟังประโยค แล้วเลือกคำตอบที่ถูกต้องที่สุด）
   - (1) A. 他　　　　B. 我　　　　C. 那本书　　　　D. 中文
   - (2) A. 因为榴梿不贵　　　　B. 因为我们只买一点儿
     C. 因为我们不买　　　　D. 因为我们有钱
   - (3) A. 太太工作，先生不工作　　　　B. 太太习惯睡觉，先生不习惯睡觉
     C. 太太睡觉，先生不睡觉　　　　D. 他们工作、休息的习惯不一样
   - (4) A. "我"没时间　　　　B. "我"没钱
     C. "我"有钱了　　　　D. "我"不想去
   - (5) A. 机票以前比较贵　　　　B. 机票以前比较便宜
     C. "我"上星期买机票了　　　　D. "我"不知道机票多少钱一张

第八课

泛 听 (ฟัง)

1. 听对话，选择正确答案 (ฟังบทสนทนา แล้วเลือกคำตอบที่ถูกต้องที่สุด)

(1) A. 他现在要去上班　　　　　B. 时间太晚了
　　C. 他不喜欢唱卡拉OK　　　　D. 他十点要上班

(2) A. 裙子好看　　　　　　　　B. 裙子不好看
　　C. 他不知道好看不好看　　　D. 他喜欢裙子的颜色

(3) A. 菜太辣了　　B. 菜不好吃　　C. 她有点儿不习惯　　D. 她有点儿不舒服

(4) A. 我们学校的老师　B. 我们系的老师　C. 别的系的老师　D. 我们学校

(5) A. 公司里　　　　B. 学校里　　　　C. 家里　　　　　D. 商店里

2. 听短文，选择正确答案 (ฟังบทความสั้น เลือกคำตอบที่ถูกต้องที่สุด)

生词语 (คำศัพท์ใหม่)

1. 已经(已經)	(副)	yǐjing	เรียบร้อยแล้ว
2. 一样(一樣)	(形)	yíyàng	เหมือน
3. 高(高)	(形)	gāo	สูง
4. 重(重)	(形)	zhòng	หนัก
5. 皮肤(皮膚)	(名)	pífū	ผิวหนัง
6. 宽(寬)	(形)	kuān	กว้าง
7. 化妆(化妝)	(动)	huà zhuāng	แต่งตัว แต่งหน้า
8. 狗(狗)	(名)	gǒu	สุนัข
9. 小姑娘(小姑娘)		xiǎo gūniang	สาวน้อย

(1) A. 皮肤　　　　B. 头发　　　　C. 衣服　　　　D. 以上全部 (ด้านบนถูกทุกข้อ)

(2) A. 1.65m, 40kg　B. 1.55m, 45kg　C. 1.65m, 45kg　D. 1.55m, 40kg

(3) A. 长长的白衬衣，宽宽的黑裙子　B. 短短的白衬衣，窄(zhǎi)窄的黑裙子
　　C. 宽宽的白衬衣，长长的黑裙子　D. 窄窄的白衬衣，短短的黑裙子

(4) A. 宽　　　　B. 短　　　　C. 不宽　　　　D. 不短

(5) A. 大为　　　　B. 小雅　　　　C. 狗　　　　D. 妈妈

3. 听后复述（ฟังแล้วพูดซ้ำ）

注释语（หมายเหตุ）

1. 过(過)	（助）	guo	用在动词后,表示完毕。（วางข้างหลังของคำกริยาแสดงว่าทำเสร็จแล้ว）
2. 倒春寒(倒春寒)	（名）	dàochūnhán	一种天气现象,指春天的时候气温忽然下降,像冬天一样冷。（ลักษณะอากาศชนิดหนึ่ง เมื่อถึงฤดูใบไม้ผลิอุณหภูมิลดลงหนาวเหมือนในฤดูหนาว）
3. 秋老虎(秋老虎)	（名）	qiūlǎohǔ	一种天气现象,指秋天到了,气温还是很高,跟夏天一样热。用"老虎"来比喻高温。（ลักษณะอากาศชนิดหนึ่ง เมื่อถึงฤดูใบไม้ร่วง อุณหภูมิสูงมาก ร้อนเหมือนในฤดูร้อนใช้เสือมาเปรียบเทียบกับอุณหภูมิ เสือแห่งฤดูใบไม้ร่วงมาแล้ว ความหมายก็คืออุณหภูมิสูงมาก อากาศร้อนมาก）

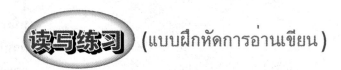

读写练习（แบบฝึกหัดการอ่านเขียน）

一 阅读理解（อ่านทำความเข้าใจ）

阅读（一）（การอ่าน 1）

恐惧带来的温暖

2003年春天,SARS给北京人带来恐惧。人们不上班了,不上课了,不去玩儿了,也不跟朋友见面了。但是,SARS也给北京人带来温暖。

杨蕊给她的男朋友打电话,说:"我想见你。"男友正在开会。他们在他的办公楼外边见了五分钟。他们认识十年了,这是时间最短的一次见面,也是最温暖的一次。

储逸飞每天和父母在一起了。他说:"以前不知道我给父母的时间那么少,现在知道了。"以前他甚至不清楚自己最关心什么,是篮球还是自己的胡子。现在他知道了,非常清楚,是亲人和女朋友。

张宇也明白了,不能让太太一个人恐惧。从2002年7月开始,他跟太太分居了。但是现在,他们又住在一起了。

"死了,就什么都没有了。"——在SARS流行的北京,这就是人们更加关心和爱自己的亲人和爱人的理由。

(据《新周刊》2003年6月号)

生词语 (คำศัพท์ใหม่)

1.	恐惧(恐懼)	(名)	kǒngjù	หวาดกลัว
2.	带来(帶來)		dàilái	นำมา
3.	温暖(溫暖)	(名)	wēnnuǎn	อบอุ่น
4.	关心(關心)	(动)	guānxīn	เป็นห่วง
5.	篮球(籃球)	(名)	lánqiú	บาสเกตบอล
6.	胡子(鬍子)	(名)	húzi	เครา
7.	明白(明白)	(动)	míngbai	เข้าใจ
8.	分居(分居)	(动)	fēnjū	แยกครอบครัว
9.	流行(流行)	(形)	liúxíng	เป็นที่นิยม
10.	更加(更加)	(副)	gèngjiā	ยิ่งขึ้น
11.	理由(理由)	(名)	lǐyóu	เหตุผล

1. 选择正确答案 (จงเลือกคำตอบที่ถูกต้องที่สุด)

(1) 2003年春天,在北京人们还做什么?
　　A. 上班　　　B. 上课　　　C. 出去玩儿　　　D. 和亲人在一起

(2) 文章里出现了几个人名:
　　A. 两个　　　B. 三个　　　C. 四个　　　D. 五个

(3) 杨蕊和她的男朋友认识多久了?
　　A. 五分钟　　B. 十年　　　C. 一年　　　D. 不知道

(4) 关于(เกี่ยวกับ)储逸飞,我们知道什么?
　　A. 他以前每天跟父母在一起　　　B. 他最关心篮球和自己的胡子
　　C. 他以前跟父母在一起的时间很少　　D. 他不关心父母和女友

(5) 张宇什么时候不跟太太住在一起?
　　A. 2003年春天　　B. 2002年春天　　C. 2003年7月　　D. 2004年7

2. 用泰语回答问题 (จงใช้ภาษาไทยตอบคำถาม)

(1) "死了,就什么都没有了"是什么意思?
(2) 你怎么理解(เธอเข้าใจอย่างไร) "恐惧带来温暖"?

阅读(二)(การอ่าน 2)

"冷"、"热"、"暖和"和"凉快"

泰国的热季就是别的国家的夏季,天气特别热。泰国的凉季有点儿像别的国家的秋季,天气比较凉快。冬季和春季,泰国没有。所以,泰国人介绍泰国的气候,只用"热"和"凉快"。

所以,泰国学生常常不清楚什么时候用"暖和",什么时候用"凉快"。

我们从冬季开始吧。

冬季,天气一直很冷,气温一直很低。有一天,天气不太冷,温度比较高,那一天就暖和了。然后,春天来了,天气暖和了。春季,天气一直很暖和,气温不高也不低。有一天,气温低了,那一天就冷了。

在冬季和春季,我们用"冷"和"暖和"来谈天气。

然后,春季结束了,夏季来了,天气热了。夏季,天气一直很热,气温一直很高。有一天,天气不太热,温度比较低,那一天就凉快了。然后,秋天来了,天气凉快了。秋季,天气一直很凉快,气温不高也不低。有一天,气温高了,那一天就热了。

在夏季和秋季,我们用"热"和"凉快"来谈天气。

然后,秋季结束了,冬季就来了,天气就冷了。

生词语 (คำศัพท์ใหม่)

1. 别的(別的)　　(代)　　biéde　　อย่า
2. 像(像)　　　　(动)　　xiàng　　เหมือน
3. 气温(氣溫)　　(名)　　qìwēn　　อุณหภูมิ
4. 低(低)　　　　(形)　　dī　　　　ต่ำ
5. 高(高)　　　　(形)　　gāo　　　สูง

用"冷""热"或"暖和"和"凉快"填空

(1) 昨天气温是38℃,比较热;今天是33℃,(　　　)了。
(2) 昨天气温是0℃,比较冷;今天是5℃,(　　　)了。
(3) 现在是冬天。上星期气温是10℃到13℃,这个星期气温是2℃到5℃。上个星期(　　　),这个星期(　　　)。
(4) 现在是秋天。昨天气温是25℃,今天气温是30℃,今天(　　　)了。
(5) 现在是春天。昨天气温是15℃,今天气温是10℃,今天(　　　)了。
(6) 现在是夏天。上星期气温是34℃到37℃,这个星期气温是28℃到32℃。上个星期(　　　),这星期(　　　)。

二 写作 (เขียนเรียงความ)

1. 写写你家乡的天气。

2. 你现在的家跟十年以前相比，有什么变化吗？请写一写。(จงเปรียบเทียบว่าตอนนี้กับเมื่อสิบปีก่อนครอบครัวของคุณมีอะไรเปลี่ยนแปลงบ้าง)

第九课　唱唱歌，跳跳舞

词汇及语法练习
(แบบฝึกหัดคำศัพท์และไวยากรณ์)

1. 读一读 (อ่านวลี)

睡一小时觉	洗一个澡	开一个会	放两天假	见一次面	
睡完觉	洗完澡	开完会	理完发	考完试	跳完舞
跟她结婚	和朋友见面	和妈妈聊天			
唱唱歌	跳跳舞	聊聊天	见见面	洗洗澡	理理发
学习学习	锻炼锻炼	翻译翻译	收拾收拾	复习复习	
喝喝啤酒	修修电脑	试试衣服	打扫打扫房间	帮帮他	
修电脑	修车	修电视	修门窗		
帮她学电脑	帮我理发	帮你修电脑	帮妈妈准备晚饭		

2. 替换练习 (แบบฝึกแทนที่รูปประโยค)

(1) 他买　　榴梿、　　红毛丹什么的。

爱吃	月饼	水果
学习	历史	文化
喜欢	唱歌	跳舞
要准备	酒	蛋糕

(2) 假期过得怎么样？

| 最近 |
| 在中国 |
| 在家乡 |
| 圣诞节 |

(3) 他一定会来上课。

今天	下雨
李力	告诉她
王美	去看他
女朋友	很高兴

(4) 我　用用　你的笔，可以吗？

我	看看	你的票
你	介绍介绍	这里的情况
你	修修	这台电脑
我	看看	你的照片

(5) 下午我想在家看看书。
在宿舍休息休息
打扫打扫房间
复习复习
锻炼锻炼身体

(6) 他 周末 喝喝茶、 打打球。
林太太　去去寺庙　休息休息
林小平　看看电影　运动运动
林小云　买买书　　跟朋友聊聊天
王美　　准备准备新课　写写电子邮件

3. **根据课文判断正误** (จงใส่เครื่องหมาย √ หรือ × ตามเนื้อหาบทเรียน)
   (1) 小平这个星期会很忙。☐
   (2) 林先生和林太太周末常常打打球、喝喝茶什么的。☐
   (3) 王美和林太太吃早餐的时候，小云还在睡懒觉。☐
   (4) 王美要咖啡和鸡蛋，不要糖。☐
   (5) 王美吃饱了，不要鸡蛋了。☐
   (6) 李力觉得明月不是一个喜欢热闹的人。☐
   (7) 李力和明月在等何娜。☐
   (8) 李力一定会帮何娜修好电脑。☐

4. **选择下列词语完成短文** (จงเลือกคำศัพท์เติมความเรียงขนาดสั้นให้สมบูรณ์)
   一定　聊天　安静　球　懒　跳舞　会　出去　打扫　啤酒

   李力和王平是好朋友。李力是一个喜欢_____的人，他很少_____，常常在家里玩儿电脑。周末，他_____房间，自己做饭，喝_____，第二天睡_____觉。
   王平喜欢热闹。周末他_____跟很多朋友在一起，或者打_____，或者_____，或者唱歌，或者_____。一个人在家，他_____觉得没意思。

5. **判断下列句子正误** (จงใส่เครื่องหมาย √ หรือ × ของประโยคต่อไปนี้)
   (1) 假期他每天在家睡懒觉。☐　(2) 小云考试完就去旅行。☐
   (3) 我们一起聊聊天吧。☐　　(4) 她和男朋友半年见面一次。☐
   (5) 圣诞节你会回国吗？☐　　(6) 你什么时候结婚他？☐
   (7) 他不想试试那件衣服。☐　(8) 你能帮我修修自行车吗？☐
   (9) 今天会不会下雨？☐　　　(10) 不舒服还是天气不好的时候，他就不去上课。☐

6. **把括号里的字放在最合适的位置上** (จงนำคำศัพท์ที่อยู่ในวงเล็บวางลงในตำแหน่งที่เหมาะสม)
   (1) A 他 B 不是 C 泰国人 D。(好像)
   (2) 我 A 想 B 他 C 是 D 一个爱热闹的人。(一定)
   (3) 小美 A 跳 B 舞 C 就回家 D 了。(完)
   (4) A 今天下午 B 我们 C 开会吗 D？(会)
   (5) 李力 A 要在 B 餐厅 C 跟她 D。(见面)

(6) 买点儿水果吧，A 木瓜 B 红毛丹 C 都 D 可以。(或者)

(7) 明天我们 A 要 B 放 C 假 D。(一天)

(8) 有空儿的时候，A 我 B 常常 C 跟她 D。(聊天)

7. 根据括号里的词完成句子 (จงใช้คำที่อยู่ในวงเล็บเติมประโยคให้สมบูรณ์)

(1) 我每个月＿＿＿＿＿＿＿＿＿＿＿＿＿＿＿＿＿。(理发/一次)

(2) 王先生＿＿＿＿＿＿＿＿＿＿＿＿＿＿＿＿＿＿。(结婚/李小姐)

(3) 我喜欢看看书，＿＿＿＿＿＿＿＿＿＿＿＿＿什么的。(唱歌/跳舞)

(4) 请大家下午到我的办公室来＿＿＿＿＿＿＿＿＿＿＿＿＿。(开会/一个)

(5) 下星期他们＿＿＿＿＿＿(考试/完)我们可以＿＿＿＿＿＿(聊天/一下)。

(6) 我们＿＿＿＿＿＿＿＿＿＿＿＿＿＿。(放假/三天)

(7) 你一定要＿＿＿＿＿＿＿＿＿＿＿＿＿。(睡觉/好)

(8) 我下午＿＿＿＿＿＿＿＿＿＿＿＿(见面/她/完)去买东西了。

(9) 我想＿＿＿＿＿＿＿＿＿＿＿＿。(洗澡/热水)

8. 用动词重叠形式完成对话 (จงใช้รูปแบบคำซ้ำกริยาเติมบทสนทนาให้สมบูรณ์)

(1) A：＿＿＿＿＿＿＿＿＿＿   (2) A：你星期天做什么？
     B：词典就在这里。   B：＿＿＿＿＿＿＿＿＿＿

(3) A：＿＿＿＿＿＿＿＿＿＿   (4) A：她为什么给你打电话？
     B：当然可以，试衣间在那边。   B：＿＿＿＿＿＿＿＿＿＿(聊天)

(5) A：我的电脑坏了。   (6) A：现在几点，你还要做什么？
     B：＿＿＿＿＿＿＿＿＿＿   B：＿＿＿＿＿＿＿＿＿＿

9. 连词成句 (เรียงคำให้เป็นประโยค)

(1) 怎么样　过　假期　得

(2) 泰国　给　唱歌　一个　我们　谁

(3) 或者　坐火车　坐飞机　曼谷　我　去

(4) 去　聊天　要　我　他　跟　聊

(5) 跳　下午　她　舞　跳　每天

(6) 休息　想　星期六　他　休息　也

(7) 机场　你妈妈　会　接　去　你　吗

(8) 洗澡　先　不　你　时间　了　洗　早

10. 造句 (แต่งประโยค)

(1) 会：

(2) 唱歌：

(3) 帮：

第 九 课

听力练习 (แบบฝึกหัดการฟัง)

一 语音训练 (บทฝึกฝนการออกเสียง)

1. 画出你听到的词 (ขีดเส้นใต้คำศัพท์ที่ได้ยิน)

ai　ei

| hěn lài—hěn lèi | wúnài—wǔnèi | bàizi—bèizi |
| pèi duì—pàiduì | gěi yìdiǎn—gǎi yìdiǎn | |

ao　ou

| āotū—ǒutù | lāo yì bǎ—lōu yì bǎ | pōukāi—pāokāi |
| gāodà—gōudà | qìhòu—jǐ hào | |

ia　ie

| yālì—yèli | jiějie—jiājiā | xià chē—xiè chē |
| qiàqià—qièqiè | jiàqī—jièqī | |

uo　ua

| wǒzú—wǎzú | guòshàng—guàshàng | huǒchē—huáchē |
| kuòdà—kuādà | zhuōzhù—zhuāzhù | |

2. 听后跟读 (จงฟังแล้วอ่านตาม)

二 听力训练 (บทฝึกฝนการฟัง)

精　听 (ฟังแล้วจับใจความ)

1. 听一遍会话课文，回答问题 (ฟังบทสนทนาหนึ่งรอบแล้วตอบคำถาม)

(1)

(2)

(3)

(4)

(5)

(6)

(7)

(8)

79

生词语（คำศัพท์ใหม่）

1. 市场(市場) （名） shìchǎng ตลาด
2. 成绩(成績) （名） chéngjì ผลงาน

2. 听句子，选择正确答案（ฟังประโยคแล้วเลือกคำตอบที่ถูกต้องที่สุด）

(1) A. 五点 B. 六点 C. 八点 D. 不知道
(2) A. 下雪 B. 滑雪 C. 看雪 D. 来这里
(3) A. 准备结婚 B. 要做爸爸妈妈 C. 找朋友 D. 等客人
(4) A. 来上课了 B. 没来上课 C. 身体不好 D. 不是好学生了
(5) A. 没工作 B. 想找工作 C. 有工作 D. 不知道结婚没意思

3. 听短文，判断正误（จงฟังความเรียงขนาดสั้นแล้วตอบคำถาม √ หรือ ×）

(1) 李力学习泰语的时间不多。□ (2) 李力特别喜欢电脑。□
(3) 李力的泰语一直不太好。□ (4) 何娜也喜欢跟朋友唱歌。□
(5) 何娜的朋友都有一本书。□ (6) 明月特别不爱热闹。□
(7) 明月有时喜欢安静，有时喜欢热闹。□ (8) 明月是一个奇怪的女孩。□

泛 听（ฟัง）

1. 听对话，选择正确答案（จงฟังบทสนทนาแล้วเลือกคำตอบที่ถูกต้องที่สุด）

(1) A. 刮风 B. 不知道 C. 有月亮 D. 有月晕
(2) A. 他不知道女的说中文还是英文 B. 他觉得英文和中文一样
    C. 这个句子太难 D. 他不会说英文和中文
(3) A. 工作 B. 找时间 C. 见面 D. 谈话
(4) A. 香港人 B. 歌手 C. 买 CD 的人 D. 歌迷
(5) A. 老师请他吃饭了 B. 他从老师那里来
    C. 老师不会请他们吃饭 D. 老师说不请他们吃饭

2. 以下是两首中国民歌,边听边填空 (จงฟังเพลงพื้นเมืองจีนสองเพลง พลางเติมช่องว่าง)

在那遥远的地方

在那遥远的＿＿＿,有＿＿＿好姑娘,＿＿＿经过了她的帐房,都要＿＿＿留恋地张望。
她那粉红的笑脸,好像红＿＿＿;她那活泼动人的＿＿＿,好像＿＿＿明媚的＿＿＿。
我愿抛弃了财产,＿＿＿;＿＿＿看着她粉红的＿＿＿,和那＿＿＿金边的衣裳。
我愿＿＿＿,跟在她＿＿＿;我愿她拿着＿＿＿的皮鞭,不断＿＿＿打在我＿＿＿。

生词语 (คำศัพท์ใหม่)

1.	遥远(遙遠)	(形)	yáoyuǎn	ไกล
2.	姑娘(姑娘)	(名)	gūniang	นางสาว
3.	笑脸(笑臉)	(名)	xiàoliǎn	ใบหน้ายิ้มแย้ม
4.	好像(好像)	(动)	hǎoxiàng	เหมือนกับว่า
5.	太阳(太陽)	(名)	tàiyáng	ดวงอาทิตย์
6.	眼睛(眼睛)	(名)	yǎnjing	ตา
7.	放羊(放羊)	(动)	fàng yáng	เลี้ยงแกะตามทุ่งหญ้า
8.	细(細)	(形)	xì	เส้นเล็ก
9.	皮鞭(皮鞭)	(名)	píbiān	แส้หนัง
10.	轻(輕)	(形)	qīng	เบา

茉莉花

好一朵茉莉花,好一朵＿＿＿,满园花草,香也＿＿＿不过它。我有心采＿＿＿戴,又怕＿＿＿要将我骂。

好一朵茉莉花,好一朵茉莉花,＿＿＿,雪也＿＿＿不过它。我＿＿＿采一朵戴,又怕旁人＿＿＿。

好一朵茉莉花,＿＿＿,满园花开,比也＿＿＿不过它。我＿＿＿,＿＿＿来年＿＿＿。

生词语 (คำศัพท์ใหม่)

1.	茉莉花(茉莉花)	(名)	mòlìhuā	ดอกมะลิ
2.	香(香)	(形)	xiāng	หอม
3.	有心(有心)	(动)	yǒu xīn	มีใจจะ เจตนาจะ
4.	采(采)	(动)	cǎi	เก็บ(ดอกไม้)
5.	戴(戴)	(动)	dài	สวม ใส่
6.	怕(怕)	(动)	pà	กลัว

泰国人学汉语 II

7. 骂(罵)	(动)	mà	ด่า ว่า
8. 笑话(笑話)	(动)	xiàohua	คำพูดตลก
9. 比(比)	(介)	bǐ	เทียบกับ
10. 发芽(發芽)	(动)	fā yá	ผลิ

回答问题 (ตอบคำถาม)

唱歌的人还在学校吗？

3. **听后复述** (จงฟังแล้วพูดซ้ำ)

注释语 (หมายเหตุ)

1. 看起来(看起來)	kànqilai	ดูเหมือนว่า
2. 贝克汉姆(貝克漢姆)	Bèikèhànmǔ	แบคแหม

(แบบฝึกหัดการอ่านเขียน)

(อ่านทำความเข้าใจ)

阅读(一)（การอ่าน 1）

Shall We Dance?

这是一部 20 世纪 90 年代的日本电影，说的是一个男人的故事。

这个男人 50 岁左右，在公司里工作。他和太太只有一个女儿，他们的家在郊区，他每天都坐电车上下班。

每天下班回家以前，他都要到一个小酒馆喝喝酒、发发呆，和那里的人聊聊天。然后，他坐最后一班电车回家。回到家后，他休息休息、看看报纸，就洗澡睡觉了。他很少跟妻子说话，他不知道她在想什么，她也不知道他在想什么。他们就像陌生人一样。

在电车上，这个男人看见一个舞蹈学校。这个学校就在车站旁边的大楼里，男人在车上可以看见学校的窗。在那个大大的窗户旁边，一个美丽的女老师正在教学生跳舞。

有一天，他对自己说："我要去学跳舞。"故事就这样开始了。

这是一个男人学习跳舞的故事，也是一个男人学习感受别人的感情、学习表达自己感情的故事。所以，它的中文名字叫《谈谈情，跳跳舞》。

生词语 (คำศัพท์ใหม่)

1.	郊区(郊區)	(名)	jiāoqū	ชานเมือง
2.	电车(電車)	(名)	diànchē	รถไฟฟ้า
3.	发呆(發獃)	(动)	fā dāi	เหม่อลอย
4.	像…一样(像…一樣)		xiàng... yíyàng	เหมือนกับ คล้ายกับ
5.	陌生人(陌生人)	(名)	mòshēngrén	คนแปลกหน้า
6.	自己(自己)	(代)	zìjǐ	ตัวเอง
7.	感受(感受)	(动)	gǎnshòu	ความรู้สึกนึกคิด
8.	别人(別人)	(代)	biéren	คนอื่น
9.	感情(感情)	(名)	gǎnqíng	อารมณ์
10.	表达(表達)	(动)	biǎodá	แสดงออก

选择正确答案 (จงเลือกคำตอบที่ถูกต้องที่สุด)

(1) 以下哪一年属于(คำตอบด้านล่างข้อใดตรงกับ) 20 世纪 90 年代：
　　A. 1989　　　　B. 1993　　　　C. 2002　　　　D. 2009

(2) 这部电影讲：
　　A. 一个男人和他妻子的故事　　　B. 一个男人工作的故事
　　C. 一个男人的爱情故事　　　　　D. 一个男人学习的故事

(3) 学跳舞以前,这个男人过得：
　　A. 很快乐　　　B. 很没意思　　　C. 很舒服　　　D. 很忙

(4) 教这个男人跳舞的老师可能：
　　A. 很漂亮　　　B. 很年轻　　　C. 是男老师　　　D. 住在车站旁边

(5) 这个男人学习什么？
　　A. 感受别人的感情　　B. 跳舞　　　C. 表达自己的感情　　　D. 以上全部

阅读(二) (การอ่าน 2)

教　育

学生们常常不知道父母想告诉他们什么。

小美对老师不满意,她会告诉老师。爸爸妈妈说："老师会生气的！你别说了。"可是,他们又常常教育小美："你要诚实。"

卡露想去中国旅行,爸爸妈妈说："会有危险啊！别去了。"可是,他们常常教育卡露："你要勇敢。"

白雪爱上了一个同学,爸爸妈妈说："会影响学习啊！别跟他在一起了。"可是,他们常常教育白雪："爱情是最美丽的感情。"

大为假期的时候想找个工作,爸爸妈妈说："明年要考大学了,你还是好好复习吧！别工作了。"可是,他们常常教育大为："你要学会独立。"

陆天天有一个家里很穷的好朋友,爸爸妈妈说："穷人家的孩子会有问题吧！别跟他做朋友了。"可是,他们常常教育陆天天："每个人都一样！"

雅心对非洲文化感兴趣,她想学非洲的语言,爸爸妈妈说："学那些语言没有用,学好英语最重要。"可是,他们常常教育雅心："兴趣是最好的老师。"

生词语 (คำศัพท์ใหม่)

1.	教育(教育)	(动)	jiàoyù	การศึกษา
2.	满意(滿意)	(动)	mǎnyì	พอใจ
3.	生气(生氣)		shēng qì	โกรธ
4.	危险(危險)	(形)	wēixiǎn	อันตราย
5.	勇敢(勇敢)	(形)	yǒnggǎn	กล้าหาญ
6.	影响(影響)	(动)	yǐngxiǎng	ผลกระทบ
7.	穷(窮)	(形)	qióng	ยากจน
8.	非洲(非洲)	(名)	Fēizhōu	ทวีปแอฟริกา

■ 选择正确答案 (จงเลือกคำตอบที่ถูกต้องที่สุด)

(1) 什么行为(พฤติกรรม)不"诚实"？
　　A. 你不喜欢朋友的裙子,却告诉她你喜欢　　B. 上课的时候,常常说话
　　C. 对老师不满意,就告诉他　　D. 听到同学说你不好,就生气了

(2) 下面哪个词可以代替(แทน)"爱上"？
　　A. 爱情　　B. 感情　　C. 喜欢　　D. 认识

(3) 什么行为(พฤติกรรม)是独立的？
　　A. 跟父母一起住　　B. 常常问父母"我能不能……"
　　C. 用自己的钱去旅行　　D. 只学习,不工作

(4) 陆天天的父母可能(อาจจะ)：
　　A. 很穷　　B. 没有好朋友　　C. 不穷　　D. 不教育他

(5) "兴趣是最好的老师"的意思是：
　　A. 最好的老师的名字叫兴趣　　B. 老师有最好的兴趣
　　C. 有兴趣的老师最好　　D. 学习的时候,兴趣最重要

二 写作 (เขียนเรียงความ)

1. 你的上一个假期过得怎么样？(วันหยุดครั้งที่แล้วของคุณเป็นอย่างไรบ้าง)

2. 你理想的生活是什么样的？(ชีวิตในอุดมคติของคุณเป็นอย่างไร)

第十课　她可以放心地休息了

词汇及语法练习
（แบบฝึกหัดคำศัพท์และไวยากรณ์）

1. 根据课文判断正误（จงใส่เครื่องหมาย √ หรือ × ตามเนื้อหาบทเรียน）
　（1）王美今天病了，林太太不放心她去学校。□
　（2）王美觉得自己好像发烧了，她应该去医院看病。□
　（3）王美吃了感冒药以后去学校给学生考试。□
　（4）大为以前是王美的学生，他学习很认真。□
　（5）中午的时候，王美觉得好一点儿了。她跟大为一起去吃午饭。□
　（6）小云和大为一起陪王美去医院看病。□
　（7）小云在学校外边的大排档等王美，她很关心王美的身体。□
　（8）医生不懂王美说的话，不过没关系，因为大为给他们当翻译。□
　（9）如果明天王美身体不难受了，她就不用去医院打针了。□
　（10）看完病，王美就回家休息了。□

2. 写出下列词语的反义词（จงเขียนคำตรงข้าม）
　慢——　　卖——　　问——　　开始——　　进来——
　好——　　晚——　　忘——　　以前——　　热闹——

3. 选择下列词语填空（จงเลือกคำศัพท์เติมลงในช่องว่าง）
　　能　会　可以　应该
　（1）孩子_____走路了，可是还不太_____说话。
　（2）他病好了，_____工作了。
　（3）不下雨了，我们_____走了。
　（4）下这么大雨，他_____来吗？
　（5）这本书你_____送给他，没关系。

（6）明天考试，你今天_____早点儿睡觉。

（7）他_____不_____不知道我们在这儿等他？

（8）A：我_____用英语回答这个问题吗？

　　B：_____，我们都懂英语。

（9）A：明天你_____陪我去买东西吗？

　　B：明天我有事，不_____陪你去。

（10）我觉得今天不_____下雨。

（11）别客气，我们是好朋友，我_____帮你。

（12）你放心吧，今天的晚会我一定_____来。

| 改 | 忘 | 换 | 懒 | 记得 | 麻烦 | 一样 | 附近 |
| 渴 | 饱 | 试试 | 够 | 出去 | 办法 | 安静 | 回答 |

（13）王老师还没_____完作业呢，我们等一会儿吧。

（14）我不认识路，_____你跟我一起去吧。

（15）我现在喝水也会胖，真是没_____。

（16）你_____了吗？还要不要再吃点儿月饼？

（17）我家_____有一家面包店，他们卖的椰子蛋糕很好吃。

（18）我们的生活习惯不_____，我习惯用筷子吃饭，他喜欢用勺子和叉子吃饭。

（19）房间里很_____，好像没有人。

（20）我_____那里有一家电器店，那儿的电器很多。

（21）这是学习的地方，请你们_____说话。

（22）我不知道能不能修好他的电脑，我_____吧。

（23）他很_____，特别喜欢睡懒觉。

（24）已经七点了，他还没来，他一定_____了今天的晚会了。

4. 请先搭配好下面两组词语，然后选择合适的词组填空

(จงเลือกจับคู่คำศัพท์ คำกริยาAและB ที่เหมาะสมแล้วนำมาเติมลงในช่องว่าง)

| A. 记 | 做 | 洗 | 吃 | 写 | 住 | 做 | 买 |
| B. 干净 | 饱 | 完 | 到 | 在 | 对 | 错 | 好 |

（1）我没_____，他家就在这里。

（2）_____作业我们一起去散步，好吗？

（3）你_____了吗？还要不要再吃块蛋糕？

（4）他_____学校附近，他每天都很早到学校。

（5）面包店关门了，我没_____我喜欢吃的椰子蛋糕。

（6）菜没_____，你再洗洗。

（7）晚饭已经_____了，大家准备吃饭吧。

（8）老师说我写的汉字都_____了。

5. 给句子后边的词语找一个合适的位置 (จงนำคำศัพท์ที่อยู่ในวงเล็บวางในตำแหน่งที่เหมาะสมที่สุด)
   (1) 你在北京路换车,要在中山路换车。(别)
   (2) 你感冒了,你不跟他们一起去喝酒。(应该)
   (3) 李芳打球就回宿舍洗澡去了。(完)
   (4) 洗干净的筷子要放好,别放桌子上。(在)
   (5) 我修电脑,就跟你一起去打球。(好)
   (6) 他说错,你应该听他的话。(没)
   (7) 我五点下班,六点应该到你家。(能)
   (8) 他现在不在,你六点再给他打电话吧。(以后)
   (9) 我已经能用汉语给朋友写信。(了)
   (10) 大家这次一定要非常认真复习。(地)

6. 判断下列句子正误,然后改正错句 (จงแก้ประโยคที่ผิดให้ถูกต้อง)
   (1) 这个商店离学校比较近,可是东西有点儿贵。□
   (2) 我觉得今天的天气一点儿热。□
   (3) 我对做饭不感兴趣。□
   (4) 北京的朋友很热情我。□
   (5) 周末或者假期我们常常一起去打球。□
   (6) 我常常跟朋友见面见面、聊天聊天。□
   (7) 六点了,她还开会没完?□
   (8) 他现在心情不好,你别谈话他。□
   (9) 我们去外边散散步吧。□
   (10) 我现在有事,你再来下课以后吧。□
   (11) 以前我不习惯泰国的天气,现在习惯了。□
   (12) 我高兴地对妈妈说:"我考得很好。"□

7. 把下列句子翻译成中文 (จงแปลประโยคเป็นภาษาจีน)
   (1) อากาศเริ่มหนาวแล้ว จิตใจฉันก็ไม่ค่อยดี
   (2) อาหารที่คุณนายจางทำอร่อยมากดังนั้นฉันจึงอ้วน
   (3) สุดสัปดาห์ฉันมักจะขี้เกียจตื่น หลังจากตื่นก็จะดูหนังสือทำความสะอาดห้อง
   (4) ใกล้ๆบ้านฉันมีร้านขนมปังอยู่หนึ่งร้านขนมเค้กมะพร้าวของที่นั่นอร่อยมากราคาก็ถูกด้วย
   (5) ฉันและเขาล้วนชอบความสงบเกี่ยวกับการร้องเพลงเต้นรำไม่ค่อยสนใจ
   (6) พวกเราไปถามหวังหวินเขาควรจะทราบ
   (7) เขากำลังประชุมตอนนี้มารับโทรศัพท์คุณไม่ได้
   (8) ถ้าหากคุณพบเขารบกวนคุณบอกเขาหน่อย

8. **连词成句** (จงเรียงคำศัพท์ให้เป็นประโยค)
   (1) 我 东西 饿 吃 想 一点儿 了
   (2) 你 手 蛋糕 没 不 吃 洗 拿 干净 能
   (3) 你 吃 习惯 泰国菜 没有
   (4) 他 我 这里 等 在 不 会 会
   (5) 我 陪 你 你 作业 能 做 去 散步 完 吗
   (6) 请 这里 你们 大家 别 在 呢 正在 说话 考试 的
   (7) 三班 高兴 学生 老师 跟 地 开玩笑
   (8) 晚上 洗澡 喜欢 看 看 完 我 书 在 床上

9. **完形填空** (จงเติมช่องว่างให้ถูกต้อง)
   今天我的心____很不好。____今天是中秋节,可是我在泰国,不____跟家人在一起。晚上吃完晚饭____,我坐____窗户旁边看月亮。我想,____现在我在中国,我一定跟家人一起吃月饼、看月亮、谈话。我开始想家____也有点儿想哭了,我就给家里打电话。妈妈非常关心____问我:"孩子,你怎么了?____像哭了。是不是想家了?"我说:"妈妈您____心,我很好。只是不习____这里的中秋节,不热闹。"妈妈说:"你____一个人在房间里,出去____走,你就____舒服一点儿的。"打____电话,我的心情好了一点儿,我打算去外边走一走、看一看。

10. **用括号里的词完成句子** (จงนำคำศัพท์ที่อยู่ในวงเล็บแต่งประโยคให้สมบูรณ์)
    (1) 外面下大雨了,_____。(别)
    (2) 现在九点了,_____,我们出去散散步吧。(别)
    (3) 你是他的好朋友,_____。(应该)
    (4) _____,对这儿的天气习惯了吗?(多久)
    (5) _____,我想休息一下。(有点儿)
    (6) _____,请你等一会儿。(正在)
    (7) 她今天不舒服,_____。(所以)
    (8) 我今天没空,_____。(或者)
    (9) _____,明天就不用来了。(如果)
    (10) 我有特别重要的事情,_____。(一定)

听力练习 (แบบฝึกหัดการฟัง)

一 语音训练 (บทฝึกฝนการออกเสียง)

1. 听后跟读

2. 找出你听到的句子
  (1) A. 一夜北风紧   B. 一月北风进
    C. 一夜北风进   D. 一月北风紧
  (2) A. 我们都走在左道上 B. 我们多走在左道上
    C. 我们都坐在走道上 D. 我们多坐在走道上

二 听力训练 (บทฝึกฝนการฟัง)

 精 听 (ฟังแล้วจับใจความ)

1. 听一遍会话课文，回答问题 (ฟังบทเรียนบทสนทนา 1 เที่ยว แล้วตอบคำถาม)
  (1)
  (2)
  (3)
  (4)
  (5)
  (6)
  (7)

生词语 (คำศัพท์ใหม่)

1.	咳嗽(咳嗽)	(动)	késou	ไอ
2.	呕吐(嘔吐)	(动)	ǒutù	อาเจียน
3.	老样子(老樣子)		lǎo yàngzi	เหมือนเดิม

2. 听句子，选择正确答案 (จงฟังประโยคและเลือกคำตอบที่ถูกต้อง)
  (1) A. "我"很难受   B. "我"头疼
    C. "我"嗓子疼   D. "我"拉肚子

(2) A. 女朋友走了,他不高兴　　　B. 他想跟女朋友在一起
    C. 女朋友走了,他很高兴　　　D. 他要和女朋友一起去美国
(3) A. 不关心"我"　B. 不爱"我"　C. 太关心"我"考得怎么样　D. 过得很高兴
(4) A. 张教授　　　　　　　　　B. 张教授和张太太
    C. 张太太和小云　　　　　　D. 小云、张教授和张太太
(5) A. 病了　　　B. 考得不好　C. 复习太累了　　　D. 告诉我她没病

3. 听对话,判断正误 (จงฟังบทสนทนาและเลือกคำตอบถูกผิด)
   (1) 王美嗓子疼,头也疼。□　　　　(2) 王美今天不想去上班了。□
   (3) 王美今天要考试,一定要去上班。□　(4) 王美一定是感冒了。□
   (5) 中国人觉得感冒是小病,都不去看病。□　(6) 王美要吃感冒药。□
   (7) 林太太不放心王美的身体。□　　(8) 王美今天身体很好。□

泛 听 (ฟัง)

1. 听对话,选择正确答案 (จงฟังบทสนทนาและเลือกคำตอบที่ถูกต้อง)
   (1) A. "我"妈妈不希望"我"去中国和清迈　B. "我"妈妈关心"我","我"也很关心她
       C. "我"不爱妈妈,妈妈也不爱"我"　　D. "我"妈妈对"我"不放心,"我"很生气
   (2) A. 教师　　　B. 小偷(คนขโมย)　C. 学生　　　　D. 要钱的人
   (3) A. 医院里　　B. 教室里　　　　C. 电话里　　　D. 家里
   (4) A. 吃的东西　B. 一种病　　　　C. 很难受　　　D. 一个医院
   (5) A. 学生　　　B. 老师　　　　　C. 在考试处工作的人　D. 学生的父母

2. 听短文,选择正确答案 (จงฟังความเรียงขนาดสั้นและเลือกคำตอบที่ถูกต้อง)
   (1) A. 不错　　　B. 不好　　　　　C. 有几个考得不错　D. 有几个考得很好
   (2) A. 考试　　　B. 那几个学生　　C. 工作　　　　D. 身体
   (3) A. 看试卷　　B. 做饭　　　　　C. 回房间　　　D. 睡觉
   (4) A. 面条　　　B. 北方菜　　　　C. 中国菜　　　D. 中国北方菜
   (5) A. 北京人　　B. 爸爸妈妈　　　C. 她的男朋友　D. 不知道

3. 听后复述 (จงฟังแล้วพูดซ้ำ)

注释语 (หมายเหตุ)

说不上来(説不上來)　　shuōbúshànglái　　因为不清楚,所以不能说。
(บอกไม่ได้ เพราะว่าไม่ค่อยทราบอย่างละเอียด)

读写练习 (แบบฝึกหัดการอ่านเขียน)

一 阅读理解 (อ่านทำความเข้าใจ)

阅读(一)（การอ่าน 1）

A：你脸色不好，昨天晚上没睡觉吧？复习也要注意休息啊。
B：我昨天晚上是没睡觉，不过不是为了复习，是因为肚子疼。
A：怎么了？是不是吃了不干净的东西。
B：应该是，我昨天在外边吃晚饭，吃得太多了。
A：你去看病了吗？
B：我刚从医院回来，医生给我打了针，开了药。
A：医生说你什么病？
B：急性肠胃炎。
A：现在好一点儿了吗？
B：现在好多了。不过医生说今天只能喝一点儿稀饭，别的都不能吃。
A：是啊，还是小心一点儿吧。后天你还要考试呢。
B：可不是吗？我有点儿担心了，上次考试就考得不太好。
A：放心吧，你这个学期学习那么努力，一定不会有问题。就是今天、明天别再病了。
B：不会的，我会小心的。
A：你明天还要打针吗？
B：还要打一针。
A：我晚上给你打电话，看看你怎么样。你以后吃东西一定要注意卫生，别光想着好吃。
B：你怎么像我妈妈一样。
A：我关心你嘛！
B：谢谢你的关心。

生词语 (คำศัพท์ใหม่)

1. 脸色(臉色)	(名)	liǎnsè	สีหน้า
2. 稀饭(稀飯)	(名)	xīfàn	ข้าวต้ม
3. 小心(小心)	(形)	xiǎoxīn	ระมัดระวัง
4. 后天(後天)	(名)	hòutiān	มะรืนนี้
5. 担心(擔心)	(动)	dānxīn	เป็นห่วง

6. 注意(注意)	（动）	zhùyì	สนใจ
7. 卫生(衛生)	（名）	wèishēng	อนามัย
8. 光(光)	（副）	guāng	เพียงแต่

选择正确答案（จงเลือกคำตอบที่ถูกต้องที่สุด）

(1) A 为什么脸色不好？
   A. 他复习功课,没睡觉　　　　　　　B. 他睡觉的时候肚子疼
   C. 他休息不好　　　　　　　　　　D. 他肚子疼,没睡觉

(2) 在医院,A 没做什么？
   A. 打针　　　B. 拿药　　　C. 喝稀饭　　　D. 看病

(3) A 担心什么？
   A. 再病　　　B. 这次考试考得不好　　　C. 打针　　　D. 上次考试考得不好

(4) A 后天要做什么？
   A. 考试　　　B. 去医院　　　C. 打针　　　D. 注意卫生

(5) "你以后吃东西一定要注意卫生,别光想着好吃。"从这句话我们可以知道：
   A. A 喜欢吃好吃的东西,不太注意卫生　　　B. A 很注意卫生,不喜欢好吃的东西
   C. A 喜欢吃好吃、卫生的东西　　　　　　D. A 吃的东西不卫生,也不好吃

阅读（二）（อ่าน 2）

文化差异

去年,我第一次去中国旅游和学习。刚到中国的时候,我以为我已经很了解中国和中国人,因为我是华裔。但是,我错了。

我记得第一次我跟我的汉语老师出去吃饭,他讲了一个好笑的故事,我大声地笑,还用手拍桌子。老师的脸马上红了,他叫我小声一点儿,告诉我女人这样笑很不礼貌。我对老师说,在美国,男女都会放松地大笑大叫。

中国人特别准时。比如说,你跟朋友约好七点半见面,他们七点二十九分肯定会到。有一次,我和我的同屋在宿舍里举行一个晚会,我们跟中国朋友说差不多九点开始。我们以为大家会九点半、十点到。但是,大家都九点准时到。我们什么都没准备好,真是很不好意思！在美国,大家都会晚一点儿来,美国人叫"fashionably late"。

中国人"说话算话"。按照美国的习惯,我们对每一件小事情都会说"谢谢",但是中国人不经常说谢谢,他们只是在对于很重要的事的时候才说。他们认为只有这样,说的时候才会真的有意义。

(据张嘉欣文章)

生词语（คำศัพท์ใหม่）

1. 差异（差異） （名） chāyì แตกต่าง
2. 华裔（華裔） （名） huáyì ลูกหลานชาวจีน
3. 大声（大聲） （形） dàshēng เสียงดัง
4. 礼貌（禮貌） （名） lǐmào มารยาท
5. 放松（放鬆） （动） fàngsōng สบาย
6. 约（約） （动） yuē นัด
7. 以为（以爲） （动） yǐwéi เข้าใจว่า
8. 对于（對於） （介） duìyú เกี่ยวกับ
9. 认为（認爲） （动） rènwéi คิดว่า
10. 意义（意義） （名） yìyì คุณค่า

1. 选择正确答案（จงเลือกคำตอบที่ถูกต้องที่สุด）

(1) 关于"我"，肯定正确的是：
　　A. "我"是中国人　　　　　　　　B. "我"是美国人
　　C. "我"是男人　　　　　　　　　D. "我"很了解中国和中国人

(2) "我"的汉语老师的脸红了，因为：
　　A. "我"大声笑，他不好意思　　　B. "我"没教养，他生气了
　　C. 他觉得自己讲的故事很好笑　　D. 他喜欢"我"

(3) 你跟中国约好八点见面，他/她会：
　　A. 七点五十九分到　　　　　　　B. 准时到
　　C. 八点半到　　　　　　　　　　D. 晚一点到

(4) 以下哪一个例子可以说明什么是"说话算话"？
　　A. 爸爸告诉小明如果他考试拿A，给他1000铢。小明拿了A，爸爸只给他500
　　B. 广东话里有很多字只能说，不能写
　　C. 他说八点来，他八点来了
　　D. 爸爸说小云应该学中文，小云就学中文

(5) 根据文章，以下哪种说法正确：
　　A. 中国人比较有礼貌，因为他们准时
　　B. 美国人比较没礼貌，因为他们大声地笑
　　C. 中国人比较没礼貌，因为他们不常说"谢谢"
　　D. 中国人和美国人关于"礼貌"的想法不一样

2. 翻译（แปล）

(1) 拍：

(2) 小声：

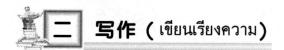

二 写作（เขียนเรียงความ）

1. 写一写最近一次你生病的情况。

2. 假设你是"阅读(二)"的作者，你现在在泰国，请改写一下这篇文章。(สมมุติว่าท่านเป็นผู้เขียนการอ่าน 2 ปัจจุบันอยู่ในประเทศไทยจงแก้บทความข้างล่างนี้)

第十一课　我们唱什么歌

（แบบฝึกหัดคำศัพท์และไวยกรณ์）

1. 读一读（อ่านวลี）

赶快说	赶快走	赶快准备	赶快上车	赶快回来	赶快去看病
别的班	别的国家	别的水果	别的学生	别的菜	别的朋友
商量商量	商量一下	商量好	跟妈妈商量	商量一件事情	
另一个男生	另一个地方	另一条路	另一张照片	另一个学校	
高高的	大大的	白白的	长长的	新新的	冷冷的
慢慢走	好好复习	快快开门	冷冷地说		
安安静静	热热闹闹	暖暖和和	干干净净	舒舒服服	漂漂亮亮

2. 替换练习（แบบฝึกหัดแทนที่รูปประโยค）

(1) 你看<u>唱歌</u>行吗？

　　走路去
　　这样翻译
　　在这个餐厅吃饭
　　送这件礼物

(2) 我们能不能不要<u>唱歌</u>？

　　不喝酒
　　住别的房间
　　明天开始
　　再商量一下

(3) 我们最好<u>唱一首中国民歌</u>。

　　给他打一个电话
　　去问问老师
　　跟他们一起走
　　买一个大蛋糕

(4) 你们不要<u>聊天</u>了。

　　等我
　　去那里买鸡蛋
　　去跳舞
　　麻烦他

96

(5) 参加的同学有_____男生。　　　　　　(6) 你们穿什么衣服？

我喜欢的水果	木瓜和红毛丹		看	电影
她做的菜	沙拉和鱼		唱	歌
一定来的人	三个老师和五个同学		问	问题
一年	四个季节		买	手机

3. **根据课文判断正误** (จงใส่เครื่องหมาย √ หรือ × ตามเนื้อหาบทเรียน)
   (1) 两星期以后举行汉语节目比赛。□
   (2) 因为男同学不愿意参加，所以不跳舞了。□
   (3) 王美本来就想让同学们表演唱歌。□
   (4) 女生想唱一首中国民歌《茉莉花》。□
   (5) 练唱歌的时候一些同学在商量表演的时候穿什么衣服。□
   (6) 王美叫大家不要着急，慢慢说、好好唱。□
   (7) 四班的两个男生要表演武术。□
   (8) 王美对四班的表演很感兴趣。□

4. **选择下列词语完成短文** (จงเลือกคำศัพท์เติมความเรียงขนาดสั้นให้สมบูรณ์)

   赶快　别的　本来　首　最好　好听　同意　商量　另　举行

   汉语节目比赛下个月_____，表演什么呢？陈老师要大家_____一下。小林说表演中国武术，小云说跳舞，小美说_____一个班要表演跳舞，我们_____唱一_____中国民歌。小明_____也想跳舞，现在他说："中国民歌很_____。"_____同学也_____唱歌。陈老师说："还有两个多星期，我们得_____准备。"

5. **判断下列句子正误** (จงใส่เครื่องหมาย √ หรือ × ของประโยคต่อไปนี้)
   (1) 每天早上他都不要起床。□　　　　(2) 她很漂亮，也唱歌好听。□
   (3) 他还要说什么？□　　　　　　　　(4) 上午我先去理发，再去看她。□
   (5) 那个学校很大，和学生很多。□　　(6) 小云汉语很好，不要复习。□
   (7) 你想买水果什么？□　　　　　　　(8) 刚刚我们见面了。□
   (9) 你不要在那个商店买东西，那儿东西很贵。□　(10) 姐姐病了，我得去看她。□

6. **把括号里的词语放在最合适的位置上** (นำคำในวงเล็บวางในตำแหน่งที่เหมาะสม)
   (1) 学校离家近 A，很方便，B 爸爸妈妈 C 放心 D。(也)
   (2) 妹妹过生日，A 我 B 给她 C 买 D 礼物。(得)
   (3) 今天天气 A 太热，B 我 C 明天 D 去。(再)
   (4) A 记者 B 我 C 都不认识 D。(别的)
   (5) 你们 A 想 B 喝 C 酒 D？(什么)

(6) A 我们 B 得 C 练习 D 一下这首歌。(赶快)
(7) 我们班的学生 A 坐这辆车，B 二班的学生坐 C 一辆 D 车。(另)
(8) 李小 A 爱玩儿电脑、B 电子游戏，C 想学修电脑 D。(还)

7. 用"也"、"和"、"还"、"再"、"还有"填空 (ใช้คำที่กำหนดเติมลงในช่องว่าง)
   (1) 老师说唱歌可以，跳舞（　　）行。
   (2) 今天她很生气，跟妈妈吵完，（　　）想跟爸爸吵。
   (3) 你别管别人的事情，（　　），不要问太多问题。
   (4) 我刚刚下班，这件事情明天（　　）商量，行吗？
   (5) 我们（　　）没表演节目呢。
   (6) 中国武术（　　）民歌都很有意思。
   (7) 她的头发很黑，眼睛（　　）很大。
   (8) 能不能帮我借一本书？（　　），帮我买一张 CD。
   (9) 这次表演会结束了，什么时候（　　）举行一次？
   (10) 他对泰国传统感兴趣，（　　）对中国传统感兴趣。
   (11) 今天太晚了，下星期（　　）表演。
   (12) 她有一头很黑的头发，（　　）有一双很大的眼睛。

8. 用否定形式回答问题或完成句子 (ใช้รูปประโยคปฏิเสธตอบคำถามหรือทำประโยคให้สมบูรณ์)
   (1) 晚上你要参加表演吗？
   (2) 星期六你们要不要上班？
   (3) 我们用用你的词典，可以吗？
   (4) 我想再吃一个，可是妈妈说："_____。"
   (5) 你每天中午都休息休息吗？
   (6) 你吃饭了吗？
   (7) 上课的时候请安静，_____。
   (8) 这个孩子不到一米，要买票吗？
   (9) 我们去跳舞，你要来吗？
   (10) 你可以帮我修电脑吗？

9. 连词成句 (เรียงประโยคให้สมบูรณ์)
   (1) 看　家里　行　你　请客　在　吗
   (2) 他　找　去　不要　你　了
   (3) 你　事情　管　的　别　别人
   (4) 船　最好　去　坐　地方　我们　那个
   (5) 什么　做　会　你　菜

(6) 我哥哥 老师 愿意 当 不
(7) 那个 本来 公司 想 我 去 工作
(8) 得 看 医院 我 去 病

10. 造句 (แต่งประโยค)
   (1) 再:
   (2) 你看……行吗:
   (3) 不要:
   (4) 最好:

 一 语音训练 (บทฝึกฝนการออกเสียง)

1. 听后跟读音节 (ฟังแล้วอ่านตาม)

2. 听后跟读词 (ฟังแล้วอ่านตาม)

3. 划出你听到的词 (ขีดเส้นใต้คำศัพท์ที่ได้ยิน)
   bǎibiàn—běibian   jiǎmèi—jiǎmài   pàiduì—pèiduì   nàixīn—nèixīn
   zhàozi—zhǒuzi   chōuchū—chāochū   sāowèi—sōuwèi   fāchóu—fācháo

二 听力训练 (บทฝึกฝนการฟัง)

精 听 (ฟังแล้วจับใจความ)

1. 听一遍会话课文,回答问题 (ฟังบทสนทนาหนึ่งครั้ง แล้วเลือกคำตอบที่ถูกต้อง)
   (1)
   (2)
   (3)
   (4)
   (5)
   (6)

(7)
(8)

生词语 (คำศัพท์ใหม่)

1.	银行(銀行)	(名)	yínháng	ธนาคาร
2.	页(頁)	(量)	yè	หน้า
3.	抽烟(抽煙)		chōu yān	สูบบุหรี่
4.	袜子(襪子)	(名)	wàzi	ถุงเท้า

2. 听句子,选择正确答案 (ฟังประโยค แล้วเลือกคำตอบที่ถูกต้อง)

(1) A. 打电话　　　　B. 写信　　　　C. 倒茶　　　　D. 以上全部
(2) A. 住的地方　　　B. 教室　　　　C. 公园　　　　D. 汽车
(3) A. 爸爸妈妈不要他
　　B. 爸爸妈妈说很多话
　　C. 我不是孩子了,爸爸妈妈不应该管我了
　　D. 我十八岁了,爸爸妈妈不知道我要做什么
(4) A. 亚洲人(Yàzhōurén)　　B. 北美洲人(Běiměizhōurén)
　　C. 非洲人(Fēizhōurén)　　D. 南美洲人(Nánměizhōurén)
(5) A. 着急的时候　　B. 吃完饭以后　　C. 散步以后　　D. 开始以后

3. 听短文,判断对错 (จงฟังความเรียงขนาดสั้น แล้วตอบคำถามถูกผิด)

(1) 二班同学本来就会唱《茉莉花》。□　　(2)《茉莉花》是一首好听的民歌。□
(3) 唱歌的同学都是二班的女同学。□　　(4) 大家第一次一起唱歌。□
(5) 大家有很多问题问王美老师。□　　(6) 四班的节目是中国舞蹈。□
(7) 大为不是四班的学生。□　　(8) 同学们没有中国传统的衣服。□

泛　听 (ฟัง)

1. 听对话,选择正确答案 (ฟังบทสนทนาแล้วเลือกคำตอบที่ถูกต้อง)

(1) A. 教室　　　B. 办公室　　　C. 宿舍　　　D. 不知道
(2) A. 他们本来就要去北京　　　　B. 以前他们想去台北
　　C. 他们没买到去北京的机票　　D. 他们听说秋天很漂亮
(3) A. 他想两个人吃饭　　　　　　B. 他想知道谁跟他们一起吃饭
　　C. 他不知道还有别人跟他们一起吃饭　D. 他和别人一起吃饭,不跟女的吃饭
(4) A. 不高兴　　B. 着急　　C. 有问题　　D. 跟第一个人商量事情
(5) A. 小李　　　B. 小林　　C. 小丽　　　D. 第一名

第十一课

2. 听歌曲,填空 (ฟังเพลงแล้วเติมคำลงในช่องว่าง)

生词语 (คำศัพท์ใหม่)

1.	笑(笑)	(动)	xiào	หัวเราะ
2.	好像(好像)	(动)	hǎoxiàng	เหมือนกับ
3.	开(開)	(动)	kāi	เปิด
4.	笑容(笑容)	(名)	xiàoróng	รอยยิ้ม
5.	熟悉(熟悉)	(形)	shúxī	คุ้นเคย
6.	想不起(想不起)		xiǎngbùqǐ	คิดไม่ออก
7.	梦(夢)	(名)	mèng	ฝัน

甜蜜蜜

甜蜜蜜,你笑得_____,好像花儿开_____春风_____,开在春风里。在哪里,_____见过你,你的笑容多么熟悉,我一时_____,啊,_____,梦里梦里见过你,_____,笑得多甜蜜。是你,是你,梦见的_____。在哪里,在哪里见过你,你的笑容多么熟悉,我一时想不起,啊,在梦里。

3. 听后复述 (จงฟังแล้วพูดซ้ำ)

注释语 (หมายเหตุ)

1.	工资(工資)	(名)	gōngzī	เงินเดือน
2.	拍照(拍照)	(动)	pāi zhào	ถ่ายรูป

阅读(一) (การอ่าน 1)

甜蜜蜜

　　差不多每一个中国人都记得一个名字——邓丽君。为什么说"记得"呢?因为她已经去世了。她去世的时候,和她的男朋友一起,住在泰国清迈。如果她还活着,应该有五十多岁了。大

101

家记得她,因为她唱了很多好听的歌。有多少?太多了,其中有一首叫《甜蜜蜜》。

甜蜜蜜,是一个形容词,很甜的意思,像蜜糖一样甜。但是,我们不说"咖啡甜蜜蜜",也不是"蛋糕甜蜜蜜";我们说"他们的生活甜蜜蜜",也说"她有一双甜蜜蜜的眼睛"。

很多人想起邓丽君,就想起这首歌——《甜蜜蜜》。不是因为这首歌最好听,而是因为她的声音和她的音乐风格都给人一种甜蜜蜜的感觉。如果你学习了中国历史,了解了中国,你就会知道,过去普通中国人的生活里有很多"苦";你大概就能懂得,为什么他们总是记得甜蜜蜜的邓丽君。

生词语(คำศัพท์ใหม่)

1.	去世(去世)	(动)	qù shì	เสียชีวิต
2.	如果(如果)	(连)	rúoguǒ	ถ้าหากว่า
3.	甜(甜)	(形)	tián	หวาน
4.	蜜糖(蜜糖)	(名)	mìtáng	น้ำผึ้ง
5.	想起(想起)	(动)	xiǎngqǐ	คิดขึ้นมาได้
6.	声音(聲音)	(名)	shēngyīn	เสียง
7.	音乐(音樂)	(名)	yīnyuè	ดนตรี
8.	风格(風格)	(名)	fēnggé	ท่วงทำนอง
9.	感觉(感覺)	(名)	gǎnjué	รู้สึก
10.	普通(普通)	(形)	pǔtōng	ปกติ
11.	苦(苦)	(形)	kǔ	ขม

■ 选择正确答案(จงเลือกคำตอบที่ถูกต้องที่สุด)

(1) 关于邓丽君,哪一句话对?
    A. 她一直住在泰国   B. 她是一个歌手(**นักร้อง**)
    C. 她有一双甜蜜蜜的眼睛   D. 她已经五十岁了。

(2) 根据短文(**ตามเรื่องสั้น**),我们可以知道以下哪个句子对?
    A. 我不喜欢吃甜蜜蜜的东西   B. 这个菜甜蜜蜜
    C. 大家都喜欢那个甜蜜蜜的女孩   D. 这是一种甜蜜蜜

(3) 大家想起邓丽君就想起《甜蜜蜜》,因为:
    A. 她的声音"甜蜜蜜"   B. 她的音乐风格"甜蜜蜜"
    C. 这首歌最好听   D. A 和 B

(4) 根据短文,过去普通中国人的生活:
    A. 很好   B. 有时不太好   C. 甜蜜蜜   D. 没有说

(5) 短文没有写,但我们可以知道:
    A. 中国人记得邓丽君   B. 过去普通中国人的生活有很多"苦"
    C. 邓丽君有甜蜜蜜的声音   D. 中国人希望他们的生活甜蜜蜜

阅读(二) (การอ่าน 2)

大学生活

　　每年八月底九月初,中国的大学校园里都很热闹,新的大学生们来了。第一个月,新生要进行军训。一个月以后,他们开始上课,过真正的学生生活。

　　各种学生社团欢迎新生的加入。社团很多,有关于文学的、关于戏剧的、关于音乐的、关于体育的、关于经济的、关于法律的……如果新生对哪个方面有兴趣或者有特长,都可以参加。学生们自己管理自己的社团,组织各种活动,学校和老师很少管。

　　中国的大学生特别重视英语。因为英语好的人,将来可能能找到好的工作;也因为大学生如果想毕业,一定要通过一个英语考试,叫CET,这个考试很难。所以,每个学生除了要努力学习自己的专业之外,还要很努力地学习英语。有些学生说,他们学习英语的时间比学习自己专业的时间还多。

　　另外一件重要的事情,就是谈恋爱。一年级大家刚刚认识,到二年级,很多学生就找到他们的男朋友和女朋友了。有一个笑话说:"小学生一队队,中学生一堆堆,大学生一对对。"

生词语 (คำศัพท์ใหม่)

1.	军训(軍訓)	(名)	jūnxùn	ฝึกทหาร
2.	社团(社團)	(名)	shètuán	ชมรม
3.	加入(加入)	(动)	jiārù	เข้าร่วม
4.	关于(關於)	(介)	guānyú	เกี่ยวกับ
5.	特长(特長)	(名)	tècháng	ความถนัดเป็นพิเศษ
6.	管理(管理)	(动)	guǎnlǐ	ควบคุมดูแล
7.	组织(組織)	(动)	zǔzhī	จัดตั้ง
8.	比(比)	(介)	bǐ	กว่า
9.	谈恋爱(談戀愛)		tán liàn'ài	จีบ (หนุ่ม สาว)
10.	笑话(笑話)	(名)	xiàohua	เรื่องตลก
11.	队(隊)	(量)	duì	ทีม
12.	堆(堆)	(量)	duī	กอง
13.	对(對)	(量)	duì	คู่

回答问题 (จงตอบคำถาม)

(1) 中国的大学什么时候开学(เปิดเทอม)?
(2) "新生"是什么意思?
(3) 军训要多少时间?
(4) 一个学生很喜欢唱歌,他/她可以参加什么社团?
(5) 想当演员(นักแสดง)的学生可以参加什么社团?

(6) 谁管理社团？

(7) 英语对中国的大学生为什么很重要？

(8) "大学生一对对"是什么意思？

二 写作 (เขียนเรียงความ)

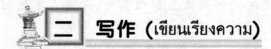

1. 你们进大学以后，参加过什么表演吗？请写一写那次表演的情况。

2. 介绍一首你小时候最喜欢的歌，你为什么喜欢？试一试把歌词翻译成汉语。(ลองนำเนื้อเพลงแปลเป็นภาษาจีน)

第十二课　她不让我抽烟

词汇及语法练习
(แบบฝึกหัดคำศัพท์และไวยากรณ์)

1. 读一读 (อ่านวลี)

这么贵	这么巧	这么可怜	这么客气	这么高兴
这么漂亮	这么讨厌			
最热	最高	最便宜	最可爱	最快乐
最讨厌	最喜欢	最感兴趣		
麻烦你	麻烦老师	麻烦朋友	麻烦阿姨	太麻烦了
抽烟	抽一支烟	抽很多烟	抽完烟	不让抽烟
聪明	非常聪明	聪明的孩子		
妈妈叫我	老师叫你	李力叫小白	别叫了	
讨厌他	他真讨厌	他真讨人厌	那个讨厌的人	
那个孩子真可怜	那个可怜的孩子	那个可怜的人		

2. 替换练习 (แบบฝึกหัดแทนที่รูปประโยค)

(1) 你们怎么这么<u>客气</u>啊？

这儿的东西	贵
这个人	讨厌
你姐姐	高兴
公园	安静

(2) 有人想让你<u>请客</u>。

给你打电话
问了一个问题
教他学习汉语
喜欢吃辣的

(3) <u>他请</u> <u>老师</u> <u>帮他看作文</u>。

我	朋友	吃饭
李力	小白	看电影
我	中国朋友	参加晚会
甘雅	他	介绍中国的情况

(4) <u>我叫</u> <u>服务员</u> <u>加两个座位</u>。

妈妈	我	做作业
老师	你	上车
王太太	陈老师	来吃饭
小白	李力	陪她买东西

(5) 他让 我 转告你们。 　　　　(6) 她不让 我 抽烟。

他爸爸	他	在中国工作
老师	他	回答问题
妈妈	孩子	用筷子吃饭
李力	他	进来
他妈妈	他	抽烟

妈妈	我	喝酒
他爸爸	他	一个人去旅行
叔叔	小云	吃糖
老师	我们	聊天儿
孩子	妈妈	管他

3. 根据课文判断正误 (จงใส่เครื่องหมาย √ หรือ ✕ ตามเนื้อหาในบทเรียน)

(1) 服务员请李力和小白过来。☐　　(2) 李力和小白本来不想到学校餐厅吃饭。☐
(3) 李力觉得何娜和明月很客气。☐　　(4) 小白觉得李力应该请客。☐
(5) 陈老师让何娜转告大家,有空儿去他家玩儿。☐
(6) 如果明月知道是陈老师的电话,她会请何娜转告何老师,她明天去找他。☐
(7) 何娜叫明月有问题就去找陈老师。☐
(8) 何娜、明月和小白都不让李力抽烟。☐

4. 选择下列词语完成短文 (จงเลือกคำศัพท์เติมความเรียงขนาดสั้นให้สมบูรณ์)

让　支　过来　可怜　加　巧　只好　怎么　请客　饿　点菜　讨厌

王美、甘雅在餐厅吃饭时,看见了汉伟和他的女朋友小文。她们叫他们两个_____,请服务员_____了两个座位,四个人一起吃。汉伟说:"真_____,你们也在这里吃饭。"甘雅说:"今天我____,喜欢吃什么,请____吧。"汉伟拿出一____烟,小文说:"真____!我本来很_____,看见你的烟就饱了!"汉伟____地说:"你就____我抽一支吧!我已经一天没抽烟了。"甘雅说:"你____这么爱(ชอบ)抽烟啊!先吃饭,吃完再抽好不好?"汉伟____不抽了。

5. 判断下列句子正误 (จงใส่เครื่องหมาย √ หรือ ✕ ประโยคต่อไปนี้)

(1) 让他们进来吧。☐　　(2) 请我试试这件衣服,好吗?☐
(3) 明天你叫谁来吃饭?☐　　(4) 小美病了,妈妈不给她去学校。☐
(5) 天气太热,只好孩子们在家里玩儿。☐　　(6) 这个人怎么这么懒啊!☐
(7) 如果有人想抽烟,就请出去抽。☐　　(8) 他们去都不合适,最好你去。☐
(9) 上星期陈老师请我们去他家玩儿了。☐　　(10) 小白是一个聪明女孩子。☐

6. 把括号里的词语放在最合适的位置上 (จงนำคำในวงเล็บวางในตำแหน่งที่เหมาะสม)

(1) A 这件 B 事情 C 重要 D 啊?(这么)
(2) 飞机票卖完了,A 我 B 坐火车 C 回家 D。(只好)
(3) A 你一定 B 要多穿衣服,C 会 D 感冒。(不然)
(4) 你 A 会 B 唱 C 中国的民歌 D?(怎么)

(5) A 你 B 在门口 C 等 D。(请)
(6) A 她 B 我帮 C 你 D 做饭。(让)
(7) A 妈妈 B 他 C 马上 D 睡觉。(叫)
(8) 老师 A 让我们 B 晚上 C 出 D 去。(不)

7. 用"只好"、"最好"完成句子或对话 (จงใช้ "只好、最好" เติมรูปประโยคให้สมบูรณ์)
   (1) 我没有车，_____。
   (2) A：我们想下个月去旅行。 B：我觉得_____。
   (3) 现在有好几个学校请我们，_____。
   (4) 这个餐厅关门了，_____。
   (5) 他考试不及格，_____。
   (6) A：这个词是什么意思,你能告诉我吗？ B：_____。

8. 用含"请"、"叫"、"让"的词组完成句子 (จงใช้ "请、叫、让" เติมรูปประโยคให้สมบูรณ์)
   (1) _____给我一本书。 (2) 教授_____给他打电话。
   (3) 爸爸_____在美国买几本英文书给我。 (4) 老师_____明天交作业给她。
   (5) 他_____给他们加一个座位。 (6) 我的男朋友_____给他写电子邮件。
   (7) 她的先生_____买新手机,她很生气。 (8) 我想请客,可是大家都_____。
   (9) 老李_____给老张做几个好菜。 (10) _____拿两支笔给我。

9. 连词成句 (จงเรียงคำศัพท์ให้เป็นประโยค)
   (1) 导游 我们 一下 请 介绍
   (2) 今天 容易 这么 考试 怎么 的 啊
   (3) 商店 你妈妈 去 你 什么 叫 买
   (4) 旅行 一 我 个 只好 去 人
   (5) 月饼 有 喜欢 人 不 吃
   (6) 我 没 跟 你们 去 一起 不然 时间
   (7) 给 不 爸爸 洗 妈妈 他 让 衣服
   (8) 你 不 别 最好 买 好 的 那 月饼 种

10. 造句 (จงแต่งประโยค)
    (1) 只好：
    (2) 不然：
    (3) 请客：
    (4) 这么：

听力练习 (แบบฝึกหัดการฟัง)

一 语音训练 (บทฝึกฝนการออกเสียง)

1. 听后跟读音节 (จงฟังแล้วอ่านพยางค์เสียง)

2. 听后跟读词 (จงฟังแล้วอ่านคำ)

3. 划出你听到的词 (จงขีดเส้นใต้คำที่ได้ยิน)
   jiājié—jiějie   shǔjià—shūjie   xiāxiě—xièxià   qiānguà—qiānguo
   kuājiǎng—kuòzhāng huāmiáo—huǒmiáo   yíyè—yíyuè   juéshí—jiéshí
   quèshí—qièshí

二 听力训练 (บทฝึกฝนการฟัง)

精 听 (ฟังแล้วจับใจความ)

1. 听一遍会话课文, 回答问题 (จงฟังบทสนทนาหนึ่งรอบและตอบคำถาม)
   (1)
   (2)
   (3)
   (4)
   (5)
   (6)
   (7)
   (8)
   (9)
   (10)

第十二课

生词语（คำศัพท์ใหม่）

1. 头疼(頭疼)	（形）	tóuténg	ปวดหัว
2. 隔壁(隔壁)	（名）	gébì	ข้างบ้าน, บ้านใกล้เรือนเคียง
3. 吵(吵)	（名/动）	chǎo	อึกทึก
4. 死了(死了)	（形）	sǐle	ตายแล้ว

2. 听句子，选择正确答案 (ฟังประโยค จงเลือกคำตอบที่ถูกต้อง)

(1) ①：A. 丹　　　　B. "我"　　　　C. 你　　　　D. 王老师
　　②：A. 丹　　　　B. "我"　　　　C. 你　　　　D. 王老师

(2) A. 很热　　B. 为什么那么热　　C. 春天不应该那么热　　D. A 和 C

(3) A. 没有什么　　B. 电影　　C. 电视　　D. 书

(4) A. 不知道　　B. 考试　　C. 参加晚会　　D. 准备考试

3. 听短文，判断正误 (จงฟังความเรียงขนาดสั้น และใส่เครื่องหมาย √ หรือ × ประโยคต่อไปนี้)

(1) 小白差不多每天都跟李力的朋友在一起。□
(2) 何娜和明月先认识李力，然后认识小白。□
(3) 小白爱管李力。□
(4) 李力知道抽烟对身体不好。□
(5) 李力觉得不抽烟没关系。□
(6) 李力常常跟小白吵。□
(7) 何娜和明月觉得小白不是小孩了。□
(8) 想一想以后，何娜和明月觉得小白应该管李力。□

泛　听 (ฟัง)

1. 听对话，选择正确答案 (จงฟังบทสนทนา และเลือกคำตอบที่ถูกต้อง)

(1) A. 张医生的女儿真的漂亮、聪明　　B. 很多人找张医生看病
　　C. 那些人想让张医生高兴　　D. 那些人都有病

(2) A. 给女的六十四块四　　B. 别着急
　　C. 慢慢算　　D. 给女的一百块

(3) A. 麻烦的事情　　B. 写作文
　　C. 看明月的作文　　D. 看明月写的汉字

(4) A. 女的　　B. 男的　　C. 男的和他太太　　D. 孙经理

(5) A. 吃晚饭　　B. 喝酒、聊天　　C. 没做什么　　D. 回家

2. 边听顺口溜，边填空（ฟังบทกลอนพลาง เติมช่องว่างพลาง）

(1)

生词语（คำศัพท์ใหม่）

1. 涩(澀)   (形)   sè   ฝืด ฝาด
2. 柿子(柿子)   (名)   shìzi   ลูกพลับ
3. 石(石)   (名)   shí   หิน
4. 狮子(獅子)   (名)   shīzi   สิงห์โต

树上结了_____个涩柿子，
_____蹲着四十四只石狮子；
树下四十四只石狮子_____树上四十四个涩柿子；
四十四个涩柿子_____树下四十四只石狮子吃它们四十四个涩柿子；
树下四十四只_____就是要吃树上四十四个_____。

(2) 金钱_____，_____，大姨妈，_____，_____拿柴，_____烧火，猫儿_____笑死我。

(3)

生词语（คำศัพท์ใหม่）

1. 鞋子(鞋子)   (名)   xiézi   รองเท้า
2. 匣子(匣子)   (名)   xiázi   กล่อง ตลับ
3. 佳佳(佳佳)   (人名)   Jiājiā   จาจา ชื่อบุคคล

佳佳买_____鞋子，
_____买个匣子，
佳佳放下_____，
看姐姐的_____。
_____的鞋子，
_____的匣子，
佳佳姐姐_____。

(4)

生词语（คำศัพท์ใหม่）

1. 鹅(鵝)   (名)   é   ห่าน
2. 喂(喂)   (动)   wèi   ให้อาหาร

_____和鹅，_____我，我鹅_____，_____我鹅，鹅饿喂我鹅，_____。

3. 听后复述（ฟังแล้วพูดซ้ำ）

再听一遍顺口溜 2、3、4，听一句跟读一句。

4. 听后跟读（จงฟังแล้วอ่านตาม）

继续听诗歌的最后一段，听一句跟读一句（จงฟังบทกลอนตอนสุดท้าย ฟังหนึ่งประโยคและอ่านตาม）
再听诗歌的第一段，说一说跟刚才听到的最后一段有什么不同？（จงฟังบทกลอนตอนที่หนึ่ง และอธิบายความแตกต่างระหว่างตอนที่หนึ่งและตอนสุดท้าย）

注释语（หมายเหตุ）

1.	白色(白色)	（名）	báisè	สีขาว
2.	窗帘(窗簾)	（名）	chuānglián	ม่านหน้าต่าง
3.	轻轻(輕輕)	（形）	qīngqīng	เบาๆ
4.	飘(飄)	（动）	piāo	ปลิว, ปลิวสะบัด

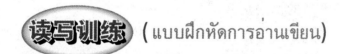（แบบฝึกหัดการอ่านเขียน）

（อ่านทำความเข้าใจ）

阅读（一）（การอ่าน 1）

ไม่เป็นไร

对于外国人来说，第一个应该记住的泰文是"ไม่เป็นไร"。

"ไม่เป็นไร"翻译成中文，就是"没关系"。在很多时候，这个翻译是合适的。如果你忘记帮朋友做一件事情，你对他说"抱歉"，他就会用"ไม่เป็นไร"来回答你。不过，许多住在泰国的作家认为，"ไม่เป็นไร"不只是一个回答，而且它也表达了一种生活态度。

"ไม่เป็นไร"代表了一种受佛教影响的态度：轻松地对待生活。什么事情都是小事，没关系，"ไม่เป็นไร"。这种态度让一些西方人、日本人和中国人生气和着急，特别是在遇到他们认为很重要的事情的时候。

泰国人总是用"ไม่เป็นไร"的态度去生活。如果一个泰国人等十点的火车，可是十一点了，

泰国人学汉语 II

火车还没来；另一个泰国人准备坐飞机去外国,可是在飞机场,她听说因为天气不好,飞机不飞了。他们都不着急,也不生气。对于这些没有办法改变的事情,这两位泰国人笑一笑说:"ไม่เป็นไร"

(据台湾英文杂志社有限公司《泰国》1994年"礼仪与习俗")

生词语 (คำศัพท์ใหม่)

1. 对于…来说(對於…來說)		dùyú... láishuō	สำหรับ
2. 作家(作家)	(名)	zuòjiā	นักเขียน, นักประพันธ์
3. 表达(表達)	(动)	biǎodá	แสดงออก
4. 生活(生活)	(名)	shēnghuó	การดำรงชีวิต
5. 态度(態度)	(名)	tàidu	ท่าที
6. 受(受)	(动)	shòu	ได้รับ
7. 影响(影響)	(名)	yǐngxiǎng	ผลกระทบ
8. 轻松(輕鬆)	(名)	qīngsōng	สบาย
9. 对待(對待)	(动)	duìdài	ปฏิบัติต่อ
10. 认为(認爲)	(动)	rènwéi	คิดว่า

1. 选择正确答案 (จงเลือกคำตอบที่ถูกต้อง)

(1) 关于"ไม่เป็นไร",不对的说法是：
  A. 这个词是一个回答　　　　　　B. 这个词代表了一种生活态度
  C. 翻译成"没关系"不合适　　　　D. 外国人应该记住

(2) 哪句话不反映"ไม่เป็นไร"的态度？
  A. 别着急　　　B. 慢慢来　　　C. 没关系　　　D. 我一定要……

(3) 第三段长句子没有说,但我们可以看出来：
  A. 有些事情,一些外国人觉得很重要,可是泰国人觉得不重要
  B. "ไม่เป็นไร"的态度让一些西方人生气和着急
  C. 泰国人的这种态度让所有外国人着急和生气
  D. 泰国人不知道外国人为什么生气和着急

(4) 第四段中的两个泰国人为什么不着急？
  A. 他们有"ไม่เป็นไร"的生活态度　　B. 这些事情没有办法改变
  C. 他们觉得这些事情不重要　　　　D. A 和 B

2. 讨论

(1) 你们认为这篇短文的观点对不对？
(2) 假设你是作者,可以再举一个"ไม่เป็นไร"的例子吗？(สมมุติว่าคุณเป็นนักเขียน สามารถยกตัวอย่าง "ไม่เป็นไร" มา 1 ตัวอย่างได้ไหม)

阅读(二)（การอ่าน 2）

中国人的"缺点"

　　这几年,越来越多的中国人到外国去旅游。可是,很多中国人发现,在外国,他们好像不太受欢迎。为什么呢？是因为中国人有一些"缺点"。

　　中国人在一起的时候,总是大声地谈话、大声地笑。在公园里、在汽车上、在飞机上、在餐厅里……只要有中国的旅行团,那个地方就很吵。所以,喜欢安静的外国人觉得这真是一个缺点。可是中国人说,热闹有什么不好呢？出来玩儿,就应该热闹,安安静静不说话,那有什么意思呢？而且,有很多地方的人说话的习惯就是用很大的声音和很快的速度。

　　中国人在欧洲旅游,一边吃西餐一边说："这是什么东西,太难吃了,我们要吃中餐！"中国人在东南亚旅游,一边买工艺品一边说："这些东西不够漂亮,我们中国的工艺品更漂亮。"中国人在美国旅游,一边参观古迹一边说："这些东西也是古迹吗？太可笑了！"用这样的态度去旅游,当然是一个缺点。可是中国人说,我觉得自己的国家好,有什么问题吗？

生词语（คำศัพท์ใหม่）

1.	缺点(缺點)	（名）	quēdiǎn	ข้อเสีย
2.	越来越(越來越)		yuèláiyuè	ยิ่ง...ยิ่ง
3.	受(受)	（动）	shòu	ได้รับ
4.	欢迎(歡迎)	（动）	huānyíng	ยินดีต้อนรับ
5.	吵(吵)	（形）	chǎo	อึกกระทึก
6.	工艺品(工藝品)	（名）	gōngyìpǐn	งานศิลปะหัตถกรรม
7.	古迹(古蹟)	（名）	gǔjì	โบราณสถาน
8.	可笑(可笑)	（形）	kěxiào	น่าหัวเราะ

1. 根据第一段和第二段填空（ตามย่อหน้าที่ 3 จงเลือกคำตอบที่ถูกต้องที่สุด）
   (1) 到外国旅游的中国人_____。
   (2) 中国游客在国外有时不太_____。
   (3) 中国人说话声音很_____。
   (4) 喜欢安静的外国人觉得中国人很_____。
   (5) 中国人觉得_____不是缺点。

2. 根据第三段选择正确答案（ตามย่อหน้าที่ 3 จงเลือกคำตอบที่ถูกต้องที่สุด）
   (1) 作者举三个例子说明有时：（ผู้แต่งได้ยกตัวอย่างมาอธิบาย 3 ตัวอย่าง）
   　　A. 中国人喜欢吃东西　　B. 中国人喜欢买东西
   　　C. 中国人不喜欢古迹　　D. 中国人不懂欣赏（ชื่นชอบ）别的国家的东西

(2) "这些东西也是古迹吗？太可笑了！"这句话的意思是：
   A. 这些东西不漂亮　　　　B. 这些东西不古老(เก่าแก่ มีประวัติมายาวนาน)
   C. 这些东西没意思　　　　D. 这些东西很可笑

3. 讨论（หัวข้อสัมมนา）
   文章的题目为什么是"中国人的'缺点'"，不是"中国人的缺点"？（ทำไมหัวข้อบทความจึงใช้ชื่อ"中国人的'缺点'"，ไม่ใช่"中国人的缺点"）

二 写作 (เขียนเรียงความ)

1. 有人给你家里的一个人(爸爸、妈妈、哥哥、姐姐……)打电话，请你转告他/她三件事情，而现在你要回学校了，你写一张条子(ข้อความ)给他/她。

2. 十年以前和十年以后。

第十三课　先往南走,然后往东走

词汇及语法练习
(แบบฝึกหัดคำศัพท์และไวยกรณ์)

1. 读一读 (อ่านวลี)

快理发	快起床	快收拾	快洗澡	快准备	快做饭
就上课了	就下车了	就到了	就出去了	就来了	
要回来了	要结婚了	要开始了	要考试了	要出国了	
快上车了	快去访问了	快走了	快完了	快开会了	
就要毕业了	就要出发了	就要当爸爸了	就要去锻炼了		
快要下班了	快要放假了	快要吃完了	快要学会了		
往前走	往后看	往左拐			
向上走	向旁边看	向右拐			
他们自己表演	他自己去	我们自己商量	你自己想	你们自己借	我自己做
可能来	可能去旅行	有可能	没有可能	很可能	很有可能
准时来	准时走	准时出发	不准时	很准时	很不准时

2. 替换练习 (แบบฝึกหัดแทนที่รูปประโยค)

(1) 请问快到<u>回龙观小区</u>了吗?

　　电影院
　　广州
　　圣诞节
　　中午
　　周末

(2) 张教授<u>后天</u>就要去东南亚参观访问了。

　　7月20日
　　三天以后
　　下个月
　　星期三
　　马上

(3) 你们一直向南走。
    北
    东
    西
    前
    这边

(4) 中国的大学应该向外国的大学学习。
    | 中国的公司 | 外国的公司 |
    | 我们 | 你们 |
    | 大家 | 他 |
    | 大为 | 何娜 |
    | 李老师 | 王老师 |

(5) 多力又给我发电子邮件了。
    打电话
    送礼物
    买书
    介绍女朋友

(6) A：哎呀，快到十一点半了！ B：堵车嘛！
    修路
    人多
    放假
    周末

3. **选词填空**（จงเลือกคำเติมลงในช่องว่าง）
   (1) 请问，_____边是东？（那/哪） (2) 我还_____自己是对的。（想/以为）
   (3) 明月_____你问好。（向/往） (4) 我给他_____了电子邮件。（送/发）
   (5) 我_____她别说错话。（觉得/希望） (6) 我们_____要晚了！（可能/可以）
   (7) A：你的衣服真漂亮啊！ B：过新年了_____。（吗/嘛）
   (8) 你快_____去买火车票吧。（一点儿/一下儿）

4. **连词成句**（จงเรียงคำศัพท์ให้เป็นประโยค）
   (1) 星期 我们 考试 下 了 就要
   (2) 上课 教室 去 一点儿 快
   (3) 学生 老师 好好 希望 王 复习
   (4) 个 拐 往 路口 右 第二 在
   (5) 呢 还 自己 很 以为 准时 我
   (6) 下个 孩子 他 就要 的 个 了 第一 星期 出生
   (7) 向 大家 爸爸 说 我 应该 学习
   (8) 自己 的 事情 要 你 自己 做

5. **把括号里的字放在最合适的位置上**（จงนำคำศัพท์ที่อยู่ในวงเล็บวางในตำแหน่งที่เหมาะสมที่สุด）
   (1) A 听说 B 张教授 C 六月 D 回国了。（就）
   (2) 看来，A 马上 B 就 C 下雨 D 了。（要）
   (3) A 你 B 知道 C 去 D 耀华力路吗？（怎么）
   (4) 我 A 希望 B 他 C 走 D 错路。（别）
   (5) A 她 B 一直 C 那边 D 走去。（向）

(6) A 他 B 朋友 又 C 他 D 写信了。(给)
(7) A 小张 B 和小李 C 下个月 D 结婚。(听说)
(8) 你们先 A 一直 B 走，C 到那个商店再 D 南走。(往)

6. 判断下列句子正误 (จงใส่เครื่องหมาย √ หรือ × ของประโยคต่อไปนี้)
(1) 我们快去看电影。☐　　　(2) 张教授下个月快要去东南亚参观访问了。☐
(3) 大家应该往他学习。☐　　(4) 希望他别来晚了。☐
(5) 我常常跟他发电子邮件。☐　(6) 他可能不来了。☐
(7) 我们正在拐往左呢。☐　　(8) 她往我们看呢。☐
(9) 我们自己研究汉语。☐　　(10) 我以为他走了。☐
(11) 我写好电子邮件就送出去。☐　(12) 现在是下班时间，车堵了！☐

7. 根据所给的词语完成对话 (จงเติมบทสนทนาให้สมบูรณ์ ตามคำศัพท์ที่ให้มา)
(1) A：汉语节目表演会就快开始了，对吗？　B：_____(就要)
(2) A：你知道吗？_____(快要)！　B：太好了，明天我们一起去接他吧。
(3) A：_____！(雨)　　　　　　　B：怎么办？我们没有伞。
(4) A：车来了。　　　　　　　　　　B：_____！(上车)
(5) A：_____！(站)　　　　　　B：我们下车吧。
(6) A：下个月我_____！(毕业)　B：那你找到工作了吗？

8. 造句 (จงแต่งประโยค)
(1) 要……了：
(2) 自己：
(3) 向：
(4) ……嘛：
(5) 以为：

9. 根据课文回答问题 (จงตอบคำถามตามบทเรียน)
(1) 何娜和明月去看谁？　　　　　(2) 她们向谁问路了？
(3) 下车以后，去回龙观小区怎么走？(4) 怎么知道哪边是南边？
(5) 张教授后天就要去哪儿参观访问了？(6) 王老师为什么来晚了？
(7) 她们约好一起做什么？　　　　(8) 多力又给谁发电子邮件了？
(9) 谁的第三个孩子下个月就出生了？

听力练习 (แบบฝึกหัดการฟัง)

一 语音训练 (บทฝึกฝนการออกเสียง)

1. 听后跟读音节 (จงฟังเสียงพยางค์แล้วอ่านตาม)

2. 听后跟读词 (จงฟังคำศัพท์แล้วอ่านตาม)

二 听力训练 (บทฝึกฝนการฟัง)

精 听 (ฟังแล้วจับใจความ)

1. 听一遍会话课文,回答问题 (จงฟังบทสนทนา 1 รอบ แล้วตอบคำถาม)
   (1)
   (2)
   (3)
   (4)
   (5)
   (6)
   (7)

生词语 (คำศัพท์ใหม่)

1. 红绿灯(紅綠燈)	(名)	hónglǜdēng	ไฟจราจร
2. 过马路(過馬路)		guò mǎlù	ข้ามทางม้าลาย

2. 听句子,选择正确答案 (จงฟังประโยคแล้วเลือกคำตอบที่ถูกต้อง)
   (1) A. 向南 B. 向北 C. 向东 D. 不知道
   (2) A. 现在几点   B. 考试什么时候开始
       C. 考试十点开始   D. 考试八点十分开始
   (3) A. 有人要来 B. 他们要出去 C. 他们要去看电影 D. 他迟到了
   (4) A. 下个月 B. 昨天 C. 上个月 D. 这个月

(5) A. 你要先向南走 　　　　　B. 你要去图书馆
　　C. 你在第一个路口往左拐　　D. 图书馆不太远

3. 听短文,判断对错 (จงฟังความเรียงขนาดสั้น แล้วใส่เครื่องหมาย √ หรือ ×)
(1) 张教授住在新房子里。□　　(2) 张教授家很好很方便。□
(3) 何娜和明月在车上一个小时。□　(4) 那个人觉得找到南边很容易。□
(5) 泰国和马来西亚都是东南亚国家。□　(6) 张教授去美国、英国和东南亚参观访问。□
(7) 张教授觉得中国的大学不好。□　(8) 张教授和其他教授一起去。□

泛　听 (ฟัง)

1. 听对话,选择正确答案 (จงฟังบทสนทนา แล้วเลือกคำตอบที่ถูกต้อง)
(1) A. 觉得王美很漂亮　　　　B. 不相信 (เชื่อถือ ไว้ใจ) 王美是老师
　　C. 觉得王美很年轻 (วัยรุ่น)　D. 不喜欢王美
(2) A. 小云很聪明　　　　　　B. 英子觉得自己不聪明
　　C. 小云每次拿A　　　　　D. 英子不能每次拿A
(3) A. 女的认为 (เข้าใจว่า) 小林很准时,男的不同意
　　B. 男的认为小林很准时,女的不同意
　　C. 他们都认为小林很准时
　　D. 他们都认为小林不准时
(4) A. 可能行　　B. 行　　C. 不行　　D. 可能不行
(5) A. 叫小见接我们　　　　　B. 叫我们叫小见
　　C. 叫小见叫我们　　　　　D. 叫我们接小见

2. 听短文,填空 (จงฟังความเรียงขนาดสั้น แล้วเติมช่องว่าง)
(1) 朋友们叫小见_____。
(2) 快_____了,小见还没起床。
(3) _____半,小见还在图书馆听英语。
(4) 小见的好朋友小再就要_____。
(5) 下午四点,飞机快_____。
(6) 小见的手表_____。

3. 听后跟读 (จงฟังแล้วอ่านตาม)

阅读(一)(การอ่าน 1)

向左走，向右走（一）

一个女孩，一个男孩，我们不知道他们的名字。我只知道他们住在同一个城市里，他们都是一个人住，也许都有一点儿孤单，特别是冬天的时候。我们还知道，他们住在同一座大楼里：如果她的房间是1001，那么他的房间是1002或者1003。可是他们从来没遇见过。他有一个习惯，每次一出门或进门，就向左走；她也有一个习惯，每次一出门或进门，就向右走。

这样过了很久，寒冷的冬天就来了。每天都下雪。

星期六上午，出太阳了，刮一点儿风，很舒服。十一点，女孩和男孩都决定到附近的公园去走一走。他们出了门，一个向左，一个向右。他们顺着不同的路一直走，走过几个路口，然后一个往右拐，一个往左拐，再走几百米，就是公园的小湖。

湖水结冰了，很多孩子在湖上很快乐地滑冰。男孩和女孩顺着湖边，慢慢走——终于，他们遇见了。

（据几米同名故事）

生词语（คำศัพท์ใหม่）

1.	同(同)	（形）	tóng	เหมือนกัน
2.	城市(城市)	（名）	chéngshì	เมือง
3.	也许(也許)	（副）	yěxǔ	อาจจะ
4.	孤单(孤單)	（形）	gūdān	โดดเดี่ยว
5.	遇见(遇見)		yùjiàn	พบเห็น
6.	过(過)	（助）	guo	ผ่าน (เวลา) เคย
7.	决定(決定)	（动）	juédìng	ตัดสินใจ
8.	湖(湖)	（名）	hú	ทะเลสาป
9.	滑冰(滑冰)		huá bīng	เล่นสเก็ตน้ำแข็ง

1. 选择正确答案（จงเลือกคำตอบที่ถูกต้องที่สุด）

(1) 以下句子哪一个对：

A. 男孩是女孩都是学生　　　B. 男孩和女孩都觉得很孤单

C. 男孩和女孩是邻居(เพื่อนบ้าน)　　D. 男孩和女孩在门口遇见过

(2) 以下句子哪一个肯定不对：
　A. 那个城市可能在东南亚
　B. 他们的家可能不在那个城市
　C. 那个城市可能比较大
　D. 如果他们没有"向左走"、"向右走"的习惯,他们可能遇见了

(3) "寒冷"的意思是：
　A. 有一点儿冷　　B. 很冷　　C. 不太冷　　D. 凉快

(4) 从他们住的大楼去公园：
　A. 只有一条路　　B. 比较远　　C. 要先往左,再往右　　D. 要过几个路口

(5) 男孩和女孩遇见的时候：
　A. 心情都很好　　B. 他们在滑冰　　C. 天气很好　　D. A 和 C

2. 用泰语回答问题 (จงตอบด้วยภาษาไทย)
湖水结冰了。

阅读(二) (การอ่าน 2)

สนุก

สนุก 翻译成中文,就是"有趣"、"好玩儿"。

对于泰国人来说,生活可以简单地分成"**สนุก**"和"**Mai SaNuk**"两部分。散步、看电影、参加晚会、看朋友,在好餐厅吃一碗面条或者去旅行……都"**สนุก**"。工作不"**สนุก**",至少严肃的、紧张的工作不是。如果说一件事或一个人"**Mai SaNuk**",那是在批评这件事或这个人。

一个有名的教授到泰国有名的大学工作,可是他失败了。他走以后,学生们说:"他只知道教书,连笑都不笑。"一个日本商人想把日本的工作方式带到泰国的工厂里,他也不成功。因为,工人们需要"**สนุก**"的工作方式:工作的时候听听音乐、吃吃点心……

对泰国人对"**สนุก**"的喜爱,外国人有两种看法。第一种是批评的看法:泰国人懒惰,不愿意认真地对待生活和工作;第二种是肯定的看法,泰国人知道怎么在生活中找快乐。不快乐的生活就是没有意义的生活,不是吗?

生词语 (คำศัพท์ใหม่)

1.	面条(麵條)	(名)	miàntiáo	ก๋วยเตี๋ยว
2.	至少(至少)	(副)	zhìshǎo	อย่างน้อย
3.	严肃(嚴肅)	(形)	yánsù	เข้มงวด

4. 紧张(緊張)	(形)	jǐnzhāng	ตื่นเต้น
5. 批评(批評)	(动)	pīpíng	วิพากษ์วิจารณ์
6. 有名(有名)	(形)	yǒumíng	มีชื่อเสียง
7. 失败(失敗)	(形)	shībài	พ่ายแพ้
8. 笑(笑)	(动)	xiào	หัวเราะ
9. 方式(方式)	(名)	fāngshì	รูปแบบ
10. 工厂(工廠)	(名)	gōngchǎng	โรงงาน
11. 点心(點心)	(名)	diǎnxin	ของว่าง
12. 对待(對待)	(动)	duìdài	ปฏิบัติต่อ แสดงต่อ
13. 意义(意義)	(名)	yìyì	ความหมาย

1. 用汉语回答问题 (จงตอบด้วยภาษาจีน)
   (1) "工作不'สนุก',至少严肃的、紧张的工作不是",有没有"สนุก"的工作？
   (2) 第二段的"那"指什么？
   (3) 第三段的"成功"的反义词(คำตรงข้าม)是什么？
   (4) 有名的教授和日本商人为什么失败了？
   (5) 你同意外国人的哪一种看法？

2. 讨论 (อภิปราย)
   (1) 你们认为这篇文章的观点对不对？为什么？
   (2) 你们同意外国人的哪一种看法，为什么？

二 写作 (เขียนเรียงความ)

1. 你迷过路吗？如果有这样的经历，请写出来。(คุณเคยหลงทางไหม ถ้าเคยมีประสบการณ์แบบนี้ กรุณาเขียนบรรยาย)

2. 看一本关于中国的书或者电影，然后写五句话，列出你通过书或电影了解到的中国的情况或中国人的特点。(อ่านหนังสือหรือภาพยนตร์ที่เกี่ยวกับประเทศจีนเล่มหนึ่ง หลังจากนั้นเขียนประโยค 5 ประโยคแสดงสถานการณ์ของประเทศจีน หรือ ลักษณะเด่นของคนจีนที่คุณเข้าใจจากหนังสือหรือภาพยนตร์นั้น)

第十四课 他们踢得不错

词汇及语法练习
(แบบฝึกหัดคำศัพท์และไวยากรณ์)

1. 读一读 (อ่านวลี)

精彩极了	放心极了	简单极了	辣极了	懒极了	难受极了
奇怪极了					
热闹得很	热情得很	舒服得很	顺利得很	疼得很	
感兴趣得很	渴得很	麻烦得很			
上车	上课	上学	上班		
上小学	上中学	上大学			
跑跑步	跑一会儿步	跑完步	跑一次步		
游游泳	游一会儿泳	游完泳	游一次泳		
测测验	测完验	测一次验	有一次测验		
大测验	小测验	很多测验			

2. 替换练习 (แบบฝึกหัดแทนที่รูปประโยค)

(1) 他们踢得不错。

说
打
学
回答
做

(2) 我打篮球 打 得马马虎虎。

游泳　　游
跑步　　跑
写汉字　写
教英语　教
唱歌　　唱

(3) 你跑步　　　跑得快不快？　　　(4) 每次测验内容都多得很。

洗衣服	洗	干净不干净
说汉语	说	好不好
跳舞	跳	好看不好看
骑自行车	骑	快不快

考试	难
见面	高兴
作业	容易
锻炼	累

(5) 我有一个朋友当导游。　　　(6) A：你喜欢运动吗？ B：喜欢极了

农民
老师
记者
老板

喜欢跳舞	喜欢
想家	想
想去旅行	想
爱唱歌	爱
爱你的女朋友	爱

3. 判断下列句子的正误（จงใส่เครื่องหมาย √ หรือ × ของประโยคต่อไปนี้）
　(1) 意大利队踢足球不太好。☐　　(2) 他说汉语说得很标准。☐
　(3) 他游泳得很慢。☐　　(4) 你们跑步跑得快不快？☐
　(5) 那个孩子可爱极了。☐　　(6) 他打扫房间得不太干净。☐
　(7) 这次测验容易地很。☐　　(8) 他努力地学习泰语。☐
　(9) 平时你肯定经常踢球吧？☐

4. 选择括号内的词语完成短文（จงเลือกคำเติมลงในช่องว่าง）
　(1) 昨天晚上的篮球比赛精彩_____了。（极/很）
　(2) 听说他最近忙得_____。（极/很）
　(3) 小平是足球队_____队长。（得/的）
　(4) 他常常听不懂外国客人说_____英语。（得/的）
　(5) 你写汉字写_____很漂亮。（得/的）
　(6) 他学习努力_____很。（得/地）
　(7) 他跑步跑得快_____快？（不/没）
　(8) 这个问题他回答得很_____。（肯定/一定）

5. 连词成句（จงเรียงคำศัพท์ให้เป็นประโยค）
　(1) 很　起　他　得　起床　晚
　(2) 太　回答　不　小冬　回答　好　问题　得
　(3) 不　得　菜　你　做　做　好吃　好吃
　(4) 很　得　我　慢　进步　学习
　(5) 心　得　里　他　很　难受

(6) 听力 提高 有 方法 水平 种 我们 很多
(7) 经常 电视 他们 节目 看 平时 中国 的

6. 将动词与相应的宾语用直线连接起来（จงลากเส้นจับคู่คำกริยากับกรรมที่เหมาะสม）

听　　　　　　篮球
看　　　　　　晚会
提高　　　　　电视
打　　　　　　广播
踢　　　　　　老师
当　　　　　　水平
参加　　　　　足球

7. 快速回答问题，一遍肯定，一遍否定（จงตอบคำถามโดยเร็ว โดยตอบเป็นประโยคบอกเล่า 1 รอบ ประโยคปฏิเสธ 1 รอบ）

(1) 你游泳游得怎么样？
(2) 你跑步跑得快不快？
(3) 你做菜做得好吗？
(4) 你写汉字写得漂亮吗？
(5) 你昨天睡觉睡得好不好？
(6) 爸爸洗衣服洗得干净吗？
(7) 妈妈唱歌唱得好听吗？
(8) 你们表演节目表演得怎么样？
(9) 你说汉语说得怎么样？
(10) 老师教汉语教得怎么样？

8. 造句（จงแต่งประโยค）

(1) ……得……：
(2) ……极了：
(3) 提高：
(4) 不太：
(5) 平时：
(6) 肯定：
(7) 比如：

9. 根据课文回答问题（จงตอบคำถามตามบทเรียน）

(1) 林小平上大学的时候当什么？现在做什么工作？

(2) 高先生喜欢哪些运动？小平呢？
(3) 高先生跑一百米跑得怎么样？
(4) 明天的测验小冬准备得怎么样了？
(5) 每次测验小冬为什么都觉得时间不够？
(6) 小冬当导游的朋友为什么常常听不懂中国客人说的汉语？
(7) 怎么样才能提高汉语听力水平？

（แบบฝึกหัดการฟัง）

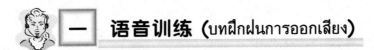 语音训练（บทฝึกฝนการออกเสียง）

划出你听到的词语，然后跟读（จงขีดเส้นใต้ตัวอักษร หรือ คำที่คุณได้ยิน แล้วอ่านตาม）

iou—iao

yǒu rén—yǎo rén　　yǒu qián—yào qián　　yóutou—yáo tóu　　nǚyōu—nǚyāo
chíjiǔ—chì jiǎo　　　qiūshì—qiāoshì　　　　xiūxi—xiāoxi

uai—uei

wàiyù—wèiyù　　　　wāixié—wēixié　　　　wǎi—wěi　　　　yìwài—yìwèi
chuāizhe—chuīzhe　shuāidǎo—shuídào　　zhuīchuqu—zhuàichuqu
hěnguì—hěnguài　huàile—huìle　　　　　kuàilànle—kuìlànle

 听力训练（บทฝึกฝนการฟัง）

精　听（ฟังแล้วจับใจความ）

1. 听一遍会话课文，回答问题（จงฟังบทสนทนา 1 รอบ แล้วตอบคำถาม）
   (1)
   (2)
   (3)
   (4)
   (5)
   (6)

第十四课

生词语（คำศัพท์ใหม่）

1. 解释(解釋)　　（动）　　jiěshì　　อธิบาย
2. 语法(語法)　　（名）　　yǔfǎ　　ไวยากรณ์
3. 清楚(清楚)　　（形）　　qīngchu　　ชัดเจน
4. 长(長)　　　　（动）　　cháng　　ยาว

2. 听句子,选择正确答案（จงฟังประโยคแล้วเลือกคำตอบที่ถูกต้อง）

(1) A. 英国演员　　B. 英国运动员　　C. 英国足球运动员　　D. 英国足球演员
(2) A. 因为我认识他　　　　　　　B. 因为他告诉学生
　　C. 因为学生告诉我　　　　　　D. 因为他在教室上课
(3) A. 工作的时候　　　　　　　　B. 周末
　　C. 星期一到星期五　　　　　　D. 有时间的时候
(4) A. 他想去参加比赛　　　　　　B. 他喜欢运动
　　C. 他喜欢跑步　　　　　　　　D. 他跑步跑得很快
(5) A. 课　　B. 听力水平　　C. 英语　　D. 不知道

3. 听短文,判断对错（จงฟังความเรียงขนาดสั้น แล้วใส่เครื่องหมาย ✓ หรือ ✗）

(1) 昨天测验了。□　　　　　　　　(2) 小冬很担心,因为他没有准备。□
(3) 小冬有一个朋友是导游。□　　　(4) 小冬的朋友学习汉语学习得不好。□
(5) 一些中国客人说汉语说得太快。□　(6) 每个中国客人说汉语都说得不太标准。□
(7) 王美老师说应该常常跟中国人一起聊天儿。□
(8) 常常听中文广播和看中国电视,也是提高听力水平的好办法。□

泛　听（ฟัง）

1. 听对话,选择正确答案（จงฟังบทสนทนา แล้วเลือกคำตอบที่ถูกต้อง）

(1) A. 小林平时做什么　　　　　　B. 小林平时不努力学习
　　C. 小林平时复习不复习　　　　D. 小林平时睡觉不睡觉
(2) A. 十一点　　B. 差不多十点　　C. 十点左右　　D. 不知道
(3) A. 一本书　　　　　　　　　　B. 一种写字的方法(วิธีการ)
　　C. 一种学习的方法　　　　　　D. 一种语言
(4) A. 教大学生汉语　　B. 教孩子汉语　　C. 教育(การศึกษา)孩子　　D. A 和 C
(5) A. 很清楚　　B. 很标准　　C. 太快了　　D. 以上全部

泰国人学汉语 II

2. 听短文,选择正确答案 (จงฟังความเรียงขนาดสั้น แล้วเลือกคำตอบที่ถูกต้อง)

生词语 (คำศัพท์ใหม่)

1.	眼睛(眼睛)	(名)	yǎnjing	ดวงตา
2.	轻松(輕鬆)	(形)	qīngsōng	สบาย ๆ
3.	流利(流利)	(形)	liúlì	คล่องแคล่ว
4.	弹(彈)	(动)	tán	ดีด เล่น
5.	钢琴(鋼琴)	(名)	gāngqín	เปียโน
6.	经济(經濟)	(名)	jīngjì	เศรษฐกิจ
7.	约会(約會)		yuē huì	นัดหมาย
8.	谈(談)	(动)	tán	พูดคุย
9.	愉快(愉快)	(形)	yúkuài	มีความสุข

(1) A. 每个人都不喜欢小云　　　　B. 每个人都喜欢小云
　　C. 谁喜欢小云　　　　　　　　D. 谁不喜欢小云
(2) A. 小云考试考得很好　　　　　B. 小云说汉语说得很流利
　　C. 小云不会弹琴　　　　　　　D. 小云跳舞跳得很好
(3) A. 不会跳舞　　　　　　　　　B. 说英语说得很好
　　C. 弹琴弹得很好　　　　　　　D. 游泳游得很快
(4) A. 很愉快　　　B. 很快　　　C. 很慢　　　D. 没意思
(5) A. 大家都喜欢小云和小天　　　B. 大家觉得他们很合适
　　C. 小云和小天觉得他们不合适　D. B 和 C

3. 听后复述 (จงฟังแล้วพูดซ้ำ)

注释语 (หมายเหตุ)

1.	中风(中風)	(动)	zhòng fēng	เป็นลม
2.	恢复(恢復)	(动)	huīfù	ฟื้นตัว
3.	生活(生活)	(名)	shēnghuó	ชีวิต
4.	毕业(畢業)	(动)	bì yè	สำเร็จการศึกษา
5.	音乐会(音樂會)	(名)	yīnyuèhuì	งานดนตรี
6.	乐队(樂隊)	(名)	yuèduì	วงดนตรี
7.	演奏(演奏)	(动)	yǎnzòu	เล่น (ดนตรี)

读写练习 (แบบฝึกหัดการอ่านเขียน)

一 阅读理解 (อ่านทำความเข้าใจ)

阅读（一）(การอ่าน 1)

向左走，向右走（二）

男孩对女孩说："你看，他们滑冰滑得好极了！"女孩说："是啊，好极了。"

这样，他们开始谈话。他们谈得又愉快又亲密，就像好久不见的恋人。这个下午过得真快乐啊！

忽然，刮起了大风，就要下雨了。男孩留了他的电话号码给女孩，女孩也留了她的电话号码给男孩。

下雨了，雨下得很大很大。他们开始跑。女孩习惯地向右跑，男孩习惯地向左跑，他们都跑得很快。

圣诞节到了，他们都想打电话给对方。他们发现电话号码都被雨淋湿了，看不清楚了。

于是，他们每天等对方打来的电话，但是电话总是安安静静的。时间过得很快，春天来了，夏天到了，秋天也过去了。

寒冷的冬天又到了，每天都下雨。他们都决定离开这个城市，到有太阳的地方去旅行。

星期六中午他们出发去车站。去车站的路经过那个公园和那个湖，所以他们一个向左走，一个向右走，都向那个湖走去……

生词语 (คำศัพท์ใหม่)

1.	愉快(愉快)	（形）	yúkuài	มีความสุข
2.	亲密(親密)	（形）	qīnmì	สนิทสนม
3.	像(像)	（动）	xiàng	เหมือนกับ
4.	恋人(戀人)	（名）	liànrén	คนรัก (สามี ภรรยา)
5.	对方(對方)	（名）	duìfāng	ฝ่ายตรงข้าม
6.	被(被)	（介）	bèi	ถูก (กระทำ)
7.	淋湿(淋濕)		línshī	เปียก

■ 选择正确答案 (จงเลือกคำตอบที่ถูกต้องที่สุด)

(1) 男孩和女孩：

　　A. 是好久不见的恋人　　　　　　B. 滑冰滑得好极了

C. 虽然第一次见面,却很喜欢对方　　D. 都很喜欢谈话
(2) 那个下午:
A. 他们过得很快　　　　　　　　B. 他们过得很愉快
C. 没有下雨　　　　　　　　　　D. 他们一起跑回家
(3) 为什么他们都在等对方的电话?
A. 因为他们不好意思打电话　　　B. 因为他们没有给对方电话号码
C. 因为电话号码都没有了　　　　D. 因为他们喜欢安静
(4) 他们等了多久?
A. 几天　　　　B. 几个月　　　　C. 一年　　　　D. 不知道
(5) 故事的结局(ในที่สุด ผลสุดท้าย)可能是:
A. 他们又在湖边遇见了　　　　　B. 他们在旅行的地方遇见了
C. 他们在车站遇见了　　　　　　D. 他们一直没有遇见了

阅读(二) (การอ่าน 2)

ไปเที่ยว

ไปเที่ยว反映了泰国人生活的另一个方面。一般来说,ไปเที่ยว可以翻译成"走走"、"看看"、"玩玩"、"逛逛"。

ไปเที่ยว没有目的:出去散散步、吹吹风、看看热闹、看看人……如果你看到泰国人在自己家或工作地方以外的地方走着,又没有特别的事情要做,他们很可能就是在"ไปเที่ยว"。

泰国人喜欢热闹,喜欢看人,他们常常穿上好衣服,到人多的地方去观察别人的活动。虽然家家都有电视机,但是泰国人还是喜欢去看电影,他们会告诉对这感到奇怪的外国人:"你在家里看不到人啊!"

想要看人,就要ไปเที่ยว。最传统的ไปเที่ยว的地方是市场。周末,曼谷的市场挤满了人,有些人是去买东西的,大多数的人都是去ไปเที่ยว的。

生词语 (คำศัพท์ใหม่)

1.	反映(反映)	(形)	fǎnyìng	ผลกระทบ
2.	方面(方面)	(名)	fāngmàn	ด้าน
3.	目的(目的)	(名)	mùdì	จุดมุ่งหมาย
4.	看热闹(看熱鬧)		kàn rènao	ดูครึ้นเครง
5.	以外(以外)	(名)	yǐwài	นอกจากนั้น
6.	观察(觀察)	(动)	guānchá	ตรวจสอบ
7.	活动(活動)	(名)	huódòng	กิจกรรม
8.	传统(傳統)	(形)	chuántǒng	สืบทอด
9.	市场(市場)	(名)	shìchǎng	ตลาด

10. 挤(擠)	(动)	jǐ	เบียด แน่น
11. 满(滿)	(形)	mǎn	เต็ม
12. 大多数(大多數)		dàduōshù	ส่วนใหญ่

1. 选择正确答案（จงเลือกคำตอบที่ถูกต้องที่สุด）
   (1) 以下什么不是ไปเที่ยว：
      A. 散步　　B. 看电影　　C. 看人　　D. 看热闹
   (2) 谁最可能在ไปเที่ยว：
      A. 一个正在回家路上的人　　B. 一个在办公室附近的人
      C. 一个买东西的人　　D. 一个在电影院外边走来走去的人
   (3) 为什么泰国人喜欢看电影？
      A. 因为电视不好看　　B. 因为很多电影很好看
      C. 因为在电影院有很多人　　D. 因为很多电影很奇怪
   (4) 周末的曼谷市场：
      A. 人很多　　B. 很热闹　　C. 人们都买东西　　D. A 和 B

2. 回答问题（จงตอบคำถาม）
   (1) 请在同一段找出一个词组解释（อธิบาย）"观察别人的活动"。
   (2) 根据(ตาม)第三段泰国人对外国人说的话，请推测(คาดการณ์ คาดคะเน)一下，外国人可能问了什么问题？

3. 讨论（อภิปราย）
   你认为这篇文章的观点对不对？为什么？

二 写作（เขียนเรียงความ）

1. 写一写你最喜欢的一个运动员、歌手或者是电影演员。

2. 第十二、十三、十四课的关于泰国人的阅读文章（การอ่านบทความ），你认为哪一篇最好，哪一篇最不好？为什么？用举例子的方法说明你的理由。(ยกตัวอย่างประกอบการอธิบายเหตุผลของคุณ)

第十五课　大为的发言

词汇及语法练习
（แบบฝึกหัดคำศัพท์และไวยากรณ์）

1. 根据课文判断正误（จงใส่เครื่องหมาย √ หรึ ✕ ตามเนื้อหาบทเรียน）
    (1) 学期快要结束的时候，大为代表四班的学生在大会上发言。☐
    (2) 刚开学的时候，大为学习不太努力。☐
    (3) 大为上课很认真，可是他的汉语基础不好，所以考试成绩也不太好。☐
    (4) 王老师和黄老师都是大为的老师，他们给大为很多帮助。☐
    (5) 大为不愿意在二班学习，所以他要求去四班学习。☐
    (6) 大为到了四班以后，学习不太顺利，他又想回二班学习。☐
    (7) 以前大为的汉语读写水平不高，现在他读得快，写得也快了。☐
    (8) 大为的老师和同学都对大为很好，大为非常感谢他们。☐
    (9) 大为在发言的时候说，他打算在假期里每天复习汉语，很快地提高汉语水平。☐
    (10) 老师和同学们都祝大为假期愉快。☐

2. 选词填空（จงเลือกคำเติมลงในช่องว่าง）

　　　向　对　往　从　跟

    (1) 我_____你介绍介绍中国人的一些习惯。
    (2) 吃饭以前你_____他说什么了？
    (3) 大学时他_____我儿子是同学。
    (4) 你的成绩进步得很快，我应该_____你学习。
    (5) 我很愿意_____他做朋友。
    (6) 他_____我的帮助非常多，我很感谢他。
    (7) _____现在开始，我不再管你的事了。
    (8) 我们看见玛丽在一张桌子旁边坐着，马上_____她走去。
    (9) 他们怎么都_____我这儿来啊？
    (10) 她明天中午坐飞机_____北京来。

(11) 我想_____你一起去访问那位老人。
(12) 一直_____前走,到第二个路口再右拐。

再 还 又 也 和

(1) 天太晚了,我们明天_____去吧。
(2) 我以为你_____他在一起喝酒呢。
(3) 他昨天上午来找你,你不在,他说下午_____来。
(4) 我讨厌抽烟,他_____不喜欢抽烟。
(5) 她要唱一首《茉莉花》,_____要表演中国武术。
(6) 明天我要工作,晚上_____要去看一位朋友。
(7) 比赛_____没有结束,你能不能安静一下?
(8) 你怎么_____迟到了?快进去。

的 地 得

张小刚是我_____好朋友。他学习很努力,上课_____时候,他认真_____听老师讲课,大声_____回答老师问_____问题。他还经常锻炼身体,跑步、游泳、踢球什么____,他都喜欢。他跑步跑_____很快,足球踢_____很好,是我们学校足球队_____队长。

3. 给句子后边的词语找一个合适的位置 (จงนำคำศัพท์ที่อยู่ในวงเล็บวางในตำแหน่งที่เหมาะสมที่สุด)

(1) 他在泰国生活得很习惯。(不)
(2) 妈妈说:"别着急,你们先吃点儿东西走。"(再)
(3) 我觉得自己学习很努力,可是进步得不快。(太)
(4) 他说汉语说很标准,我以为他是中国人呢。(得)
(5) 今天又刮风又下雨,我想他不会来了。(可能)
(6) 大家快想想,表演的时候我们穿衣服呢?(什么)
(7) 我们表演中国武术,穿中国的传统衣服。(得)
(8) 今天我给大家唱两首歌,一首是王菲的《流星》,一首是中国民歌《茉莉花》。(另)
(9) 老师,我们想表演一个节目,可以吗?(还)
(10) 他篮球打得很好,游泳游得很快。(也)

4. 判断下列句子正误,并改正错句 (จงวิเคราะห์ประโยคข้างล่างว่าถูกหรือผิด พร้อมทั้งแก้ประโยคที่ผิดให้ถูกต้อง)

(1) 今天早上他来得早不来得早? ☐ (2) 我汉语还不说得流利。☐
(3) 他汉语水平提高得很快。☐ (4) 现在我说普通话得很标准了。☐
(5) 我游泳得马马虎虎。☐ (6) 今天小李请客我们。☐
(7) A:明天要七点起床吗? B:明天不上课,不要七点起床。☐
(8) 你上课总是迟到,老师已经生气你了。☐
(9) 她有一双大大眼睛,喜欢安安静静地坐在教室的后边。☐

(10) 女朋友不让他抽烟、不让他喝酒,他太可怜了。□

5. 把句子翻译成中文 (จงแปลประโยคเป็นภาษาจีน)
(1) การแข่งขันจะจัดในสัปดาห์หน้าแล้ว
(2) เข้าร่วมการแข่งขันการเขียนเรียงความภาษาจีนมี ต้าเว่ย และยังมีเสี่ยวหยุน
(3) ทุกคนรีบปรึกษาหารือกันเถอะ
(4) ฉันเบื่อคนที่สูบบุหรี่ที่สุด ทำไมเธอยังสูบอีกล่ะ
(5) หวังน่าให้ฉันบอกกับเธอว่า มีเวลาให้ไปเที่ยวบ้านเขา
(6) รีบให้พนักงานเอาที่นั่งมาเพิ่มอีกสองที่
(7) พวกเธอไม่ต้องมายุ่งกับเรื่องของฉัน
(8) เขาเตะบอลได้ไม่เลว
(9) การแสดงของพวกคุณยอดเยี่ยมมากเลย ปกติพวกคุณต้องฝึกกันบ่อยๆใช่ไหม
(10) วันนี้ทำไมซั่งบังเอิญจัง หวังกังตัวร้อน หลี่หมิงก็ลาหยุด

6. 连词成句 (จงเรียงคำศัพท์ให้เป็นประโยค)
(1) 明天 就要 现在 表演 教室 里 了 他 在 还 练习
(2) 快 要 我们 了 考试 现在 了 不 学 新 课
(3) 赶快 刮 离开 风 了 我们 最好 这里
(4) 我们 表演 正在 时候 商量 什么 的 呢 穿 衣服
(5) 昨天 上 班 我 爸爸 跟 去 了 一起
(6) 爸爸 注意 病 了 他 医生 不要 休息 抽烟 让
(7) 我们 只好 首 好 先 练 这 两 民歌
(8) 他 我们 个 路口 左 第一 在 往 拐 叫
(9) 我 汉字 水平 听力 写 进步 得 得 很 太 不 快 漂亮 可是

7. 完形填空 (จงเติมคำให้สมบูรณ์)
　　下个星期一,学校_____要举行唱歌比赛了,可是我们班的节目_____没准备好。老师和同学们都很_____急。今天上午上完课,王老师_____大家说:"下午两点半我们练习,希_____同学们_____时到教室。"下午很多同学都在两点半以前到了教室,可是张明、王朋又_____了。王老师生_____地对他们说:"你们_____时上课_____是迟到,练习节目_____迟到,为什么?"张明、王朋回答说:"老师,我们昨天睡_____很晚,下次我们一定不迟到了。"王老师叫他们以后一定要注意,不_____,就不_____他们参加比赛了。练歌的时候,同学们都很认真,老师说我们唱_____很好,大家都高兴_____了。

8. 用括号里的词语完成句子 (จงใช้คำที่อยู่ในวงเล็บเติมประโยคให้สมบูรณ์)
　　(1) 他病了,_____。(不然)
　　(2) 我弟弟喜欢跑步,他_____。(得)
　　(3) 学习汉语的方法有很多,_____。(比如)
　　(4) 我以为你真的生气了,_____。(原来)
　　(5) 你平时经常锻炼,_____。(肯定)
　　(6) 下个星期就要举行比赛了,_____。(希望)
　　(7) 外面刮大风,_____。(最好)
　　(8) 我给他家打电话,可是他不在家,_____。(只好)
　　(9) _____,可是他们不同意。(本来)
　　(10) 请你帮我向老师请假,_____。(还有)

9. 用括号里的词语改写句子 (จงใช้คำที่อยู่ในวงเล็บเปลี่ยนรูปประโยค)
　　(1) 下星期我们考试。(就/快/要……了)
　　(2) 小王明天从美国回来。(就/快/要……了)
　　(3) 电影马上开始,我们快进去吧。(就/快/要……了)
　　(4) 我对大为说:"今天我请你吃晚饭吧。"(请)
　　(5) 张明对服务员说:"麻烦你再加两个座位。"(让)
　　(6) 小丽对我说:"你不要抽烟了。"(让)
　　(7) 妈妈生气地对孩子说:"明天你一定要准时起床。"(叫)
　　(8) 这几首民歌非常好听,你能借给我听听吗?(极了)

一 语音训练 (บทฝึกฝนการออกเสียง)

1. 以下每个词读两遍,听后指出你认为对的 (จงอ่านคำศัพท์สองครั้ง พร้อมกับขีดเส้นใต้คำที่ตัวเองมั่นใจว่าอ่านถูกต้อง)

　　今天　　英文　　想家　　希望　　房间　　毛笔　　有票　　每周
　　水平　　请问　　菜单　　大学　　汽水　　月饼　　愿意　　愉快

2. 听后跟读 (จงฟังแล้วอ่านตาม)

3. 画出你听到的词 (จงขีดเส้นใต้คำที่ได้ยิน)

shēnghuó—shēng huǒ　　　lǐhuā—líhuā　　　yǒu yǔ—yóuyú　　fǔrú—fúrǔ

二　听力训练 (บทฝึกฝนการฟัง)

精　听 (ฟังแล้วจับใจความ)

1. 听一遍会话课文, 回答问题 (จงฟังบทสนทนาหนึ่งรอบแล้วตอบคำถาม)
   (1)
   (2)
   (3)
   (4)
   (5)
   (6)
   (7)
   (8)
   (9)

生词语 (คำศัพท์ใหม่)

1.	难过(難過)	(形)	nánguò	ลำบาก
2.	分手(分手)	(动)	fēn shǒu	แยกทาง
3.	钱包(錢包)	(名)	qiánbāo	กระเป๋าเงิน

2. 听句子, 选择正确答案 (จงฟังประโยคแล้วเลือกคำตอบที่ถูกต้องที่สุด)
   (1) A. 妈妈　　　　B. 哥哥　　　　C. 姐姐　　　　D. 她
   (2) A. 现在是晚上　　　　　　　　B. "我"要送小月礼物
   　　C. 小月要去旅行　　　　　　　D. "我"想和小月一起回家
   (3) A. 用英语写一篇文章　　　　　B. 读一篇英语文章
   　　C. 读两篇汉语文章,写一篇汉语文章　D. 用汉语写一篇文章,读两篇英语文章
   (4) A. 飞机场　　　B. 清迈　　　　C. 北京　　　　D. 火车站
   (5) A. 丹和她的爸爸　　　　　　　B. 小云和丹的爸爸
   　　C. 丹的爸爸和小云　　　　　　D. 小云的爸爸和丹

3. 听对话, 判断正误 (จงฟังความเรียงขนาดสั้นแล้วตอบคำถาม √ หรือ ✕)
   (1) 王美觉得大为的发言很好。□　　(2) 王美生大为的气,所以叫他去四班。□

(3) 王美忘了大为上课睡觉的事情。□　　(4) 王美现在不生气了。□
(5) 二班的同学写汉字写得很快。□　　　(6) 二班的同学说汉语说得比较慢。□
(7) 二班的同学的听力水平提高得不快。□　(8) 王美请大为帮助二班的同学。□

泛　听 (ฟัง)

1. 听对话,选择正确答案 (จงฟังบทสนทนาแล้วเลือกคำตอบที่ถูกต้องที่สุด)

(1) A. 小姐　　　　　　B. 男的　　　　　　C. 飞机上的人　　　D. 各位
(2) A. 汉语基础一般　　B. 没有汉语基础　　C. 汉语基础不错　　D. 有汉语基础
(3) A. 谁是钱太太　　　B. 王太太和钱太太是朋友
　　C. 王太太住哪个房间　D. 怎么安排房间
(4) A. 要结婚了　　　　B. 分手的原因　　　C. 分手了　　　　　D. 都很奇怪
(5) A. 学生词、学课文、做练习、测验　　B. 学生词、学课文、做练习
　　C. 学课文、做练习、测验　　　　　　D. 学生词、学课文、做测验

2. 听短文,选择正确答案 (จงฟังความเรียงขนาดสั้นแล้วเลือกคำตอบที่ถูกต้องที่สุด)

生词语 (คำศัพท์ใหม่)

1.	专业(專業)	(名)	zhuānyè	เฉพาะทาง
2.	及格(及格)	(形)	jígé	ผ่าน
3.	毕业(畢業)	(动)	bìyè	สำเร็จการศึกษา
4.	研究生(研究生)	(名)	yánjiūshēng	นักศึกษาปริญญาโท
5.	论文(論文)	(名)	lùnwén	วิทยานิพนธ์
6.	通过(通過)	(动)	tōngguò	สอบผ่าน

翻译 (จงแปลเป็นภาษาไทย)

(1) 学士(學士)　　(xuéshì)
(2) 硕士(碩士)　　(shuòshì)
(3) 博士(博士)　　(bóshì)
(4) 学位(學位)　　(xuéwèi)
(5) 文学(文學)　　(wénxué)
(6) 理学(理學)　　(lǐxué)

(1) A. 学士　　　　B. 文学学士　　C. 理学学士　　D. 研究生
(2) A. 硕士　　　　B. 研究生　　　C. 文学硕士　　D. 理学硕士

(3) A. 要参加高考　　　B. 全部考试及格　　C. 论文通过　　　　D. B 和 C
(4) A. 四年　　　　　　B. 三年　　　　　　C. 三至六年　　　　D. 三至四年
(5) A. 博士　　　　　　B. 文学博士　　　　C. 理学博士　　　　D. 博士研究生

3. 听后复述 (จงฟังแล้วพูดซ้ำ)

注释语 (หมายเหตุ)

1.	全(全)	(形)	quán	ทั้งหมด
2.	当心(當心)	(动)	dāngxīn	ระวัง
3.	讲(講)	(动)	jiǎng	พูด
4.	办(辦)	(动)	bàn	ทำ ดำเนินการ

读写练习 (แบบฝึกหัดการอ่านเขียน)

 **一　阅读理解** (อ่านทำความเข้าใจ)

阅读(一) (การอ่าน 1)

大为和黄老师的对话

大　为：黄老师,我成绩不好,让我回二班吧。
黄老师：成绩不好,没什么。可是,你应该想想成绩为什么不好。只有找出原因,才能解决问题。
大　为：四班的同学学得都很好,说汉语说得很流利。
黄老师：你说得也很流利啊！口语成绩90,很好啊。你听力考试多少分？
大　为：80分。
黄老师：不错啊,你听力水平不低。
大　为：可是,可是我笔试只得了60分。
黄老师：你觉得语法难吗？
大　为：有的难,比如可能补语,"把"字句,不过大部分都不难。
黄老师：你有没有背生词？
大　为：当然背了,我常常用学的生词造句,这样生词很快就记住了。
黄老师：我看了你的试卷,你的阅读理解成绩不太好。
大　为：我平时读文章读得很慢,考试的时候很紧张,就读得更慢了。

黄老师：作文你没写完，为什么？
大　为：时间不够了。
黄老师：你是不知道怎么写，还是写汉字写得太慢？
大　为：我知道怎么写，写汉字写得不够快。
黄老师：看来，是汉字读写的问题。解决这个问题的方法只有一个，不是回二班，而是多读、多写。

生词语 (คำศัพท์ใหม่)

1.	只有…才能 (只有…才能)	zhǐyǒu…cáinéng	มีเพียง ถึงจะ
2.	解决(解決) （动）	jiějué	แก้ปัญหา
3.	笔试(筆試) （名）	bǐshì	สอบข้อเขียน
4.	语法(語法) （名）	yǔfǎ	ไวยากรณ์
5.	大部分(大部分)	dà bùfen	โดยส่วนใหญ่
6.	背(背) （动）	bèi	ท่อง
7.	阅读(閱讀) （动）	yuèdú	การอ่าน
8.	紧张(緊張) （形）	jǐnzhāng	ตื่นเต้น
9.	不是…而是… (不是…而是…)	búshì…érshì…	ไม่ใช่…แต่…

选择正确答案 (จงเลือกคำตอบที่ถูกต้องที่สุด)

(1) 大为的口语：
　　A. 很好　　　　B. 马马虎虎　　C. 水平比较低　　D. 成绩不好

(2) "低"的反义词(คำตรงกันข้าม)是：
　　A. 好　　　　　B. 高　　　　　C. 慢　　　　　　D. 快

(3) 大为觉得汉语的语法怎么样？
　　A. 不难　　　　B. 难　　　　　C. 不太难　　　　D. 比较难

(4) 大为怎么学生词？
　　A. 背生词　　　B. 用生词造句　C. 写生词　　　　D. A 和 B

(5) 大为的阅读理解成绩不好的原因不包括(รวม)：
　　A. 他不懂生词　B. 他很紧张　　C. 时间不够　　　D. 他读文章读得很慢

(6) 大为的作文没写完，因为：
　　A. 他不会写汉字　　　　　　　　B. 他不知道怎么写
　　C. 他写汉字写得很慢　　　　　　D. 他读文章读得很慢

阅读(二)(การอ่าน 2)

变 化

从聊天的内容,我们能看到人们生活和思想的变化。我们来看看中国人见面的时候聊什么。

中国人以前见面的时候,最常问的就是:"吃了吗?""晚上吃什么了?"吃饭对于中国人来说,是第一重要的事情——很多人很努力地工作,也吃不好、吃不饱。

"你爸爸妈妈好吗?""你家人怎么样?"父母和家庭也是最重要的。照顾父母和家人是重要的责任。"什么时候结婚啊?""什么时候当爸爸/妈妈啊?"结婚生孩子,也是很重要的责任。

现在,中国人聊天的内容还有吃饭、父母、家庭、孩子。但是更多的人会说:"最近生意怎么样?""找到工作了吗?""东南亚好玩儿吗?""哎呀,我又胖了!""你什么时候出国?""你又换男朋友了?""听说你离婚了。"……

对于现在的中国人来说,除了吃饭,重要的事情越来越多:钱、工作、旅行、身体、前途、爱情……其中,有一个内容越来越重要——自己。

生词语 (คำศัพท์ใหม่)

1.	思想(思想)	(名)	sīxiǎng	ความคิด
2.	变化(變化)	(名)	biànhuà	เปลี่ยนแปลง
3.	重要(重要)	(形)	zhòngyào	สำคัญ
4.	照顾(照顧)	(动)	zhàogù	ดูแล
5.	责任(責任)	(名)	zérèn	รับผิดชอบ
6.	离婚(離婚)	(动)	líhūn	หย่า
7.	除了(除了)	(连)	chúle	นอกจาก
8.	前途(前途)	(名)	qiántú	อนาคต
9.	越来越(越來越)		yuèláiyuè	ยิ่ง...ยิ่ง...

■ 选择正确答案 (จงเลือกคำตอบที่ถูกต้องที่สุด)

(1) 为什么以前中国人聊天的内容常常跟吃饭有关系?
 A. 因为他们喜欢吃东西　　　　　B. 因为他们不喜欢工作
 C. 因为很多人吃不饱、吃不好　　D. 因为他们不知道说什么

(2) 以前的中国人不重视:
 A. 父母和家庭　B. 责任　C. 结婚生孩子　D. 自己

(3) 以前中国人的责任不包括
 A. 照顾父母　B. 照顾家人　C. 照顾孩子　D. 照顾自己

(4) 文章没有说,但我们可以知道:
 A. 现在吃饱吃好不是第一重要的事了　B. 现在重要的事情越来越多
 C. 现在中国人不关心家庭了　　　　　D. 现在中国人没有责任了

(5) 看完文章,我们可以知道中国人的生活和思想有什么变化?
　　A. 生活好了,责任更多了　　　　B. 生活好了,更关心自己了
　　C. 生活没有变化,责任更多了　　D. 生活没有变化,但是更关心自己了

1. 谈谈你现在汉语的听、说、读、写水平。

2. 一个学期快结束了,这个学期有什么事情你不能忘记(ลืม)吗?请写一写。

词汇总表

A

阿姨	（名）	āyí	คุณน้า(ผู้หญิง)	4
哎呀	（叹）	āiyā	คำอุทาน	13
安静	（形）	ānjìng	เงียบสงบ	9
安排	（动）	ānpái	วางแผน จัด	15
安全	（形）	ānquán	ปลอดภัย	15
安慰	（动）	ānwèi	ปลอบใจ	15

B

吧	（语气）	ba	คำช่วยลงท้าย	1
办法	（名）	bànfǎ	วิธีการ	6
帮	（动）	bāng	ช่วย	9
帮助	（名）	bāngzhù	ช่วย	15
饱	（形）	bǎo	อิ่ม	8
杯子	（名）	bēizi	แก้ว	1
本来	（副）	běnlái	แต่เดิม	11
比较	（副）	bǐjiào	ค่อนข้าง	6
比如	（动）	bǐrú	ตัวอย่างเช่น	14
比赛	（名）	bǐsài	แข่งขัน	11
毕业	（动）	bì yè	จบการศึกษา	7
标准	（形）	biāozhǔn	มาตรฐาน	14
表	（名）	biǎo	นาฬิกา	13
表演	（动）	biǎoyǎn	การแสดง	11
别	（副）	bié	อย่า	6
别的	（代）	biéde	อื่น	11
别人	（代）	biéren	คนอื่น	11
病	（动/名）	bìng	ป่วย	10
不错	（形）	búcuò	ไม่เลว	14
不过	（连）	búguò	แต่ทว่า	2
不然	（连）	bùrán	ถ้าอย่างนั้น	12
不要	（副）	búyào	ไม่ต้อง	11

C

菜单	（名）	càidān	เมนู	12
参观	（动）	cānguān	เยี่ยมชม	2
测验	（名）	cèyàn	การทดสอบ ทดสอบ	14
叉子	（名）	chāzi	ช้อม	8
茶	（名）	chá	ชา	9
差不多	（副）	chàbuduō	ประมาณ	3
长	（形）	cháng	ยาว	9
唱歌	（动）	chàng gē	ร้องเพลง	9
吵	（动）	chǎo	ทะเลาะ	11
迟到	（动）	chídào	สาย	12
抽(烟)	（动）	chōu (yān)	สูบ (บุหรี่)	12
出	（动）	chū	ขึ้น	13
出发	（动）	chūfā	ออกเดินทาง	2
出来	（动）	chūlai	ออกมา	12
出去	（动）	chūqu	ออกไปข้างนอก	9
出租汽车		chūzū qìchē	รถแท็กซี่	3
穿	（动）	chuān	สวมใส่	3
传统	（名）	chuántǒng	สืบทอด	11
春天	（名）	chūntiān	ฤดูร้อน	8
聪明	（形）	cōngming	ฉลาด	12
村(子)	（名）	cūn (zi)	หมู่บ้าน	5
错	（形）	cuò	ผิด	3

D

打扫	（动）	dǎsǎo	ทำความสะอาด	9
打算	（动）	dǎsuan	ตั้งใจ	4
打针	（动）	dǎ zhēn	ฉีดยา	10
大概	（副）	dàgài	ประมาณ	1
大家	（代）	dàjiā	ทุกคน	10
代表	（名）	dàibiǎo	ตัวแทน	15
蛋糕	（名）	dàngāo	ขนมเค้ก	6

当	(动)	dāng	เป็น	10
到	(动)	dào	ถึง	2
得	(助)	de	คำช่วย	9
得	(能愿)	děi	จำเป็นต้อง	11
地	(助)	de	คำช่วย	10
地方	(名)	dìfang	สถานที่	2
地铁	(名)	dìtiě	รถไฟใต้ดิน	3
点(菜)	(动)	diǎn (cài)	สั่ง (อาหาร)	12
电脑	(名)	diànnǎo	คอมพิวเตอร์	9
东	(名)	dōng	ทิศตะวันออก	13
冬天	(名)	dōngtiān	ฤดูหนาว	8
读	(动)	dú	อ่าน	15
堵车	(动)	dǔ chē	รถติด	3
锻炼	(动)	duànliàn	ฝึกฝน	6
队	(名)	duì	ทีม	14
队长	(名)	duìzhǎng	ผู้จัดการทีม	14
多	(形)	duō	มาก	1
多久	(代)	duōjiǔ	ระยะเวลานานเท่าไร	8
朵	(量)	duǒ	ลักษณะนามของดอกไม้ (ช่อ)	5

E

饿	(形)	è	หิว	12

F

发	(动)	fā	ส่ง (อีเมล์)	13
发烧	(动)	fā shāo	ตัวร้อน	10
发言	(动)	fā yán	แสดงความคิดเห็น	15
翻译	(动)	fānyì	แปล	7
方便	(形)	fāngbiàn	สะดวก	3
房子	(名)	fángzi	ห้อง	6
访问	(动)	fǎngwèn	เยี่ยมเยือน	13
放	(动)	fàng	วาง	3

放假	（动）	fàng jià	ปิดเรียน	4
放心	（动）	fàngxīn	วางใจ	10
飞机	（名）	fēijī	เครื่องบิน	2
非常	（副）	fēicháng	มากๆ	5
风	（名）	fēng	ลม	13
风景	（名）	fēngjǐng	ทิวทัศน์	4
服务员	（名）	fúwùyuán	บริกร	12
附近	（名）	fùjìn	ใกล้, ใกล้เคียง	6
复习	（动）	fùxí	ทบทวน	4

G

该	（能愿）	gāi	ควรจะ	5
改	（动）	gǎi	แก้ไข	6
干净	（形）	gānjìng	สะอาด	6
赶快	（副）	gǎnkuài	รีบ เร่ง	11
敢	（能愿）	gǎn	กล้า	15
感冒	（动）	gǎnmào	เป็นหวัด	10
感谢	（动）	gǎnxiè	ขอบคุณ	1
刚	（副）	gāng	เพิ่ง	15
刚刚	（副）	gānggāng	เพิ่ง	11
高兴	（副）	gāoxìng	ดีใจ	10
告诉	（动）	gàosu	บอก	1
各	（代）	gè	แต่ละ	15
给	（介）	gěi	ให้, กับ	1
更	（副）	gèng	เพิ่ม	15
公里	（量）	gōnglǐ	กิโลเมตร	2
够	（动）	gòu	พอ	9
刮	（动）	guā	(ลม) พัด	13
拐	（动）	guǎi	เลี้ยว	13
关心	（动）	guānxīn	เป็นห่วง	10
管	（动）	guǎn	ดูแล	11
广播	（名）	guǎngbō	โฆษณา	14
过	（动）	guò	ผ่าน (เวลา)	9
过来	（动）	guòlai	มา, เข้ามา	12

H

汉字	（名）	Hànzì	ตัวอักษรจีน	14
好久不见		hǎojiǔ bú jiàn	ไม่ได้พบกันนาน	4
好看	（形）	hǎokàn	สวย	1
好听	（形）	hǎotīng	เพราะ	11
好像	（动）	hǎoxiàng	เหมือนกัน คล้ายกับ	9
合适	（形）	héshì	เหมาะสม	4
后天	（名）	hòutiān	วันมะรืนนี้	13
护照	（名）	hùzhào	หนังสือเดินทาง	3
花	（名）	huā	ดอกไม้	5
华侨	（名）	huáqiáo	ชาวจีนโพ้นทะเล	8
坏	（形）	huài	เสีย	9
还是	（副）	háishi	ก็แล้วกัน	2
换	（动）	huàn	แลกเปลี่ยน	7
回	（动）	huí	กลับ	2
回答	（动）	huídá	ตอบ	7
回来	（动）	huílai	กลับมา	4
会	（能愿）	huì	รู้	9
火车	（名）	huǒchē	รถไฟ	2
或者	（连）	huòzhě	หรือ	3

J

机场	（名）	jīchǎng	สนามบิน	2
鸡	（名）	jī	ไก่	6
鸡蛋	（名）	jīdàn	ไข่ไก่	9
基础	（名）	jīchǔ	พื้นฐาน	15
极了		jí le	ที่สุด	14
几	（数）	jǐ	หมายถึงจำนวนเลขที่ไม่ถึง 10	1
记	（动）	jì	จด จำ	4
季节	（名）	jìjié	ฤดูกาล	8
加	（动）	jiā	เพิ่ม	12
家庭	（名）	jiātíng	ครอบครัว	8

家乡	（名）	jiāxiāng	บ้านเกิดเมืองนอน	3
假期	（名）	jiàqī	วันหยุด	9
件	（量）	jiàn	ชิ้น	3
叫	（动）	jiào	เรียก	12
教	（动）	jiāo	สอน	1
接	（动）	jiē	รับ	2
节目	（名）	jiémù	รายการ	11
结婚	（动）	jié hūn	แต่งงาน	4
结束	（动）	jiéshù	เสร็จ	8
介绍	（动）	jièshào	แนะนำ	4
借	（动）	jiè	ยืม	11
进步	（动）	jìnbù	ก้าวหน้า	14
进来	（动）	jìnlai	เข้ามา	7
经常	（形）	jīngcháng	สม่ำเสมอ	14
精彩	（形）	jīngcǎi	ยอดเยี่ยม โดดเด่น	14
酒	（名）	jiǔ	เหล้า	1
举行	（动）	jǔxíng	จัด	11
句	（量）	jù	ประโยค	5
觉得	（动）	juéde	รู้สึก	2

K

咖啡	（名）	kāfēi	กาแฟ	9
开(车)	（动）	kāi(chē)	ขับรถ	10
开会	（动）	kāi huì	ประชุม	7
开始	（动）	kāishǐ	เริ่มต้น	8
开玩笑		kāi wánxiào	ล้อเล่น	7
看(病)	（动）	kàn (bìng)	ไปหาหมอ	10
看	（动）	kàn	เยี่ยม	2
看见	（动）	kànjiàn	พบ	5
考试	（动）	kǎoshì	สอบ	4
可怜	（形）	kělián	น่าสงสาร	12
可能	（能愿）	kěnéng	อาจจะ	13
渴	（形）	kě	กระหายน้ำ	6

课文	（名）	kèwén	บทเรียน	4
肯定	（形）	kěndìng	แน่นอน	14
快	（副）	kuài	เร็ว, รวดเร็ว	3
快	（形）	kuài	มีความสุข	15
筷子	（名）	kuàizi	ตะเกียบ	6

L

辣	（形）	là	เผ็ด	8
篮球	（名）	lánqiú	บาสเกตบอล	14
懒	（形）	lǎn	ขี้เกียจ	9
老板	（名）	lǎobǎn	เถ้าแก่, เจ้าของกิจการ	5
累	（形）	lèi	เหนื่อย	4
离	（介）	lí	ห่างจาก	2
理发	（动）	lǐ fà	ทำผม	3
联系	（动）	liánxì	ติดต่อ	2
练习	（名）	liànxí	ฝึกฝน	4
凉快	（形）	liángkuai	เย็นสบาย	8
辆	（量）	liàng	ลักษณะนามของรถ (คัน)	5
聊天儿	（动）	liáo tiānr	คุยเล่น	9
了	（语气）	le	แล้ว	3
另	（代）	lìng	อื่น	11
流利	（形）	liúlì	คล่อง	15
路口	（名）	lùkǒu	ปากทาง	13
旅行	（动）	lǚxíng	ไปเที่ยว	4

M

麻烦	（动/形）	máfan	ยุ่ง	6
马马虎虎	（形）	mǎmǎhūhū	พอได้	14
马上	（副）	mǎshàng	ทันที	1
嘛	（语气）	ma	คำแสดงน้ำเสียง	13
卖	（动）	mài	ขาย	6
慢	（形）	màn	ช้า	6

每天			měi tiān	ทุกวัน	4
面包	(名)		miànbāo	ขนมปัง	6
民歌	(名)		míngē	เพลงพื้นบ้าน	11
明白	(动)		míngbai	เข้าใจ	12

N

内容	(名)		nèiróng	เนื้อหา	14
那	(代)		nà	นั้น,ถ้าอย่างนั้น	1
南	(名)		nán	ทิศใต้	13
难	(形)		nán	ยาก	2
难受	(形)		nánshòu	แย่,ไม่ไหว	10
呢	(语气)		ne	นะ	7
能	(能愿)		néng	ได้ สามารถ	7
牛奶	(名)		niúnǎi	นม	6
农民	(名)		nóngmín	เกษตรกร	5
努力	(形)		nǔlì	ขยันหมั่นเพียร	14
暖和	(形)		nuǎnhuo	อบอุ่น	8

P

胖	(形)		pàng	อ้วน	6
跑步	(动)		pǎo bù	วิ่ง	14
陪	(动)		péi	(ไป)เป็นเพื่อน	10
啤酒	(名)		píjiǔ	เบียร์	9
片	(量)		piàn	เม็ด	10
平时	(名)		píngshí	ปกติ	14
瓶	(量)		píng	ขวด	1

Q

奇怪	(形)		qíguài	น่าประหลาด	4
骑	(动)		qí	ขี่	5

起床	（动）	qǐ chuáng	ตื่นนอน	10
气候	（名）	qìhòu	อากาศ	8
汽车	（名）	qìchē	รถยนต์	2
千	（数）	qiān	พัน	1
前天	（名）	qiántiān	เมื่อวานซืน	13
巧	（形）	qiǎo	ประจวบเหมาะ	12
亲戚	（名）	qīnqi	เครือญาติ	2
请	（动）	qǐng	เลี้ยง(อาหาร)	5
请客	（动）	qǐng kè	เลี้ยงแขก	12
秋天	（名）	qiūtiān	ฤดูใบไม้ร่วง	8
(打)球	（名）	(dǎ) qiú	เล่นบอล	9

R

然后	（连）	ránhòu	หลังจากนั้น	2
让	（动）	ràng	เชิญ, ยอม	12
热闹	（形）	rènao	คึกคัก	8
热情	（形）	rèqíng	มีน้ำใจไมตรี	5
容易	（形）	róngyì	ง่าย	2
肉	（名）	ròu	เนื้อ	6
如果	（连）	rúguǒ	ถ้าหากว่า	10

S

散步	（动）	sàn bù	เดินเล่น	6
嗓子	（名）	sǎngzi	คอ	10
商量	（动）	shāngliang	ปรึกษา	11
上班	（动）	shàng bān	ทำงาน	14
上次	（名）	shàngcì	ครั้งที่แล้ว	4
上大学		shàng dàxué	เข้ามหาวิทยาลัย	14
勺子	（名）	sháozi	ช้อน	8
生词	（名）	shēngcí	คำศัพท์ใหม่	4
生气	（动）	shēng qì	โกรธ	15
生意	（名）	shēngyi	การค้า	4

时间	（名）	shíjiān	เวลา	3
事(情)	（名）	shì(qing)	เรื่อง,ธุระ	1
试	（动）	shì	ลอง	9
试卷	（名）	shìjuàn	ข้อสอบ	10
收拾	（动）	shōushi	จัดเก็บ	3
手	（名）	shǒu	มือ	6
首	（量）	shǒu	เพลง (ลักษณะนาม)	11
叔叔	（名）	shūshu	คุณอา	4
熟悉	（形）	shúxī	รู้จักเป็นอย่างดี คุ้นเคย	5
双	（量）	shuāng	คู่	6
水平	（名）	shuǐpíng	มาตรฐาน ระดับ	14
睡觉	（动）	shuì jiào	หลับ	2
顺利	（形）	shùnlì	ราบรื่น	4
送	（动）	sòng	ส่ง,มอบ	1
所以	（连）	suǒyǐ	ดังนั้น	8

T

太阳	（名）	tàiyáng	พระอาทิตย์	13
谈	（动）	tán	พูดคุย	7
谈话	（动）	tán huà	พูดคุย	7
糖	（名）	táng	น้ำตาล	9
讨厌	（形/动）	tǎoyàn	น่าเบื่อ	12
套	（量）	tào	ชุด	1
特别	（副）	tèbié	พิเศษ	7
疼	（形）	téng	ปวด	10
踢	（动）	tī	เตะ	14
提高	（动）	tígāo	ยกระดับ	14
天气	（名）	tiānqì	อากาศ	5
跳舞	（动）	tiào wǔ	เต้นรำ	9
听力	（名）	tīnglì	การฟัง	14
听说	（动）	tīngshuō	ทราบมาว่า	1
同意	（动）	tóngyì	เห็นด้วย	11
头发	（名）	tóufa	ผม	3
图书馆	（名）	túshūguǎn	ห้องสมุด	4

W

完	(动)	wán	เสร็จ	5
万	(数)	wàn	หมื่น	1
往	(介)	wǎng	มุ่งไป	13
忘	(动)	wàng	ลืม	6
位	(量)	wèi	ท่าน	15
文化	(名)	wénhuà	วัฒนธรรม	1
文章	(名)	wénzhāng	บทความ	15
问题	(名)	wèntí	ปัญหา	2
武术	(名)	wǔshù	กังฟู	11

X

希望	(动)	xīwàng	หวังว่า	13
习惯	(动/名)	xíguàn	ความเคยชิน	8
洗	(动)	xǐ	ล้าง	6
洗澡	(动)	xǐ zǎo	อาบน้ำ	3
下班	(动)	xià bān	เลิกงาน	3
下雨	(动)	xià yǔ	ฝนตก	13
夏天	(名)	xiàtiān	ฤดูร้อน	8
想	(动)	xiǎng	คิด	3
向	(介)	xiàng	หันเข้าทาง	13
小时	(名)	xiǎoshí	ชั่วโมง	3
小说	(名)	xiǎoshuō	นิยาย	7
心情	(名)	xīnqíng	เรื่องในใจ	8
心意	(名)	xīnyì	น้ำใจ	1
修	(动)	xiū	ซ่อม	9

Y

| 研究 | (动) | yánjiū | ศึกษาวิจัย | 13 |
| 眼睛 | (名) | yǎnjing | ดวงตา | 11 |

药	（名）	yào	ยา	10
要求	（动）	yāoqiú	ความต้องการ	15
椰子	（名）	yēzi	มะพร้าว	6
一定	（副）	yídìng	แน่นอน	9
一路顺风		yílùshùnfēng	ขอให้เดินทางโดยสวัสดิภาพ	5
一样	（形）	yíyàng	เหมือนกัน	8
一直	（副）	yìzhí	(ไม่ได้พบกัน)เลย	4
衣服	（名）	yīfu	เสื้อผ้า	3
医院	（名）	yīyuàn	โรงพยาบาล	10
…以后	（名）	...yǐhòu	หลังจาก	7
已经	（副）	yǐjing	แล้ว	10
…以前	（名）	...yǐqián	ก่อนหน้า	7
以前	（名）	yǐqián	เมื่อก่อน	1
以为	（动）	yǐwéi	เข้าใจว่า	13
意思	（名）	yìsi	หมายความ	1
因为	（连）	yīnwèi	เพราะว่า	10
应该	（能）	yīnggāi	ควร	6
应该	（能愿）	yīnggāi	ควรจะ	7
用	（动）	yòng	ใช้	2
游泳	（动）	yóu yǒng	ว่ายน้ำ	14
有点儿		yǒudiǎnr	มีนิดหน่อย	8
有空儿		yǒu kòngr	(มีเวลา) ว่าง	7
有用	（形）	yǒuyòng	มีประโยชน์	1
又	（副）	yòu	อีกครั้ง	5
遇到	（动）	yùdào	พบ(โดยบังเอิญ)	10
原来	（副）	yuánlái	แต่ก่อน	14
原因	（名）	yuányīn	สาเหตุ	15
远	（形）	yuǎn	ไกล	2
愿意	（能愿）	yuànyì	ยอม	11
月饼	（名）	yuèbing	ขนมไหว้พระจันทร์	8
月亮	（名）	yuèliang	ดวงจันทร์	8

Z

再	(副)	zài	อีกครั้ง	7
在	(副)	zài	กำลัง	7
早	(形)	zǎo	เช้า	8
怎么	(代)	zěnme	อย่างไร	12
怎么办		zěnme bàn	ทำอย่างไร	1
站	(名)	zhàn	ป้ายรถเมล์	13
这么	(代)	zhème	อย่างไร	12
正在	(副)	zhèngzài	พอดี กำลัง	7
支	(量)	zhī	มวน	12
只	(副)	zhǐ	เพียงแต่	1
只好	(副)	zhǐhǎo	ได้แต่	12
中学生	(名)	zhōngxuéshēng	นักเรียนระดับมัธยมศึกษา	4
重要	(形)	zhòngyào	สำคัญ	7
周末	(名)	zhōumò	สุดสัปดาห์	9
猪	(名)	zhū	หมู	6
注意	(动)	zhùyì	ระมัดระวัง	15
转告	(动)	zhǎngào	บอกต่อ	12
准备	(动)	zhǔnbèi	เตรียม	3
准时	(形)	zhǔnshí	ตรงเวลา	13
着急	(形)	zháojí	รีบร้อน ใจร้อน	11
自己	(代)	zìjǐ	ตัวเอง	13
自行车	(名)	zìxíngchē	รถจักรยาน	5
租	(动)	zū	เช่า	5
足球	(名)	zúqiú	ฟุตบอล	14
最	(副)	zuì	ที่สุด	12
最好	(副)	zuìhǎo	ดีที่สุด	11
最后	(名)	zuìhòu	สุดท้าย	15
最近	(名)	zuìjìn	เร็วๆนี้	4
左右	(名)	zuǒyòu	ประมาณ	1
作文	(名)	zuòwén	บทความ	12
坐	(动)	zuò	นั่ง	2
座位	(名)	zuòwèi	ที่นั่ง	12